Arvid Göttlicher

# Seefahrt in der Antike

Arvid Göttlicher

# Seefahrt in der Antike

## Das Schiffswesen bei Herodot

Die Deutsche Bibliothek verzeichnet diese Publikation
in der Deutschen Nationalbibliografie;
detaillierte bibliografische Daten sind im Internet über
http://dnb.ddb.de abrufbar.


Die Herausgabe des Werkes wurde durch
die Vereinsmitglieder der WBG ermöglicht.
Einbandgestaltung: Peter Lohse, Büttelborn
Einbandmotiv: „Die Meerfahrt des Dionysos“
Schale des Exekias (550–510 v. Chr.)
Staatliche Antikensammlung und Glyptothek, München
Foto: akg-images
Satz: Setzerei Gutowski, Weiterstadt
Gedruckt auf säurefreiem und alterungsbeständigem Papier
Printed in Germany

**Besuchen Sie uns im Internet: www.wbg-darmstadt.de**

ISBN-13: 978-534-18325-8
ISBN-10: 3-534-18325-8

# Inhalt

# Vorwort

Die Begegnung mit dem Werk Herodots ist die Begegnung mit dem meerumspülten Panorama des 5. vorchristlichen Jahrhunderts, mit Flüssen, Häfen, Kanälen, Inseln, Kaps und Buchten, mit Schiffen aller Art, ihrer zivilen und militärischen Nutzung, mit Frauen und Männern, die sie fuhren und führten, ihren Siegen und Niederlagen, Stärken und Schwächen, Riten und Mythen. In zahlreichen Texten, wobei hier im Wesentlichen der Bericht Herodots „nautisch" ausgewertet und kommentiert wird, findet sich der literarische Niederschlag des antiken Seewesens. Hinzu kommen als Primärquellen die Wrackfunde, von denen – mit Schwerpunkt in der Zeit Herodots – einige hier vorgestellt werden können. Sie ergänzen das aus Texten und Bildern bestehende Sekundärmaterial. Die Bilder geben einen optischen Eindruck von der zeitausgreifenden Quellenlage.

Zahlreiche Wissenschaftler haben durch ihre Studien, in kleinerem Umfang durch ihre Korrespondenz meine Arbeit ermöglicht, begleitet, und – drohte sie zu stocken – wieder ermutigt. Die Bibliografie nennt ihre Namen.

Frau *Christa Müller* hat meine handschriftlichen Ausarbeitungen nach den Regeln der Texterfassung zur Druckreife gebracht, wofür ich ihr danke. Ferner bin ich Herrn *Dr. Harald Baulig* von der WBG zu Dank verpflichtet: Ohne seine fachlich präzise Assistenz hätte die vorliegende Arbeit nicht erscheinen können. Sie vermehrt einerseits die selbst von Experten kaum mehr überschaubare Sekundärliteratur zu Herodot, zeigt andererseits aber auch Perspektiven auf, wie sie im Schrifttum zur Seefahrt in den altmediterranen Kulturen unbekannt sind.

Ich widme das Buch Frau Brigitte S. Kappey.

Bremervörde, im Januar 2006 Arvid Göttlicher

# 1. Die *Historien* als Quelle für das antike Seewesen

Wer sich in irgendeiner Weise mit dem Altertum befasst, wird an Herodots *Historien*, einem der Hauptwerke antiker Geschichtsschreibung, nicht vorbeikommen. Der Titel des Buches stand Pate für eine ganz neue Wissenschaft; er bedeutet nach dem ersten programmatischen Satz darin „Forschung", „Untersuchung", „Erkundung" und legt mit seiner Methodik die theoretischen Grundlagen für die Geschichtswissenschaft, auch wenn der Verfasser früh für seine Leichtgläubigkeit getadelt wurde. Cicero nennt Herodot den „Vater der Geschichte" (*de legibus* I, 5), lässt aber auch dessen „unzählige Fabeln" nicht unerwähnt, und Gellius (*Noctes Atticae* III, 10) bezeichnet ihn gleich als einen „homo fabulator". Das erinnert an Aristoteles (*de generatione animalium* III, 5), wo er ebenfalls „Fabelerzähler", *mythologos*, genannt wird.

„Ausgewählte antike Zeugnisse" zu Leben und Werk, eine Biografie, Anmerkungen zum Text, Literaturhinweise und Erläuterungen finden sich als Anhang der griechisch-deutschen Ausgabe der *Historien* von J. Feix (2 Bände, München 1963). Wenn man Herodot als den „ersten Reiseschriftsteller" (Casson 1976, 107) bezeichnet, wird damit das geografische Element als das primäre, das politische als das sekundäre angesehen. In der Tat könnten Brüche in der Textstruktur eine derartige Sicht erlauben. Kritisches historiografisches Denken und Urteilen mit rationaler Distanz zum Gehörten – er überliefert ohne Wertung bisweilen unterschiedliche Versionen eines Ereignisses – mischt sich mit naiver Erzähllust und Freude am Erstaunlichen, am Wirken der Götter, am kulturhistorischen Detail, an liebenswerten und unterhaltsamen Geschichtchen, an pikanten Anekdoten, an meisterhaft ersonnenen Dialogen, an Pointen, an scharf beobachteten oder flüchtig wahrgenommenen völkerkundlichen Besonderheiten, die er jedoch nicht immer der Autopsie (*opsis*) oder der Nachforschung (*historie*) verdankt, sondern Schriftstellern vor ihm, etwa Hekataios von Milet (560/50–ca. 480 v. Chr.), den er nach seinem dritten Schreibprinzip – „Urteil" (*gnome*) – kritisch sieht und dessen Weltbild er revidiert. Tiefe humane Einsichten wie: „… im Frieden begraben die Söhne die Väter, im Krieg aber die Väter die Söhne" (I, 87) wechseln mit banalen Bemerkungen über geografische Eigenheiten, etwa dass die libysche Wüste „menschenleer, ohne Wasser, Tiere, Regen und Holz ist"

(IV, 185), was auch für die Gobi oder die Atacama zutrifft. Herodot ist vorurteilslos gegen andere Völker und selbst den gegnerischen Persern gegenüber fair und neutral, weshalb ihm die Griechen vorwarfen, ein Barbarenfreund zu sein. Alle diese Elemente machen die *Historien* zu einer spannenden Lektüre voll farbigster Eindrücke und wichtiger Informationen. Auch wenn das Werk hier als bekannt vorausgesetzt wird, sollen die fast durchweg der Übersetzung von A. Horneffer (ab 1963 in mehreren Auflagen erschienen) entnommenen Zitate einen unmittelbaren Zugang eröffnen. Für eingehendere Untersuchungen bietet sich die vierbändige Ausgabe der *Loeb Classical Library* an, in der neben dem griechischen auch die englische Übersetzung steht. Für etymologische Fragen sind entsprechende Herkunftswörterbücher von Nutzen (Frisk I–II 1960–1970; Chantraine 1968). H. G. Liddell/R. Scott gelten als zuverlässiges Wörterbuch. Grundlegend nicht nur für Herodot und sein Umfeld ist die als *RE* abgekürzte *Realencyklopädie der classischen Altertumswissenschaft* (ab 1893 in 83 Bänden von Pauly und Wissowa herausgegeben). Umfassend, aber im Gebrauch sperrig informiert es in Tausenden von Stichworten über die Antike, dürfte jedoch nur in öffentlichen Bibliotheken greifbar sein. Einer der Supplementbände enthält den Artikel von F. Jacoby über Herodot (RE Suppl. 2, 1913, 205–520).

Mit Band 15,3 (2003) abgeschlossen (es folgen 4 Bände „Rezeptions- und Wissenschaftsgeschichte“ und mit 16 (2003), ein Band mit Register, Listen und Tabellen) ist der *Neue Pauly* (*DNP*), ein von der *RE* abhängiges, neu konzipiertes Werk auf der Höhe der Wissenschaft. Für andere Ansprüche sind das *Lexikon der alten Welt* und das *Lexikon alte Kulturen* durchaus zuverlässige, handliche Informationsmittel, um nur zwei zu nennen.

Dieses Buch kann einerseits nicht auf das seemännische Fachvokabular verzichten, soll andererseits aber gemeinverständlich sein, so dass es auf ein Minimum beschränkt bleibt oder im Text erklärt wird. Begriffen wie „metazentrische Höhe“ oder „Schwerpunktverschiebungssatz“ wird der Leser nicht begegnen, aber solchen wie Vor- oder Achterschiff, Kiel, Deck, Mast, Rah oder Segel, denn sie sind Teil des nautischen Farbreichtums, ohne den der Text konturenlos sein müßte. Im Gegensatz zu Homer ist Herodots seemännischer Wortschatz eher begrenzt und blass. Leser, die des Griechischen nicht mächtig sind, finden durch Übersetzungen einen Zugang zu Herodots Werk. Sprachliche Phänomene wie die ionischen und dorischen Dialektformen oder die Adaption fremder Namen und Begriffe bleiben den Gräzisten überlassen, sofern sie nicht, wie *baris*, *gaulos* und *kerkuros* – drei Schiffstypen nichtgriechischer Herkunft – auch den nautischen Kontext berühren. Griechische Begriffe werden, wie die Beispiele zeigen, transskribiert. Alle Jahreszahlen sind, sofern nicht selbstverständlich oder anders angegeben, als „v. Chr." zu verstehen. Einen schnellen Zugriff zum herodoteischen Wortschatz ermöglicht der handliche „Powell" (*A Lexicon to Herodotus*, 1938) mit seinen Belegstellen. Für den Ungeübten schwerer zugänglich ist die 7137 Seiten starke, fünfbändige *Concordantia Herodotea* von C. Schrader (1996). Weitere Hilfsmittel, Kommentare und dergleichen finden sich in der Bibliografie. Das „auf der Grundlage von Herodots Werk" basierende *Lexikon zur frühgriechischen Geschichte* von G. Strasburger (1984) erleichtert die Übersicht über Namen, Orte, Genealogien usw., ist aber bei nautischen Fragen weniger ergiebig. Ein hervorragendes Arbeitsmittel ist, auch wenn einige Angaben Widerspruch hervorrufen, der umfassende zweibändige *Topographische Bildkommentar zu den Historien Herodots* von D. Müller, der ohne den Ägypten-Band jedoch Fragment bleibt. Nützliches Arbeitsmittel sind die Bibliografien in der *Année Philologique* (ab 1894), die allein in den Bänden 50–59 (1981/90) fast 500 Herodot-Titel aufführen. Von lexikalischer Oberflächlichkeit bis zur grundlegend-umfassenden Interpretation reicht die in unterschiedlichen Intentionen, Wertungsperspektiven und Denkmodellen fassbare Skala der Beschäftigung mit Herodots Werk. Die Perserkriege, die ethnografischen *Logoi* (d. h. die völkerkundlichen Exkurse), literarische Aspekte, Quellenfragen, und Kompositionstechnik spielen dabei eine weitaus größere Rolle als nautische Problemstellungen, die im Zentrum unserer Untersuchung stehen.

Autobiografische Fakten sind in Herodots Werk ebenso selten wie sichere Lebensdaten aus anderen Quellen. In den Einleitungssätzen seines Buches nennt er Halikarnassos (das türkische Bodrum) als den Ort, wo er wohl um 484 geboren wurde. Sein Leben muss ruhelos und unstet verlaufen sein, auch wenn es uns nur in Umrissen greifbar ist. Samos, Athen und die neu gegründete Kolonie Thurioi (Italien) waren dauerhaftere Aufenthaltsorte, die er in weiten Seereisen angesteuert hat. Ziele in Kleinasien und im Zweistromland konnten auf dem Landweg erreicht werden. Die Seereisen waren derart alltäglich, dass er sie nicht eigens erwähnt. In seinem Werk gibt er einmalig einen Reisegrund an: „Ich bin auch [von Ägypten] nach Tyros in Phönikien gefahren, um über diese Frage [er meint die Herkunft des Herakles] soweit wie möglich ins Klare zu kommen." (II, 44). Der Satz enthält zum Leidwesen der Seefahrtshistoriker weder Hinweise auf Reisedauer, Kursbestimmung, Manöver, Ladung, besondere Vorfälle, Beseglung usw. noch auf Herodots soziale Stellung an Bord. Derartige Angaben wären auch der Schlüssel zur Frage seines Berufes und seiner privaten Lebensumstände. Interessant ist der Vergleich von II, 44 mit dem mythologisch-fiktiven Bericht über die Reise des Arion mit Details wie der Abfahrt aus Tarent (Italien) – Ziel- und Heimathafen des Schiffes – nach Korinth mit dem Chartern des Schiffes, räuberisches Vorhaben der Seeleute, Gesang von der Ruderbank – Elemente eines (in I, 23–24 überlieferten) Mythos, die uns der autobiografische Satz II, 44 vorenthält. Die Anfänge des 431 ausgebrochenen Peloponnesischen Krieges hat Herodot noch erlebt, ehe er um 425 starb. Vermutlich hat er Teile seines (unvollendeten?) Werkes öffentlich vorgetragen – von hoher Belohnung dafür ist die Rede – bis es auf Papyrusrollen geschrieben und früh Gegenstand heftiger Bewunderung oder scharfer Ablehnung wurde. Alexandrinische Gelehrte haben es nach den neun Musen gegliedert; wir ziehen heute die nüchterne Einteilung in Buch und Absatz vor; auf die Nennung einzelner Sätze (zum Beispiel wie zitiert: II, 44, 1) wird verzichtet. Die *editio princeps* der *Historien* verdanken wir Aldus Manutius, der sie 1502 in Venedig unter dem Titel *Herodotou logoi ennea* herausgab und damit die Grundlage für die anhaltend intensive Beschäftigung mit dem Werk schuf. Ende 2003 hat das Symposion „The World of Herodotus" Gelehrte aus aller Welt in Nikosia (Zypern) zusammengeführt, um neueste Ergebnisse der Forschung auszutauschen. Den Referaten, die 2004 als *Proceedings* veröffentlicht wurden, sowie Gesprächen am Rande verdankt der Verfasser manchen gern genutzten Denkanstoß. Analog zur *Archaeologia Homerica* regte er den Vorschlag einer *Archaeologia Herodotea* an.

Die folgenden Zitate sind nur ein schwaches Echo der vielen Stimmen zu Herodots Werk. J. C. Gatterer (*Allgemeine Historische Bibliothek*, 1767) gibt „einen detaillierten Überblick über das Werk Herodots und stellte ihn … als Modell der Geschichtsschreibung vor Augen" (Fornaro DNP 13, 1999, 797). Für Berckenhagen ist Herodot „ein ebenso gewissenhaft recherchierender Geschichtsschreiber wie wortgewandter Sensationsjournalist" (Berckenhagen 1995, 69). W. F. Otto (in: Stadelmann, Hrsg., *Große Geschichtsdenker,* Tübingen/Stuttgart 1949, 13–33) hebt den „Willen zur Wahrheit und zur selbständigen Feststellung der Tatsachen" in den *Historien* hervor. F. Schachermeyr (*Geistesgeschichte der Perikleischen Zeit,* Stuttgart 1971, 69–82) erkennt in Herodot einen „Bahnbrecher des Humanen" und betont „seine Toleranz gegenüber fremdem Kulturgut". Eine umfassende Würdigung des Herodot'schen Werkes enthält W. Schmidt/O. Stählin, *Geschichte der griechischen Literatur* (Band 1, 2, München 1933, 550–673), die Anmerkungen lassen Umrisse einer Bibliografie erkennen. M. Grant (*Klassiker der antiken Geschichtsschreibung*, München 1973, 29–64) befasst sich mit Leben und Werk, Herodots Weltanschauung und seiner Arbeitsweise. In einer Doxographie ordnet und kommentiert H. Drexler (1972, 187–227) die verschiedensten Urteile über Sinngebung, Leitmotive, Kompositionsprinzipien, Parteilichkeit, Denkschemen und Zentralthemen in den *Historien* und folgert daraus eine unauflösbare Widersprüchlichkeit der Historiker. „Das Geschichtswerk des Herodot öffnet den Griechen einen weiten Ausblick auf die Welt. Es verlieh ihnen oder entwickelte wenigstens ihren Sinn für die Relativität der Sitten und Gebräuche. Es erweiterte ihren Gesichtskreis, der oft durch die kleinliche Enge ihrer Zwergstaaten eingeengt war, bis zu den Grenzen der damals bekannten Welt. Gleichzeitig trug es zur Stärkung des griechischen Nationalgefühls gegenüber den Barbaren bei, nicht nur wegen des Berichts über die siegreichen Kämpfe gegen die Perser, sondern auch weil es bewußt das griechische Menschenbild erhöhte, jenes Ideal stolzer Unabhängigkeit, das mit den Grundvoraussetzungen des griechischen Lebensgefühls zusammenfiel" (Flacelière 1966, 258). W. Schadewaldt (*Die Anfänge der Geschichtsschreibung bei den Griechen*, Frankfurt 1982, 105–219) legt eine gewissenhafte Analyse des Herodot'schen Werkes vor. S. Flory (Stichwort *Herodotus*, in: Briggs, Hrsg., *Ancient Greek Authors, Dictionary of Literary Biography* 176, Detroit 1997, 182–90) fasst gesichertes Wissen und kritische Ansätze übersichtlich zusammen. A. Lesky (*Geschichte der griechischen Literatur*, Bern/München [3]1971, 349–74) gibt eine Analyse des Werkes und eine bibliografische Synopse. Er betont die Einheit des Werkes im Stofflichen wie Geistigen. Chr. Ehrhardt untersucht im *Reallexikon für Antike und Christentum* (Band 14, 1988, 849–61), in welchem Maße Motive aus den *Historien* die antike und christliche Philosophie und Literatur bereichert haben und gibt eine 26 Nummern umfassende „Zusammenstellung der häufigsten Entlehnungen aus Herodot bei heidnischen und christlichen Schriftstellern", die jedoch ohne Relevanz für die vorliegende Thematik sind, abgesehen allenfalls von Nr. 26, dem Salamis-Orakel. A. Dihle (*Griechische Literaturgeschichte*, München [2]1999, 186–99) fasst Herodot und Thukydides in Kapitel 10 zusammen und erörtert Grundfragen. E. Schwartz (*Griechische Geschichtsschreiber*, Leipzig 1957) enthält nur verstreute Anmerkungen zu den *Historien*. M. Hose (*Kleine griechische Literaturgeschichte*, München 1999, 122–23) betont: „Herodot betrachtet als Konstante der Welt die Vergänglichkeit: Mächte, Reiche und Städte entstehen, wachsen und vergehen." T. J. Luce (*Die griechischen Historiker*, Düsseldorf/Zürich 1998, 25–84) hebt „Tiefen des Witzes, der Ironie, des Pathos und der Schärfe" bei Herodot hervor, analysiert seine Vita (er könnte ihn für einen reisenden Kaufmann halten), untersucht Quellen und Struktur seines Werkes, relativiert den Nachplapperer „zahlloser Lügenmärchen" (Cicero, *de legibus* I, 5) und würdigt ihn als „Vater der Geschichtsschreibung". Mehr zu Herodot-Formeln geschrumpft sind Äußerungen in Lexika, die die Gedanken namhafter Forscher aufgreifen. Da es bisher keine Gesamtbibliografie der Herodot-Sekundärliteratur gibt, ist selbst für den Fachmann die Fülle des in Einzel- oder Spezialbibliografien enthaltenen Materials schwer überschaubar. Das Ergebnis von Auswertungen zeigt, dass es keine der vorliegenden vergleichbare Monografie des herodoteischen Seewesens gibt, doch bezeugen die Zitate in den eigentlichen Arbeiten dazu – genannt seien exemplarisch die Namen von Köster, Torr, Wallinga, Wedde, Casson, Coates, Wachsmann, Gray, Meijer, Anderson, Morrison, Basch, Breusing, Miltner, Wachsmuth und Höckmann –, dass alle Schiffshistoriker ohne Herodot nicht auskommen. Er liefert Belege für Schiffstypen und -teile, für Waffen und Ausrüstungsgegenstände, für Expeditionen und Kanalbauten, für Mythen und nautische Religionspraktiken und bestätigt oder ergänzt andere Autoren wie Homer, Pindar, Thukydides, Diodorus, Athenaios, Hesychios oder die Dichter der *Anthologia Graeca.* In dieser mehrbändigen Gedichtsammlung gibt es, um ein Beispiel zu nennen, ein Epigramm des Ammonides (XI, 201), das den in den *Historien* I, 202 und II, 33 und anderswo überlieferten Gehalt der „Säulen des Herakles" als Symbole des Weltendes bestätigt:

> Wenn man Antipatra nackt den Parthern zur Schau stellt,
> wären sie weiter als bis zu Herakles' Säulen geflohen.

Auch die Auswertung einer maritimen Fachbibliografie (Illsley 1996) ergab für das Stichwort *Herodot* lediglich einen Titel beziehungsweise Verfasser (Dondelinger 1976) und war damit eine der Anregungen für die vorliegende Arbeit, die aus der wohl siebenfachen Textmenge hervorgegangen ist, eine Konzentration, die zum Verzicht auf viele Belege, Zitate, Exkurse und Perspektiven (zum Beispiel die Geschichte der Schiffsbrücken) führte, aber auch eine Straffung und Verdichtung zur Folge hatte. Von hohem Nutzwert, aber ohne Einfluß auf die Konzeption dieser Studie war das 1974 als Separatdruck erschienene, von D. Gray erarbeitete, 166 Seiten starke Kapitel *Seewesen* der *Archaeologia Homerica.* Sein Schwergewicht liegt auf dem sekundären Quellenmaterial, das primäre, die Schiffsfunde, tritt in den Hintergrund, da bis dato die Unterwasserforschung noch wenige Erkenntnisse lieferte. Es ist wesentlich den Arbeiten von G. F. Bass zu verdanken, dass dieser Forschungszweig als gleichberechtigt neben die herkömmlichen Methoden der Auswertung von Bild- und Textzeugnissen trat. Das vorliegende Buch ist nicht als Lektüre ohnehin ungeeigneter zeilenweiser Kommentar wie etwa der dankbar genutzte von How/Wells gedacht, sondern als eine Sinnzusammenhänge umgreifende Studie, die zwischen dem herodoteischen Text und den Ergebnissen der Archäonautik – der Lehre vom antiken Seewesen – vermittelt und Umrisse einer maritimen Kultur nachzuzeichnen sucht. An einigen Beispielen wird gezeigt, wie Dichter und bildende Künstler herodoteische Motive aufgegriffen und neugeformt haben, den Schwerpunkt bilden jedoch die Sachthemen, hinter denen politische Zusammenhänge in den Hintergrund treten und auf militärische Analysen unter Verweis auf die Literatur weitgehend verzichtet wird, da allein die Auswertung der Seeschlachtenberichte oder die Geschichte der Triere umfangreiche Kapitel erfordern würde.

Mit Floß (III, 98) und Fellboot (II, 194) einerseits und der Triere, dem modernsten Großkampfschiff andererseits, begegnen sich in den *Historien* Tradition und Innovation, erfahren wir etwas von archaischen Seemannsriten (VII, 180), von dem zeitlosen Brauch von Opfer- und Dankesgaben (IX, 92); wir lesen von Reisen auf dem Schwarzen, dem Roten, dem Mittelmeer, den heimischen Gewässern der Griechen, aber auch von erregenden Erkundungsfahrten nach Indien oder, mit Fragezeichen, um Afrika. Wir erfahren etwas über Kanäle, Schiffshäuser und Molen, über maritime Trainingsmethoden und seetaktische Manöver, über Waffen und Schmuckformen an Schiffen.

Auch ein Prosawerk wie die *Historien* ist ohne Vorgänger oder -bilder nicht denkbar. Der von Homer in zwei Epen geformte trojanische Sagenkreis war neben heute verlorenen Erd- und Reisebeschreibungen und einer Fülle mündlicher Überlieferungen eine der wichtigsten Vorlagen und Quellen für Herodot, der dazu auf Reisen die Berichte von Veteranen, Soldaten, Seefahrern, Händlern, Priestern, Beamten usw. sammelte und im Theater in Aischylos' *Persern* Augenzeugenberichte kennen lernte. Die verstreuten Bemerkungen über die Quellen zur Erforschung des antiken Seewesens lassen sich wie folgt systematisieren:

1. *Originalquellen* sind Funde aller Arten von Wasserfahrzeugen unabhängig von Fundort, Größe, Erhaltungsgrad, Funktion usw. Für die Antike hat A. J. Parker 1992 einen Katalog mit 1259 Wracks vorgelegt, von denen kaum 6 % in das Jahrhundert Herodots datiert werden oder älter sind. Die Zahl täuscht jedoch: Nur wenige Wracks sind wissenschaftlich erforscht und publiziert, so dass deren Aussagekraft erheblich eingeschränkt ist. Neben Geld- und Personalmangel sind Plünderer Schuld an diesem Zustand. Die Übertragung der exakten Methoden der Landarchäologie auf die „unter" (genauer: im) Wasser durch George Bass erbrachte am bronzezeitlichen Wrack vom Kap Gelidonya (Parker 1992, Nr. 208; Delgado 1997, 84–86) wichtige Erkenntnisse, legte mit ihren Ergebnissen die Grundlagen für ähnliche Arbeiten und wurde zum Vorbild für die Unterwasser-Archäologie überhaupt, bis andere Forscher die Verfahren verfeinerten, modifizierten, das sachgerechte Publizieren lernten. Für die landgebundene Schiffsarchäologie war die Entdeckung des Cheops-Schiffes und die Publikation durch P. Lipke (1984) vorbildlich. Zahlreiche neue Museen haben die antike Schifffahrt zum Thema, zum Beispiel solche in Albenga, Mainz, Haifa, Fiumicino, Bodrum, Piräus, Kyrenia, Marseille, Cap d'Agde, Marsala und Cartagena, wo die Originalfunde ausgestellt sind; die etablierten archäologischen, ethnologischen und die allgemeinen Schifffahrtsmuseen bewahren nicht minder wertvolles Material, so zum Beispiel das Deutsche Schiffahrtsmuseum in Bremerhaven einen antiken Rammsporn unbekannter Herkunft oder die Staatlichen Museen Kassel zwei

alte Schiffsmodelle ebenfalls ungeklärter Provenienz (Göttlicher 2002, 2004). Wenn Herodot überliefert, dass „vierzig ihrer [der Phokaier] Schiffe untergingen" (I, 166), traf das sicher nicht generell zu. Ohne die Ladung von Frachtern und mit nur wenig Ballast trieben Kriegsschiffe auch nach dem Rammstoß meist bewegungslos auf der See, als Waffe unbrauchbar, aber geeignet, abgeschleppt und repariert oder abgewrackt zu werden. Das macht antike Kriegsschiffsfunde so selten. Eine Ausnahme bilden die punischen Kriegsschiffe von Marsala, Sizilien, die aus der Zeit um 250/175 stammen (Parker 1992, Nr. 661, 662; Delgado 1997, 260–62). Sie konnten geborgen werden und sind gut publiziert (Frost 1995), liegen aber außerhalb unseres Betrachtungsraumes. Anders als bei Handels- sind wir bei Kriegsschiffen noch immer auf das Sekundärmaterial angewiesen.

2. Unter *Bildquellen* verstehen wir sämtliche Darstellungen von Wasserfahrzeugen auf zweidimensionalen Bildträgern (Münzen, Siegel, Fresken, Reliefs, Codices, lose Steine und große Wandflächen, Keramik, Mosaike, Elfenbeintäfelchen, Bronzefibeln und -cisten) oder dreidimensionale Modelle beziehungsweise modellartige Objekte aller Art (Lampen, steinerne Proren, Votive, Appliken, Gebrauchsgegenstände). Sie tragen noch immer die Hauptlast der Schiffsforschung, auch wenn ihr Aussagewert durch zahlreiche Faktoren wie Bildformat, Propagandaabsicht, Unvermögen des Künstlers, Material und dergleichen determiniert ist und jeweils spezielle ikonologische Interpretationsverfahren erfordert. Alle Forscher haben sich der in Fülle überlieferten Bildzeugnisse angenommen, aber besonders aufschlußreiche Methoden haben C. Qualls, C. De Greaeve, M. Wedde, L. Basch, K. Westerberg und S. Wachsmann entwickelt. Wichtige Quelle für den phönikischen Schiffbau sind die meist gut datierten Münzen. Einige zeigen auf den Vorschiffen überproportinal große, bizarre Gestalten, die mit Hilfe Herodots interpretiert werden können: Von einer ägyptischen Götterstatue zieht er eine Parallele zu „den Pataikosfiguren [*pataikoi*] der Phoiniker, die die phoinikischen Schiffe vorn am Schnabel tragen" (III, 37). Patäken sind in großer Zahl auch außerhalb Ägyptens in Amulettform erhaltene niedere Schutzgottheiten, die so auch auf den phoinikischen Kriegsschiffen ihre schadenabwehrende Funktion ausübten.

3. *Texte* oder *literarische Quellen* geben Beschreibungen von Wasserfahrzeugen, belegen ihre Namen, ihre Funktion, ihren taktischen und strategischen Wert, ihre Rolle als Fracht- oder/und Passagierschiffe, ihr Verhalten in Stürmen, ihre Anfälligkeit. Vor dem Hintergrund machtpolitischer Auseinandersetzungen fand 535 die Seeschlacht von Alalia statt. Herodot ist die einzige Quelle dafür, dass dabei ein noch unausgereiftes Waffensystem eingesetzt wurde: 40 Schiffe der Phokaier gingen unter, „... der Rest wurde gefechtsunfähig, weil die Schiffsschnäbel [*embo-*

*la*] verbogen waren" (I, 166). Die „Schnäbel" beziehungsweise Rammsporne waren technologisch noch nicht durchkonstruiert und wurden erst später zur kriegsentscheidenden Waffe, so 55 Jahre später bei Salamis.

4) Die Einbeziehung der *„lebendigen Tradition*" des Seewesens in aller Welt zum Verständnis des antiken hat umsichtig und mit Respekt vor den individuellen kulturellen und geografischen Bedingungen zu geschehen, da Rückschlüsse von rezenten ethnologischen Verhältnissen auf solche vor 2 oder 3 Jahrtausenden oft mehr Probleme aufwerfen als lösen. Werden Einbäume heute wie damals gebaut? Hat das Motiv des Auges auf heutigen maltesischen Booten die gleiche Funktion wie das Auge auf Trieren? Entspricht das bis in die Gegenwart geübte Brauchtum der Stiftung von Schiffsmodellen, -teilen oder -bildern an Heiligtümer den gleichen Beweggründen wie zu Herodots Zeit (III, 59; VIII, 121, und IX, 121)? Eine von den Athenern um 480 in Delphi angebrachte Inschrift bestätigt diesen Brauch: „Die Athener haben die Halle und die Waffen und die Schiffsschnäbel geweiht, nachdem sie sie den Feinden abgenommen hatten" (Pfohl, *Griechische Inschriften*, München 1966, Nr. 52. Es ist unklar, ob diese Notiz sich auf V, 77, oder Salamis, VIII, 122, bezieht).

Die Einzeldisziplinen sind unter dem Begriff Archäonautik zusammengefasst. Zwischen- und Endergebnisse werden in Buchform oder in Zeitschriften publiziert, von denen das *International Journal of Nautical Archaeology, Skyllis, Archaeonautica, Mariner's Mirror, Cahiers d'Archéologie subaquatique* und *Archeologia Subacquea* besonders hervorzuheben sind, aber auch allgemeine archäologische Fachorgane wie *Offa, Antike Welt* oder *Bonner Jahrbücher* widmen sich zunehmend schiffsarchäologischen Themen. Ein Fachlexikon wie die 1997 von J. Delgado herausgegebene *Encyclopaedia of Underwater and Maritime Archaeology* erschließt in Artikeln und Literaturangaben den jüngsten Stand der Forschung und belegt deren Dank neu entwickelter technischer Verfahren und Methoden stürmischen Fortgang. Die Vorträge der sporadisch abgehaltenen Symposien über die Schiffbautechnik im Altertum (4. Symposion 1991 in Athen) werden in dem Band der *TROPIS-Reihe* (*TROPIS* IV, Athen 1996) publiziert und sind eine gleich wichtige Informationsquelle. Die Ergebnisse der Auswertung des Quellenmaterials können als verbale Beschreibungen, als Skizzen oder Zeichnungen, als Rekonstruktionsmodelle oder, wie bei der athenischen Triere OLYMPIAS oder dem Kyrenia-Schiff (Parker 1992, Nr. 563) als Nachbauten präsentiert werden (Abb. 25, 22), sind aber nie definitiv, sondern als Hypothesen zu verstehen. Praktische Experimente haben H. Braemer und J. S. Morrison/J. F. Coates eingehend dargelegt und die Archäonautik bereichert. [Zusammenfassung: „Experimental Archaeology" bei Delgado 1997, 146–48 (mit weiterer Literatur); speziell zum Kyrenia-Schiff: 227–28 (mit Literatur).]

Zum Schluss das Distichon eines anonymen Dichters aus der *Anthologia Graeca IX*, 160:

> Als Herodot einst gastfreundlich die Musen bewirtet,
> reichte als Dankesgeschenk jede der Neun ihm ein Buch.

Diesen Herodot, so Joachim Latacz 1992, „sollte man nicht kampflos den Altertums-Experten überlassen. Er hat ein größeres, ein großes Publikum verdient!“

## 2. Systematik der Schiffstypen

Eingebettet in die völkerkundlichen *logoi*, die mythologischen Szenen und die Beschreibung seehistorischer Auseinandersetzungen finden sich in den *Historien* Erwähnungen, aber selten ausführliche Beschreibungen der verschiedensten Typen von Wasserfahrzeugen und deren Verwendung. Was die Schiffe betrifft, handelt es sich um verstreute Notizen, nie kohärente Darstellungen, vergleichbar etwa der des Athenaios über ein Prunkschiff der Ptolemäerzeit (Köster 1934, 20–53). Umfassender legt Herodot den Einsatz der Schiffe in Friedens- und besonders in Kriegszeiten dar, auch wenn seine Kenntnisse über militärhistorische Vorgänge begrenzt sind, da er sie vorwiegend aus den Berichten betagter Zeitzeugen hat rekonstruieren müssen. Alle Notizen zusammen haben dennoch unser Wissen vom antiken Seewesen bereichert. So zitieren Morrison/Williams (1968) Herodot ca. 140-mal (ein Verzeichnis fehlt), L. Casson (1971) 36-mal und H. T. Wallinga (1993) über 200-mal, um nur drei Standardwerke zu nennen. Durch Werke zur Geschichte der Perserzeit, Religion, Mythologie usw. ließe sich die Statistik schnell vermehren. Fast alle Zitate beziehen sich auf Seeschifffahrt, einige auf die Meerenge des Hellespont, auf Kanäle, auf Schiffsbrücken, auf den Nil oder die Ströme Mesopotamiens. Die Griechen kannten für das Meer keine entsprechende, aus dem Indoeuropäischen herzuleitende Bezeichnung. *Thalassa, okeanos, hals, pontos* oder *pelagos* benannten unterschiedliche Wesensebenen des Meeres mit wechselnden Sehweisen, Gefühlswerten und mythologischen Zuordnungen, deren poetischer Ausformung bei Homer drei Jahrhunderte später bei Herodot nur nüchterne Sachlichkeit gewidmet ist. Mit 229 Nennungen gebraucht Herodot das Wort *thalassa* für See oder Meer allgemein (I, 1, III, 5, oder VIII, 8) oder spezifisch für das Kaspische Meer (I, 202), bei dem er richtig erkennt, dass es „keine Verbindung zum übrigen Meer hat" (Übers. Marg) (Belege: Powell, 164–65). Der sachliche Terminus für das Meer oder die hohe See ist *pontos,* der sich 44-mal in den *Historien* findet, etwa als *Pontos euxeinos* (I, 6), „das Meer, das man das Gastliche nennt" (Übers. Marg), das Schwarze Meer. (Etymologisches: Frisk II 1970, 578–79; Belege: Powell 3/4.) Dem Begriff für die hohe See, *pelagos,* begegnen wir 21-mal, zum Beispiel in I, 24, oder spezifischer in I, 166: *Sardonion pelagos,* die Gewässer um Sardinien. (Etymologisches: Frisk II 1970, 493). Das siebenmal verwendete *okeanos* ist der „göttliche Repräsentant des die Erde ringförmig umfließenden Weltmeeres" (DNP 8, 2000, 1152–55, mit Bibliografien;

zu I, 1, und öfter: Stichwort *Erythra thalatta*, DNP 4, 1998, 106–07). In II, 23, und IV, 36, dient der Weltstrom Okeanos Herodot dazu, die naiven geografischen Vorstellungen seiner Vorgänger zu verwerfen, denen er sich aber doch nicht ganz zu entziehen oder die er durch weniger diffuse zu ersetzen vermag, auch wenn er manchen Irrtum korrigiert (I, 203). Mythisches Dunkel hüllt in IV, 8, den „Okeanos bei Gadeira [Cadiz] jenseits der Säulen des Herkules.“ *Hals,* das Salzige, die See, metaphorisch und lyrisch gebraucht, findet sich z.B. in VIII, 20 (Etymologisches: Frisk I, 1960, 78–79).

Herodot macht sich Gedanken zu den geografischen Strukturen um das Mittelmeer, das er aber nicht explizit erwähnt: „Ich weiß auch nicht, warum man eigentlich den Erdteilen [Afrika, Asien, Europa], die doch ein zusammenhängendes Land sind, drei Namen gibt …“ (IV, 45). Herodot sieht also das Mittelmeer als Einheit, die keinen eigentlichen Namen hatte. Strabo (1.1.10) nennt es „Inneres Meer“, aber erst im 3. Jahrhundert n.Chr. kommt der Terminus *Mare Mediterraneum* auf, den erstmals Julius Solinus (22. 18) verwendet, ein Begriff, in dem noch immer etwas von „Binnenmeer“ nachklingt, so wie es Herodot sah und als Schauplatz großer Auseinandersetzungen und Entscheidungen verstand. Ohne Aischylos, Thukydides, Herodot und andere wären es aber nur längst vergessene Randereignisse in der altorientalischen Geschichte gewesen, denn erst die literarische Formung hob sie zu weltgeschichtlichem Rang. „Herodot is always interested in means of navigation“, heißt es bei W. How/J. Wells (I, 1928, 149) und der Gedanke wird später mit einem biografischen Einschub wiederholt: „H., like a true Greek (may we add, like a Greek merchant?), is always interested in boats and navigation“ (How/Wells I, 1928, 213). Die Zitate beziehen sich auf die nautischen Anmerkungen zu I, 194, und II, 96, die auch heute noch brauchbar sind, aber in der vorliegenden Arbeit nur zum Ausgangspunkt umfassender Darlegungen gemacht werden. Eingebettet in die damals mögliche Universalität der Weltsicht Herodots, sind die Schiffe wesentliche Faktoren von Handel und Machtausübung, von Kriegsführung und Kommunikation, sie sind Voraussetzung für das Leben am Mittelmeer. Unberücksichtigt bleiben die zur historischen Geografie gehörenden Erscheinungen wie Meere, Buchten, Kaps, Flüsse, Seen, Strömungen, aber auch Winde, Stürme usw., sofern sie ohne Belang für die nautischen Aspekte des Themas sind. Anders als etwa Homer spricht Herodot von den Schiffen in nüchtern-sachlichem Ton. Für ihn sind sie nicht Gegenstand poetischer Beschreibung und retrospektiver Verklärung, sondern Objekte alltäglichen Gebrauchs wie Speere, Schilde, Wagen. Er setzte sie bei seinen Hörern/Lesern als bekannt voraus, musste ihnen Ruderbänke oder Zierelemente nicht erklären; nur die „ethnologischen“ Wasserfahrzeuge machen darin eine wohlbegründbare Ausnahme, auch wenn sich heute die Wissenschaftler diese Passagen präziser und ausführlicher gewünscht hätten. Dennoch sind sie dankbar dafür. Die *Historien* sind keine Realenzyklopädie des antiken Seewesens, aber sie liefern Stichworte dazu. Insgesamt nennt Herodot über 500-mal Wasserfahrzeuge aller Art und Entwicklungsstufen, wobei der hohe Anteil der unspezifischen Bezeichnungen *naus* und *ploion* (zusammen 470-mal) auffällt. Wenig Mühe hat er sich gegeben, die örtlich verwendeten Fachtermini der vielen Wasserfahrzeuge fremder Völker zu sammeln und zu überliefern, was auch nicht in der Absicht seines Werkes lag. Mindestens 360-mal verwendet Herodot das neutrale Wort „Schiffe“, hinzu kommt außer der berühmten orakelhaften Umschreibung „hölzerne Mauern“ und der unspezifischen Sammelbezeichnung „Flotte“ oder „Seemacht“ eine kaum geringere Zahl von Komposita. Sie beziehen sich auf das schwimmende Material (Lebensmittel-, Ruder-, Fest-, Handelsschiffe, Pferdetransporter), auf Typen (Boote, Binsenflöße, Fähren), auf die Seeleute oder auf bestimmte Ereignisse (Schiffbruch erleiden, Schiffstrümmer, zum Wrack werden, Schiffswacht). Die lexikalische Präzision der nautischen Fachsprache Herodots lässt oft zu wünschen übrig. Nachfolgend werden Fachtermini in Umschrift wiedergegeben, also Schiff = *ploion*, Flotte = *stolos* usw. Andere werden als unübersetzbar stehengelassen, also zum Beispiel *gaulos* (eigentlich etwa „Wanne“ oder „Kübel“), ein Frachtschiff der Phöniker, oder *kerkuros*, ein Mehrzweckschiff ebenfalls levantinischer Herkunft, oder *baris*, ein Nilschiffstyp. Auch für Herodot waren das Fremd- beziehungsweise Lehnwörter. Eine solche Praxis ist in der Fachliteratur üblich. Auf die Längen, Kürzen und Betonungen angegebenden diakritischen Zeichen in der Umschrift kann der Vereinfachung wegen verzichtet werden, also zum Beispiel *neoria*, statt *ne'oria* (Werft) oder *katastroma* statt *kat'astroma* (Deck). Die generellen Begriffe für „Schiff“ sind also *ploion* oder *naus*, die das Grundwort bilden können für Spezialbegriffe wie *ploion stronggylon* (rundes, d.h. Frachtschiff), *naus pentekontoros* (Fünfzigruderer) oder *holkadion ploion* (Frachtschiff); sie werden uns zu beschäftigen haben. Das gängige Wort *naus* ist indoeuropäischen Ursprungs und findet sich im Sanskrit als *náuh* (Akkusativ *navam*), im Lateinischen als *navis*, im Französischen als *nef*, im Deutschen als *Naue*, zum Beispiel in der Vorrede des *Narren schyffs* (Basel 1494), wo S. Brant alle Schiffe nennt, die zu klein sind, sämtliche Narren zu tragen, um dann sein Narrenschiff zu rechtfertigen:

> … Galeeren, Füst, Krack, Naue, Bark, Kiel, Weidling, Hornach,
> Rennschiff stark, …

Auch bei F. Schiller, *Wilhelm Tell* (I, 1) findet sich die Naue. Im Altnordischen heißt der Bootschuppen *naust*. Als *Navigation* und *Nautik* ist das griechische beziehungsweise lateinische Wort zu einem deutschen Fremdwort geworden. Dem Wort *nautes*, Seemann, begegnen wir nur in IV, 43; *naumacheo* und Komposita, zur See kämpfen, wird 26-mal erwähnt (zum Beispiel VI, 14), und *naumachie*, Seeschlacht, 61-mal (zum Beispiel VI, 27). *Nautikos* bezeichnet alles zum Seewesen Gehörende (zum Beispiel III, 19, und 66-mal). *Nautillomai*, das Seefahren, findet sich außer in I, 202, noch viermal. *Nautilia* ist die Seefahrt (IV, 145, und weitere dreimal). *Naupegos* ist der Schiffbauer, *naupegion* die Werft. Lateinisch *nautea* heißt Bilgenwasser, und das gallo-lateinische *nausum* bezeichnet einen Kleinbootstyp. Aus dem persischen *nau khoda* ist das arabische *nakhuda* oder *nakhudha*, Pl. *navakhid*, der Kapitän, geworden. Die Wurzel *naus* hat eine erstaunliche Wirkungsgeschichte. Für den Begriff *pleo* (zur See fahren) und 16 Komposita hat C. Schrader (Band 5, 1968–70) 132 Belegstellen erschlossen, und für *ploion*, das Schiff, 66 (Band 5, 1975–76). Im Gegensatz zu J. E. Powell gibt C. Schrader syntaktisch fast vollständige Belege. *Plotos*, ebenfalls von *ploo* abgeleitet, ist in II, 156, das Partizip „schwimmend“ (Insel); in I, 168, heißt das aus derselben Wurzel stammende *kataplosis* „auf See gehen, sich einschiffen“ (Chantraine 1968, 919). Im Neugriechischen ist *ploimos* oder *plotos* „schiffbar“, *plotarchos* „Korvettenkapitän“. Hinter *euploia* verbirgt sich der Wunsch nach „guter Reise“.

## 2.1 Indische Schiffstypen

Unter Einbeziehung sachdienlicher Ergebnisse der eingangs skizzierten archäonautischen Forschung betrachten wir nachfolgend die bei Herodot vorkommenden, das Seewesen seiner Zeit repräsentierenden Wasserfahrzeuge. „Einige [Inder] wohnen in Flußniederungen und leben von rohen Fischen, die sie von Booten aus Bambus [*kalaminos ploion*] fangen. Aus jedem Absatz einer Bambusstaude wird ein ganzes Boot gebaut“ (III, 98). Flöße gehören bei weltweiter Verbreitung zu den urtümlichsten Wasserfahrzeugen überhaupt (Abb. 15). Ohne großen Aufwand ad hoc gebaut, dienen sie dem kleinräumigen Verkehr auf Flüssen, Seen, seltener auf Meeren dem Transport, dem Fischfang, der – so assyrische Reliefs (De Graeve 1981, 89–93) – Kriegsführung. Lokal vorhandenes Baumaterial wie Baumstämme, Bambus oder Binsen wurde mit einfachen Werkzeugen zugerichtet, zu Balken oder Bündeln geformt, mit einander verdübelt oder verschnürt, so dass ein kurzfristig verfügbares, für mancherlei Zwecke geeignetes Fahrzeug von geringen Maßen und wenig Seetüchtigkeit entstand, sieht man ab von Exemplaren, die zum Beispiel Th. Heyerdahl und D. Görlitz für Experimente der Hochseefahrt nachkonstruiert haben. Auch Segelflöße sind gebaut worden. Als *jangada* waren Floßtypen in

Brasilien bekannt, als *chu-p'ai* in Taiwan, als *rama* in Neu-Irland, als *tarappam* auf den Lakkadiven usw. Das französische *radeau* (bekannt sind die *radeaux* von Saint-Valéry) ist aus lateinischen *ratis* abgeleitet, einem Wort mit unbekannter Wurzel, das schnell zum Synonym für Schiff überhaupt wurde (Belege: Torr 1964, 122). Der andere Begriff für Floß war *canna*, der den aus Binsen gebauten (gebundenen) Typ bezeichnet (Juvenal, *Satura* 5, 86–91, über Tiber-*cannae*). Auch in der lateinischen Literatur haben die ägyptischen Papyrus-Flöße ihre Spuren hinterlassen: „... in Nilo ex papyro ac scirpo et harudine" (Plinius, *Naturalis historia* VII, 206), oder „Conseritur bibula Memphitis cymba papyro" (Lukian IV, 138). Genaue Bau- oder Funktionsbeschreibungen gibt es nicht. Plinius (VI, 24, 82) zitiert Eratosthenes mit der Angabe, Schilfflöße (*reed raft*: Mc Grail 1987, 164) seien im ostindischen Küstenverkehr benutzt worden. Ohne Detailinformationen belegt Herodot das Vorkommen solcher Fahrzeuge schon vor 2500 Jahren. Der *kattu-maram* (= gebundene Hölzer), eine der zahlreichen, von J. Hornell (1946, 61–70) aufgearbeiteten Floß-Varianten an Indiens langen Küsten, hat bei semantischer Veränderung mit dem *Katamaran* auch das Deutsche bereichert. *Maram* findet sich als Grundwort bei vielen Floßbezeichnungen. Modelle von Katarmaranen zum Fischen im Museum für Völkerkunde, Berlin: Sri Lanka, Nr. IC 10025, L. 46 cm. B. 9 cm, H. 4 cm, Madras, Nr. IC 2035, L. 34 cm, B. 9 cm, H. 5 cm. Unter den 130 einheimischen Schiffstypen, die McMillan u. a. (2000, 662) für den Subkontinent auflisten, ist auch die *bhela,* ein aus 3–5 Stämmen gebautes, 1,20–2,70 m langes Floß. In der Tulugu-Sprache findet sich die *teppa*, ein aus 2–4 Balken gebautes, spitz zulaufendes Fischer-Floß von 4–7 m Länge. Mit *kulla* bezeichneten die Drawiden, mit *odam* die Tamilen ihre Floß- oder Bootstypen. Für die Netzfischerei an der Koromandelküste werden Flöße vom *periya-maram*-Typ verwendet, die es in verschiedenen Größen und Bezeichnungen gibt, so den aus drei Balken gebundenen *chinna-maram* für zwei Fischer, denen eine Arbeitsfläche von 4–5 $m^2$ zur Verfügung stand.

## 2.2 Babylonische Schiffstypen

Auch das nächste Zitat ist den ethnologischen Wasserfahrzeugen gewidmet: „Was aber für mich die größte Merkwürdigkeit von allen in diesem Land ist, nächst der Stadt selber, versteht sich, das will ich nun erzählen. Die Fahrzeuge, die den Fluß hinunterfahren nach Babylon, sind kreisrund und ganz aus Leder. Nämlich im Land der Armenier, die oberhalb der Assyrer wohnen, schneiden sie Weiden, und dann biegen sie Rippen daraus, und um die spannen sie als Decke außen Häute nach Art eines Schiffsbodens, ohne ein Heck besonders auszubilden oder einen Bug spitz zulaufen zu lassen, sondern sie machen sie kreisrund wie einen Rundschild. Dann legen sie das ganze Boot mit Ried aus, laden die Fracht ein und lassen sich den Fluß hinabtreiben. Meist haben sie bauchige Krüge mit Palmwein geladen. Gelenkt wird es durch zwei Ruder und zwei Männer, die aufrecht stehen, und der eine zieht das Ruder zu sich, der andere drückt es weg. Und diese Fahrzeuge werden recht groß hergestellt und auch kleiner; die größten können wohl fünftausend Talente tragen. Auf jedem Fahrzeug befindet sich ein lebender Esel, auf den größeren auch mehrere. Wenn sie auf ihrer Fahrt nun in Babylon angekommen sind und ihre Fracht unter den Kunden verteilt haben, so bieten sie auch die Rippen des Bootes und alles Ried feil, die Bootshaut aber packen sie auf die Esel und ziehen zurück nach Armenien. Denn den Fluß hinauf kann man unmöglich fahren wegen der starken Strömung. Deswegen nämlich sind die Boote auch nicht aus Holz gemacht, sondern aus Leder. Haben sie nun ihre Esel bis nach Armenien getrieben und sind wieder dort, bauen sie sich neue Boote auf die gleiche Weise" (I, 194; W. Marg). Die Experten sind sich einig, dass Herodot hier – aus Fehlinformation oder Erinnerungslücken? – zwei Fahrzeugtypen verwechselt, die „kreisrund und ganz aus Leder" gebaute *guffa* und den *kellek*: „... laden die Häute den Eseln auf und ziehen damit an die Oberläufe der Ströme Mesopotamiens" (I, 194). Dieser *kellek* stellt eine konstruktive Erweiterung des Floßes dar, bei dem über aufgeblasene und verbundene Tierbälge ein System aus Latten oder Stämmen gelegt wird. Die Maße der größten rezenten Kelleks werden mit 15 × 15 m angegeben; sie bestehen aus bis zu 1000 Häuten (Hornell 1946, 30; McGrail 1987, 188). Ein solches Floß treibt die Ströme hinab, lässt sich nach dem Löschen der Ladung zerlegen und, wie Herodot schreibt, stromauf transportieren. Dank guter Abbildungen (Auswertung u. a. De Graeve 1981, 82–85) sind wir über diesen Floßtyp hinlänglich informiert. Er ist niemals kreisrund wie die *guffa*, die einer ganz anderen Bautradition angehört und die man zu den Korb-, Leder- oder Fellbooten zählt, bei denen über ein leichtes offenes Gerüst aus stärkeren Zweigen eine Tierhaut gespannt wird, die durch geeignete Mittel (Fett, Teer) wasserdicht gemacht ist (Abb. 13). Wie bei den Flößen ist dieses Bauprinzip weltweit verbreitet, zum Beispiel als *bull-boat* in Nordamerika, als *coracle* oder *curragh* in Irland; Sonderformen der Fellboote sind *umiak, kayak* und *baidarka* zirkumpolarer Kulturen, aber auch unser Faltboot. Die *guffa* ist in der mesopotamischen Bildkunst gut belegt (De Graeve 1981, 85–89; Salonen 1939, passim; Qualls 1981, passim). Sechs in Museen von Berlin, Paris, Lowestoft, Bremen, Leipzig und München aufbewahrte Guffas haben eine Durchschnittsgröße von 1,60 m ∅, was sicher unter den üblichen Maßen der auch für schwerere Lasten geeigneten Boote liegt. Die Materialien: Palmfedern, Schilfgras, Granatapfelzweige, Kokosfaser; Abdichtung mit Naturbitumen. In I,

179, taucht das Wort als *asphaltos* auf, aber nicht im Zusammenhang mit Booten. McMillan (2000, 481) führen 19 Namensvarianten der *guffat* auf und unterscheiden einen großen Typ (*hessan*, 4,9–5,5 m ∅, 12–16 Tonnen), einen offenbar namenlosen (2,1–4,6 m ∅) und einen kleinen (*qishir*, 0,91–1,8 m ∅), der in der Fischerei Verwendung fand. Das Wort *guffa* ist vermutlich durch aramäische Vermittlung ins Griechische übernommen worden, hat aber – bei erkennbarer Wurzel – seine Bedeutung geändert: *Kophinos* (lateinisch *cophinus*) ist „großer Weidenkorb", woraus zum Beispiel englisch *coffin*, Sarg, oder deutsch *Koffer* wurde. Auch mit griech. *kyparissos*, Zypresse, dürfte *guffa* letztlich verwandt sein (vgl. mykenisch: *ku-pa-ri-se-ja*, lat. *cupressus*). Aus *gopher*-Holz wurde die Arche der Genesis gebaut. Über die Sargon-Legende fand die Guffa auch Eingang ins Alte Testament. Ein Textstück daraus befasst sich mit der Jugendgeschichte des Königs: „Es empfing mich meine Mutter, Oberpriesterin (und) im Verborgenen gebar sie mich. Sie legte mich in einen Kasten aus geschnittenem Rohr (*guppu sa suri*) und verschloß meine Tür mit Asphalt. Sie warf mich in den Fluß, der nicht über mich stieg. Er trug mich fort der Fluß …" (Salonen 1939, 72). Dazu *Exodus* 2, 1–10, wo berichtet wird, wie Mose in einem Schilfkörbchen im Wasser überlebte (Göttlicher 1997, 132–41). Das Rundboot hieß im Griechischen *karabos*, im Lateinischen *carabus*, womit auch eine Meerkrebsart bezeichnet wurde, deren Form wohl auf das Boot übertragen wurde. Zu „Häute und Felle" im Bootsbau: Dürring 1995, 47–52; Typologisches: Koch 1984, passim.; Hornell 1970, 91–180. Die zahlreichen anderen Wasserfahrzeuge auf den Gewässern des Zweistromlandes erwecken nicht die Neugier Herodots. Über Jahrhunderte haben Siegel, Reliefs, Ritzungen usw. sowie Modelle ihre Form, Texte ihre Funktion überliefert und sogar juristische Fragen behandelt. In I, 186, nennt Herodot den „lästigen" Gebrauch einer Euphrat-Fähre, ehe sie durch eine Brücke ersetzt wurde, benutzt dafür aber nur den aussagearmen Terminus *ploion*, Schiff, Fahrzeug. Wir kennen lexikalisch eine Fülle von Schiffstypen, es ist aber kaum möglich, sie sicher dem *ploion* zuzuordnen, mit dem *eleppu*, eine generelle Bezeichnung für Boot, Schiff, gleichzusetzen ist; für die breite Fähre kämen *eleppu muttabritu* oder *nebiru* (von „überschreiten") in Frage. Die Wörter stammen aus Jahrhunderten vor Herodot, dürften aber zu seiner Zeit noch bekannt gewesen sein, ob auch ihm, ist wegen seiner fehlenden Fremdsprachenkenntnis aber unwahrscheinlich. Er nennt semitische Schiffstypen wie *gaulos* oder *kerkuros* erst, wenn sie gräzisiert sind. „Das ganze babylonische Land ist nämlich, wie auch Ägypten, von Gräben durchzogen, und der größte der Gräben ist für Boote befahrbar, gegen Südosten gerichtet, und er geht vom Euphrat bis an einen anderen Fluß, den Tigris, an dem die Stadt Ninos [Ninive] lag" (I, 193, Übers. D. Müller). Zur Topographie vgl. Müller 1997, 225–33). Diese

Boote waren wohl die „Lastesel“ des lokalen Transportwesens und wurden vermutlich getreidelt. Ihr Typ ist nicht bekannt; Herodots Angaben sind so wenig präzise, dass sie kaum aus den Text- und Bildzeugnissen zu verifizieren sind, die eine erstaunliche Fülle von Binnen- und Seeschiffen überliefern. In den Arbeiten von Salonen, De Graeve und Qualls – um nur die speziellsten zu nennen – sind sie dokumentiert und interpretiert.

## 2.3 Ägyptische Schiffstypen

Alle Anzeichen sprechen dafür, dass Herodot „nach 448 sich einige Male in Ägypten aufgehalten und das Land bis Elephantine gesehen hat“ (J. Vogt, *Herodot in Ägypten*, in: Marg 1982, 412–33. Dazu auch E. Lüddeckens, *Herodot und Ägypten*, in Marg 1982, 434–54). In diesem Jahrhundert regierten die persischen Könige der 27. Dynastie das Land:

| | |
|---|---|
| Kambyses | 525–522 |
| Dareios I. | 521–486 |
| Xerxes | 486–466 |
| Artaxerxes | 465–424 |
| Dareios II. | 424–404. |

Eine gut zugängliche und lesbare Würdigung von Herodots ägyptischen Berichten bietet D. Wildung im *Lexikon der Ägyptologie*. Natürlich kann er, unter Verweis auf die Sekundärliteratur, auf Einzelheiten nicht eingehen. Weitere Literatur: W. Spiegelberg, *The Credibility of Herodotus' Account of Egypt*, Oxford 1927; J. A. Wilson, *Herodotus in Egypt*, Leiden 1970. Eine scharfsinnig kommentierte und reich annotierte Darstellung des Ägypten-Logos enthält Bichler 2001, 145–212. Allgemein zu den „Persern in Ägypten“ vgl. das gleichnamige Stichwort im *Lexikon der Ägyptologie* IV 1982, 943–51 (mit umfassender Literaturübersicht). Als begleitender Kommentar zu II, 1–98, ist Lloyd 1975, 1976 und 1988 unerlässlich. Der ägyptische Logos der *Historien* findet sich in II, 1–98 (naturgeschichtliche und ethnografische Aspekte wie Nahrung, Kleidung, Technik, Hygiene und Medizin, Religion) sowie in II, 99 – III, 43, 61–66 (Geschichte). In allen Kapiteln kommen Schiffe zur Sprache. Kein Land des Altertums hat so viele Zeugnisse seiner Schiffbaukunst und Schifffahrtsgeschichte hinterlassen wie das bildbesessene Ägypten. Auf Felsen (Abb. 1) und Gefäßen finden wir bereits im 4. Jahrtausend Darstellungen von Nilschiffen, die eine nicht abreißende Folge von Szenen in Gräbern, auf Stelen und Tempelwänden, in der Kleinkunst und auf Textrollen, auf Mumienhüllen und Täfelchen, auf Sarkophagen und als Textilien sowie als Modelle von oft großer Vorbildtreue begründen. Alles war schon uralt und bestaunenswert, als Herodot um 450 – zur Zeit der persischen 27. Dynastie – das Land bereiste und Pyramiden, Tempel, geologische Merkmale, Sitten und Bräuche sowie Schiffe beschrieb, die eine lange technologische Tradition hinter sich hatten und Gipfel der Baukunst aufwiesen, die bereits zwei Jahrtausende vor dem Besuch des Griechen lagen: die unvergleichlichen Boote des Cheops, die Paul Lipke (1984) umfassend aufgearbeitet hat. Die Materialfülle hat eine eigene „nautische" ägyptologische Bibliografie hervorgebracht, in der Namen wie Reisner, Boreux, Dürring, Landström, Basch, Lipke, Partridge, Haldane, Jones, Winlock, Glanville, Wachsmann und Fabre besonders hervorzuheben sind. Solide Übersichten erlauben die Stichworte *Schiff, Schifffahrt, Schiffsmodelle, Barke, Barkenraum* in den Bänden V beziehungsweise I (1983, 1975) des *Lexikons der Ägyptologie*. Herodot schreibt nirgends, dass er ein Nilschiff benutzt hat, muss es aber getan haben, denn der Wasserweg war der einzig wirklich geeignete für Menschen, Waren, für Götter. Dennoch verdanken wir ihm außer dem oft zitierten Satz in I, 5, wertvolle Hinweise zum Schiffbau seiner Zeit. Auf eigener Beobachtung mag II, 29, basieren, wo er von der Fahrt über Elephantine hinaus nach Süden berichtet, die nur durch Treideln möglich war: „Man muß das Schiff von beiden Seiten durch ein Tau ziehen lassen und wie zu Wagen reisen. Reißt das Tau, so wird das Schiff durch die Strömung abwärts davongeführt." Das Treideln als Antrieb weicht vom sonst üblichen ab. *Hdi* bedeutet im Ägyptischen „ohne Segel, stromabwärts, nach Norden", *hnti* „mit Segel, stromaufwärts, nach Süden fahren." Das Schleppen von Schiffen ohne eigenen Antrieb ist gut bezeugt, das hier geschilderte Schleppen von den Ufern aus über schwierige Stromschnellen ist kaum bildwirksam geworden (Abb. 1). Zu II, 29 und 96, wo ebenfalls vom Treideln die Rede ist, das von A. Schott-Schwab (*Die Ausmaße Ägyptens nach ägyptischen Quellen, Ägypten und Altes Testament* 3, $^{2}$1981, 116–17) nicht sauber auseinander gehalten wird. Zu „Treideln und Schleppschiffahrt": Dürring 1995, 162–63. Zwei schöne Schlepp-Szenen einer Pilgerfahrt nach Abydos finden sich im Grab des Sen-nefer (Zeit der 18. Dyn.). Die obere zeigt das schleppende Schiff mit 8 Rojern vor dem in aufwändigem Papyrusstil-Boot der Sen-nefer-Familie, die untere die Fahrt stromauf, angetrieben nun zusätzlich von einem die Kraft des Nordwindes nutzenden Rahsegel mit denselben 8 Rojern. Takelage, Ruderanlage, Papyrusdolden und das „Auge" am Vorschiff der Pilger-Barke sind ebenso farbenfroh und detailliert wie der Rudergänger, der Lotse, der die Reinigungsopfer vollziehende Priester sowie Sen-nefer und Merit, seine Frau. Mythologie, Kulthandlungen und die Natur des Landes bilden hier eine unlösbare Einheit (vgl. *Sen-nefer. Die Grabkammer des Bürgermeisters von Theben*, Mainz 1986, 63–65).

II, 97, belegt, „dass man bei Hochwasser mit dem Boot von Memphis bis in Richtung Naukratis unmittelbar an den Pyramiden vorbeifahren kann"

(Bichler 2001, 191) – offenbar ein ganz normaler Vorgang, bei dem weite Teile des Landes zur Wasserstraße wurden. Im Ägypten unserer Tage wird zum Befahren überfluteter Äcker der *ramus* verwendet, ein ca. 4 m langes, in der Tradition der Papyrusboote gebautes Floß. Im Altertum waren sicher alle gängigen Schiffstypen dafür zu gebrauchen, die sich in Texten und Bildwerken sowie in Modellen manifestieren. Alle ägyptischen hölzernen Bootsmodelle (es gab auch solche aus Ton, Stein oder Metallen) sind in Blockbautechnik entstanden, mit einer Ausnahme: Von den beiden Modellen, die außerhalb der Mastaba des Imhotep (3. Dyn.) in Lisht gefunden wurden, ist eins, das mit 1,95 m Länge kleinere, aus dünnen Planken gebaut, die in Dübeltechnik (engl. *Mortice-and-tenon joinery*) – und zwar so ähnlich wie die Dahschur-Boote – verbunden waren. Die nur max. 1 cm dicken Planken machten das Modell jedoch so brüchig, dass es nicht erhalten werden konnte, sondern wieder vergraben wurde. Andere Modelle haben die Zeitläufe besser überstanden. Dauerhafte Keramik, edles Metall oder eine solide Holzbautechnik (aus dem vollen Holz gearbeitete Rümpfe) machten sie bei den herrschenden klimatischen Bedingungen widerstandsfähig gegen alle zerstörerischen Einflüsse, so dass wir die ägyptische Schiffsmodellbaukunst über Jahrtausende dokumentieren können (vgl. Winlock, Glanville, Göttlicher/Werner, Reisner, Jones u. v. a.). Zur kulturellen Identität Altägyptens gehören auch die zahlreichen Barken aller Typen, in denen Götter über den Nil gefahren werden. Diese Freude an der öffentlichen Zurschaustellung findet einen Widerhall auch in Herodots Werk, wo er in II, 60, schreibt: „Die Festfeier in Bubastis verläuft folgendermaßen. In einzelnen Baren kommen sie dahergefahren, eine große Menge Volks, Männer und Frauen durcheinander. Manche Frauen haben Klappern, mit denen sie rasseln, manche Männer spielen während der ganzen Fahrt die Flöte, und die übrigen Frauen und Männer singen und klatschen dazu in die Hände. Kommen sie auf ihrer Fahrt an einer Stadt vorüber, so lenken sie die Baris ans Ufer und tun folgendes. Einige Frauen, wie gesagt, klappen mit der Klapper, andere rufen die Frauen jeder Stadt an und verspotten sie, wieder andere tanzen, wieder andere stehen auf und entblößen sich. Das wiederholt sich bei jeder am Strome liegenden Stadt.“ Es muss sich um schwimmende Tempel gehandelt haben, von deren Pracht und Schönheit eine sichere Vorstellung kaum zu gewinnen ist, auch wenn Landströms Nachschöpfungen die Phantasie beflügeln. Der Aufwand an gemaltem und geschnitzem Zierat, an Figuren und Säulen, an Golddekor und gestickten Behängen war groß; das laute oder feierliche Zeremoniell, Rezitationen, Gesänge dürfte überwältigend gewesen sein. Manches spiegelt sich in den Namen der Barken (Göttlicher 1992, 14–17), das meiste in den Bildberichten. Zu den Staatsbarken kamen die der einzelnen Gaue, Städte und Tempel und schließlich die Totenbarken, auf denen die Verstorbenen die letzte Reise antraten oder Tiere zu ihren Grüften gefahren wurden – wie es Herodot in II, 60, berichtet. Zu II, 73, E. Brunner-Traut, *Alltag unter Pharaonen*, Freiburg 1998, 134: „Eine hübsche Illustration zum Bastetfest ist auf einer ägyptischen Silberschale aus Zypern eingeritzt. Da ist in der Hauptzone ein Boot mit einer Katze als Protom zu sehen, besetzt mit drei Ruderern und versehen mit einem Weinkrug. In einem reich ausgestatteten Entenkahn sitzt das Ehepaar, das wohl nach Bubastis reist, in der Kajüte. In seinem Gefolge zieht ein Papyrusnachen mit nackten Musikantinnen dahin, schließlich folgt die Barke mit Proviant, vor allem Wein." (Die Belege dazu: Berlin, Staatliche Museen Nr. 14117. Strichzeichnung bei P.Montet, *Les Reliques de l'Art syrien dans l'Egypte du Nouvel Empire,* Paris 1937. [= Publications du faculté des Lettres de l'Univ. de Strasbourg. Fasc. 76]. S. 151 ff. Heinrich Schäfer, *Ägyptische Goldschmiedearbeiten,* Berlin 1910. [= Mitt. Aus der ägypt. Sammlung I], S. 65–67, Tafel 15. Foto: E. Brunner-Traut, *Die Alten Ägypter*, Stuttgart [4]1987, Tafel 36). In diesem zitierten Text und in II, 41, wo von kultischer Stierbestattung die Rede ist, fällt das Wort *baris*. In II, 96, ist *baris* ein „Lastkahn mit plattem Boden, hergestellt aus Akazienholz" (Dürring 1995, 140; Casson 1971, 335). Von wortgeschichtlicher Kraft ist der in dem Text verwendete, von Horneffer nicht übersetzte Begriff Baren, bei Herodot beziehungsweise im Ägyptischen ein dem Semitischen entnommenes Lehn- oder Fremdwort. Auch ein von Übersee kommendes Frachtschiff konnte eine *baris* sein (Abb. 7). In II, 179, einem Bericht über die Zoll- und Protektionspolitik des Amasis (570–26) heißt es: „Ursprünglich war Naukratis der einzige Handelsplatz in Ägypten; einen anderen gab es nicht. Fuhr ein Schiff in eine andere Nilmündung ein, so mußte man schwören, daß es nur aus Not geschehen sei. Dann mußte das Schiff zurück und die kanobische Nilmündung zu erreichen suchen. Konnte man nicht gegen den Wind aufkommen, so mußte man die Waren in Baren weiterschaffen und um das Delta bis nach Naukratis herumfahren. Solche Rechte genoß Naukratis." Das Wort war damals schon sehr lange im Gebrauch; auf den um 1185 gearbeiteten Ton-Täfelchen von Ugarit werden *br*-Schiffe verschiedener Häfen aufgezählt. In seinem Kapitel „Asiatische Fremdworte im Ägyptischen" nennt W. Helck (*Die Beziehungen Ägyptens zu Vorderasien im 3. und 2. Jahrtausend v.Chr.*, Wiesbaden 1962) unter Nr. 56 auch einen *bi-r* genannten Schiffstyp und verzeichnet das ugaritische Wort *br* als etymologische Quelle; das akkadische Wort *ba'iru* heißt „Fischer". Schon im Papyrus Harris I nennt Ramses III. Schiffe des *baris*-Typs, wenn er schreibt: „Ich machte für dich [Amun von Karnak] *querer*-Schiffe, *menesh*-Schiffe und *bari*-Schiffe, bemannt mit Bogenschützen mit ihren Waffen auf der Großen Grünen See [Mittelmeer]. Ich gab ihnen Truppenführer und Schiffskapitäne samt vielen Besatzungen ohne Zahlenbegrenzung, um die Waren des Landes von Djahi und von den Ländern an den Enden der Erde zu deinen Schatzhäusern in Theben zu bringen" (Wachsmann 1998, 111; deutsch vom Verfasser). Dank des Koptischen sind wir über die Aussprache des Altägyptischen *br* oder *bjr* informiert, das wie bei Herodot im Griechischen als *baris* (Plural *barides*) auftritt und von dort über das Lateinische *barca* seinen Weg in viele Sprachen genommen hat. Als *barge, bark, barque, barquentine* oder *barkenteen* ist es im Englischen verbreitet, wobei es sich um sehr unterschiedliche Typen von Ruder- und Segelschiffen handelt (vgl. die Stichworte bei Kemp 1976 und 1980). Das gilt auch sinngemäß für das Deutsche mit Barke, Bark (auch als Barkentine, Schonerbark, Vier- oder Fünfmastbark), Barkasse, Barge-Container oder -Carrier. Zahlreiche Namensvarianten bei McMillan 2000, 33–49 unter den verschiedenen Stichworten. Alle Belege usw. zu *br* gesammelt und ausgewertet von D. Jones, *A Glossary of Ancient Egyptian Nautical Titles and Terms*, London 1988, 136–37 (Nr. 30 der „Ship Types"). Griechische Belege für *barides* finden sich u. a. in Euripides, *Iphigenie in Aulis*, 297 („*barbarous baridas*") und in Aischylos, *Die Perser*, 555 („*baridessi pontiais*"). Von den seltenen lateinischen Beispielen sei Propertius, *Elegien* 3, 43–46 genannt, wo die *barides* als gestakte Nilschiffe erscheinen. Zu den nautischen Fragen in II, 96, vgl. Lloyd 1976, 384–90 (mit Bibliografie). Neben verschiedenen Bootstypen findet sich die einmalige Darstellung eines aus Balken gebauten Nilfloßes auf einem römischen Kindersarkophag in Karlsruhe, der die Feier der „allegorischen Hochzeit ... in dem paradiesischen Nildelta" sehr anschaulich gestaltet und der die Tradition der Kultfahrten zu Schiff noch im 2. Jahrhundert n. Chr. bezeugt. (I. Jucker, *Das Fest auf dem Nil.* In: *KANON. Festschrift Ernst Berger*, Basel 1988, 247–56). In II, 41, ist von der Bestattungsfahrt und sekundären Beisetzung heiliger Rinder die Rede, die nach einer Stadt führt, die nur hier genannt wird und im Ägyptischen Hat-Hr-bjk geheißen haben dürfte: „Stirbt ein Rind, so wird es auf folgende Weise bestattet. Ist es eine Kuh, so wirft man sie in den Strom. Ist es ein Stier, so wird er vor der Stadt begraben und ein oder beide Hörner als Wahrzeichen auf dem Grabe befestigt. Wenn dann das Tier verwest ist und die festgesetzte Zeit herannaht, so kommt von einer Insel, namens Prosopitis, eine Baris und besucht alle Städte Ägyptens. Diese Insel liegt im Delta und hat einen Umfang von neun Schoinoi. Auf dieser Insel Prosopitis liegen viele Städte; aber die, aus der die Baren kommen, um die Gebeine der Stiere zu holen, heißt Aphrodite." Die Ägyptologen bestätigen die Richtigkeit des Textes, denn auch Reliefs (zum Beispiel Göttlicher 1992, Abb. 41) verifizieren Herodots Angaben (Abb. 4). Die bedeutendste Tiernekropole war das (von Herodot nicht genannte) Serapeum von Saqqara, wo neben Stieren (Apis) und Kühen (Isis) auch Falken, Ibisse, Katzen, Paviane, Hunde, Schakale,

Löwen und Schlangen – alle bestimmten Gottheiten gehörig – beigesetzt waren. 0,23 m hoch ist das aus dem Memphis der Spätzeit stammende Relief „Totenbarke des Apis-Stiers auf Scheibenrädern“ (J. Leclant, Hrsg., *Ägypten*, 3. Band, München 1981, Abb. 215). Auf acht Scheibenrädern fährt die stilisierte Barke; aus der offenen Vorderseite der Kapelle schaut der Stier. Sehr ähnlich ist die Apis-Totenbarke eines ptolemäerzeitlichen Reliefs in Cambridge (Fitzwilliam Museum E. 13 1969). Zu heiligen Stieren: Helck/Otto 1970, 364–65; umfassend: E. Otto, *Beiträge zur Geschichte der Stierkulte in Ägypten*, Leipzig 1938. Neben dem sprach- und kulturgeschichtlichen Aspekt enthält II, 96, auch einen technikhistorischen. Die dort dokumentierte Baubeschreibung von Plankenkonstruktionen ist durch bildliche Darstellungen (Dürring 1995, Tafel 11; Casson 1971, Abb. 11; Landström 1970, Abb. 273; Jones 1995, Abb. 65; Vinson 1994, Abb. 24) sowie durch die genannten Boote von Dahschur ausreichend bestätigt (Abb. 2): „Ihre Lastschiffe [*ploia*] sind aus dem Holz des Dornstrauches [*Acacia Nilotica*] gebaut. Dieses hat große Ähnlichkeit mit dem Lotosstrauch in Kyrene. Sein Saft ist Gummi. Aus diesem Strauch bauen sie Planken von zwei Ellen [= 90–110 cm] Länge und legen sie wie Ziegeln aneinander, ...“ Bildbelege (Dürring 1995, Tafeln 7–11) dokumentieren alle Phasen des Schiffbaus am Nil. Weiter zum Bau: „... so daß das Schiff auf folgende Weise zustande kommt. Man reiht die zwei Ellen langen Bretter um fest eingetriebene lange Pflöcke herum. Auf das so hergestellte Fahrzeug legt man Querhölzer, braucht also keine Rippen [Spanten]. Innen werden die Fugen mit Papyrus abgedichtet“ (II, 96). Dieses „Abdichten“ der Plankennähte ist sicher das Binden der Schiffsteile durch Papyrusseile, nicht das Kalfatern (Haldane 1990, 135–36, mit weiteren Angaben und Literatur zu II, 96). *Ikria*, ein Wort vermutlich semitischer Herkunft, bezeichnet bei Herodot Bohlen, Bretter (so in V, 16), aber nicht Schiffsplanken, für die er in II, 96, den Begriff *xyla*, Holz, verwendet. Aus der Zeit um 470/30 stammt ein Wrackfund, der nach Ansicht seiner Bearbeiterin der von Herodot beschriebenen Bautechnik am nächsten kommt: 1987 wurde bei Kairo, in Mataria, ein 11 m langes, 4 m breites und 1,2 m tiefes Wrack entdeckt, dessen kurze Sykomorenholz-Planken in „Nähtechnik“ zusammengebaut waren. Einige davon waren durch Holzdübel gesichert. Der Fund von Mataria steht in einer von der späten Bronze- bis in die Byzantinische Zeit nachweisbaren technologischen Tradition und bestätigt die Angabe II, 9, mit der Einschränkung, dass die Planken im Schnitt 2–4 (aber eine auch 6) m lang, also länger als die von Herodot mehr geschätzte als gemessene Pauschalangabe von 1 m (Ward 2000, 133) sind. Weitere Details in II, 96, beziehen sich auf „Querhölzer“ (Decksbalken), auf die *nomeis* (in II, 96, der Terminus für das Weidengerüst, hier wohl das „Mallen“ genannte Baugerüst), die *gomphoi* (Holznägel, Dübel), den Kiel, den Mast und dessen aus *byblos* (Papyrus) gearbeitetes Segel. Die z.T. ohnehin umstrittenen Details sind hier nicht zu untersuchen, aber es bleibt eine Auffälligkeit in II, 96: das *eine* Steuerruder, das durch den Schiffsboden [*tropis*, Kiel] geführt wird, wogegen antike Schiffe sonst *zwei* Lateral- oder Seitenruder hatten. Belege für das durch einen Einschnitt im Heck geführte Ruder sind selten und datieren in die Jahrhunderte vor Herodot, wie Landström 1970, Abb. 394–99, nach denen er Abb. 401 als großes Lastschiff mit ca. 7 m langem Heck-Ruder (kein Axial-Ruder, das eine mittelalterliche Erfindung ist) rekonstruiert. Jones (1995) lehnt sich in Abb. 43 mit einer „Artist's impression" daran an.

In II, 11, spekuliert Herodot über die geologische Vorzeit des Niltals und versucht vage Maßangaben über das Rote Meer: „In Arabien, nicht weit von Ägypten, gibt es einen Meerbusen [das Rote Meer], der sich vom sogenannten Roten Meer [Erythräisches Meer, richtig: Indischer Ozean] nach Syrien zu hinzieht und sehr lang und schmal ist. Durchfährt man ihn auf einem Ruderschiff vom inneren Winkel bis zum offenen Meer, braucht man vierzig Tage, während die Breite an der breitesten Stelle nur eine halbe Tagesfahrt beträgt", d.h. das Rote Meer ist 80-mal so lang wie breit (in Wirklichkeit ist das rund 2300 km lange Meer etwa 200–300 km breit). Bei etwa dieser Länge hätte ein Ruderschiff am Tag 57 km zurücklegen, d.h. 2,4 km/h oder 1,3 Knoten erreichen müssen, ein theoretischer, aber plausibler Wert. Die aber dort herrschende Hitze hätte eine so lange Ruder-Phase kaum zugelassen. Die erwähnten „Ruderschiffe" dürften ausländische Konstruktionen gewesen und wohl auf phönikischen Werften gebaut worden sein. In II, 161, liefert Apries (588–69) „eine Seeschlacht gegen den König von Tyros" und macht einen Feldzug gegen Sidon. Sein Großvater Nechos II. hatte „Trieren" bauen lassen, deren Werften „man jetzt noch erkennen kann" (II, 159) und deren Nachfolgemodelle wohl auch Apries gegen die Tyrier einsetzte, auch wenn es sich kaum mehr als um eine lokale Auseinandersetzung gehandelt haben dürfte.

Ein von Schiffshistorikern meist umgangener Bericht hat zu Lösungsvorschlägen geführt, von denen einer sich weitgehend hat durchsetzen können: „Derartige Barken können den Strom nicht wieder hinauffahren, außer bei stürmischem Wind, und werden am Ufer getreidelt. Bei der Talfahrt steuert man sie auf folgende Weise: mittels eines aus Tamariskenholz gebauten Floßes, das von einem Rohrgeflecht gehalten wird, und eines durchbohrten Steins, der ungefähr zwei Talente (52 kg) wiegt: das durch ein Tau vorn vor der Barke befestigte Floß schwimmt mit dem Strom, während der Stein durch ein anderes Tau ans Heck gehängt ist, die Strömung bemächtigt sich des Floßes, das schnell fortgerissen wird und die Baris (das ist der Name dieser Barken) nachschleppt, der Stein jedoch, der hinterherschleift und das Flußbett aufschabt, hält das Boot auf gerader

Linie. Diese Boote sind in Ägypten sehr zahlreich, und einige tragen eine Ladung von mehreren Tausend Talenten“ (II, 96, nach Barguet/Goyon). In der Übersetzung von J. Feix lautet der Text in der hier relevanten Passage: „Abwärts fährt man dann so: Die Schiffe haben ein viereckiges Lattengestell aus Tamariskenholz, das mit einer Rohrmatte überflochten wird und einen durchbohrten Stein von etwa zwei Talenten Gewicht hat. Davon wird das Gerüst an einen Strick gebunden und vor dem Schiff in Wasser gelassen, so daß es schwimmt. Der Stein wird an einem anderen Tau hinter dem Schiff ins Wasser versenkt. Hat die Strömung das Gestell erfaßt, so fährt es schnell dahin und zieht die Baris – so heißt dieses Fahrzeug – hinter sich her. Der Stein wird in der Tiefe nachgezogen und steuert die Fahrt.“ Der Vergleich auch mit anderen Übersetzungen zeigt die Problematik, das Gesagte zu verstehen, in dem philologische Fragen mit hydrodynamischen Problemen zusammenfließen. E. Dondelinger (1976) und A. Köster (1934, 11–19) haben sich des Textes angenommen. Die Ergebnisse lassen sich wie folgt zusammenfassen: Das sicher schwer zu handhabende, nur auf antriebslosen Lastschiffen verwendete Treibtafel-System diente der Beschleunigung der Fahrt durch die höhere Zugkraft des „Floßes“ und der erleichterten Steuerung durch den nachgeschleppten Stein. Dondelingers Versuch, das System über Jahrhunderte nachzuweisen, geht fehl; zum Beispiel: Der „halb im Wasser liegende Stein“ (Dondelinger 1976 zu Abb. 15) ist ein Wurmloch! Andere Interpretationen von Bildquellen zeigen fast durchweg eine über Wasser angebrachte Ziermatte am Bug mit zweifelhafter nautischer Funktion. G. Goyon, 99–100, erwähnt, dass das System „wissenschaftlich überprüft“ wurde und „ausgezeichnet funktioniert“ (Beleg: G. Goyon, *Les navires de transport de la Chaussée d'Ounas*, Bulletin de l'Institut français d'Archéologie orientale 69, 1971, 11–41). Autoren wie A. Köster (1934) favorisieren die Idee eines senkrecht dem Schiff vorgespannten Brettes, durch das ein wesentlich effektiverer Vortrieb erzeugt würde als durch eine floßartige, horizontale Konstruktion. Bildzeugnisse dazu sind – wie fast generell zur Schiffsikonografie des 5. Jahrhunderts – unbekannt, so dass Herodot die einzige verlässliche Quelle ist für eine vermutlich junge und wohl wenig innovative Technik, die der Grieche vielleicht gar nicht richtig verstanden hat. Besonders die Floß- oder Mattenthese hat die Interpretation von Bildquellen beeinflusst. Ausdrücklich auf II, 96, bezieht B. Schlick-Nolte die Barke eines Siegels und schreibt: „Das rechteckige Zeichen in der Barke gibt wohl nicht die Hieroglyphe p wieder. Es scheint sich mit Hilfe eines ähnlichen Motivs aus Tanis und insbesondere mit seiner Interpretation durch Charles (1964–65, S. 14 Nr. 7) erklären zu lassen. Danach sitzt es nicht im Schiff, sondern am Bug desselben und stellt die von Herodot beschriebene Treibtafel zur Navigation dar, auf die Dondelinger (1976) aufmerksam gemacht hat“ (B. Schlick-Nolte/V. von Droste zu Hülshoff, *Skarabäen, Amulette und Schmuck, Ägyptische Bildwerke* [im Liebieghaus, Frankfurt] Band I, Melsungen 1990, Nr. 113; R. P. Charles, in: *Mélanges de Carthage. Offerts à Charles Saumagne, Louis Poinssot, Maurice Picard, Cahiers de Byrsa* 10, 1964–65). In II, 96, wagt Herodot Maßangaben von Nil-Schiffen: „Es gibt sehr viele solcher Fahrzeuge [Baren], und manche tragen viele Tausend Talente.“ Auf der Basis des attischen Talents von 26,2 kg lassen sich Berechnungen anstellen, auch wenn das unbestimmte Numerale „viele“ dem Grenzen setzt. Bei einer Annahme von 3000 Talenten hätten die Baren also eine Tragfähigkeit von etwa 78, bei 6000 von ca. 160 Tonnen gehabt. Obelisken wie die von Karnak, Gewicht ca. 186 Tonnen, waren ohne Probleme auf dem Nil zu transportieren. Herodots Tonnage-Angaben werden in I, 194, gestützt, wo es heißt: „Die größten [Euphrat-]Schiffe tragen eine Ladung von fünftausend Talenten“, also 130 Tonnen. Ein in der 6. Dynastie in Saqqara gearbeitetes Kalksteinrelief aus dem Grab des Ipi (heute im Ägyptischen Museum Kairo, vgl. E. Strouhal, *Ägypten zur Pharaonenzeit*, Tübingen 1994, Abb. 193), zeigt, wie man um 2200 einen gewaltigen Steinblock auf dem Nil transportiert hat. Auch Herodot weiß von den Steinschiffen und schreibt, dass man sie beim Bau der Pyramiden einsetzte: „Weiter hat er [Cheops] alle Ägypter gezwungen, für ihn zu arbeiten. Die einen mußten aus den Steinbrüchen im arabischen Gebirge Steinblöcke bis an den Nil schleifen. Über den Strom wurden sie auf Schiffe gesetzt, und andere mußten die Steine weiterziehen bis hin zu den sogenannten libyschen Bergen“ (II, 124). Der Transport schwerster Lasten war für die Nilschifffahrt offenbar keine große Herausforderung. F. Hoffmann, (*Ägypten. Kultur und Lebenswelt in griechisch-römischer Zeit*, Berlin 2000, 197–99) zitiert aus einer ptolemäischen Geschichte namens „König Amasis und der Schiffer“ und bezieht sie auf II, 175, nach dem „bei einem besonders schwierigen Transportunternehmen des Amasis die 2000 eingesetzte Arbeiter ausnamslos Schiffer waren ...“, offenbar also hoch qualifiziertes Personal. In II, 164, äußert Herodot sich zu den „sieben verschiedenen [erblichen] Kasten“ und zählt als letzte den Berufsstand der „Schiffer“ auf – ob aus Zufall oder Absicht, bleibt offen. Es fehlen aber wichtige Stände wie Bauern und Handwerker, so dass ein echtes Kastensystem nicht zu erkennen ist und Herodot wohl nur „den uralten Wunsch eines jeden Ägypters, dass der Sohn an die Stelle des Vaters treten und, wenn der Vater ein Amt besaß, dieses auch erben solle“, ausdrücken wollte (Wolf 1962, 425).

In II, 122, heißt es: „Hernach, sagten sie [die Ägypter], sei dieser König [Rhampsinit] lebendig da hinabgestiegen, wo nach dem Glauben der Hellenen der Hades ist ...“ (Übers. A. Schöll). Ein Grieche kann sich die Fahrt in die Unterwelt nur mit der Gestalt des Charon, des Fährmanns über den Styx vorstellen, die vermutlich aus der ägyptischen Mythologie entlehnt ist (Abb. 23). Das Totenreich hieß „das westliche Land" (*amentet*), weil dort bestattet wurde und man über den Nil fahren musste – auch symbolisch auf Booten, die auf Rädern oder Schlitten transportiert wurden (zum Beispiel Göttlicher 1992, Abb. 36–38, 40) und so die Totenfahrt über den Nil „nachspielten." Auch die „Nachtfahrt der Sonnenbarke" hat weite Symbolbereiche der funeralen und mythologischen Vorstellungen beeinflusst. Ein Aspekt dieses hier nur angedeuteten vielschichtigen Systems wird in der o. g. Unterweltsfahrt sichtbar, die sich, der Landesnatur folgend, der Ägypter nur „nautisch" denken konnte. Umfassende Aufarbeitung: C. Jacq, *Le voyage dans l'autre monde selon l'Egypte ancienne,* Paris 1986.

Die wenigen archäonautischen Informationen im Ägypten-Logos konnten hier nur in Umrissen kommentiert werden; sie sind ein kleiner, wahrheitsgetreuer Ausschnitt aus der Schifffahrtstradition des Landes am Nil, die in Fülle und Farbe von keinem übertroffen wird. Ausführliche Darstellungen finden sich außer den generellen Werken zum antiken Seewesen (Köster, Casson, Vocino, Höckmann, Basch u.v.a.) in speziellen, eingangs genannten, aber auch keine Kulturgeschichte des Nillandes ist ohne einen Blick auf die Schifffahrt verständlich. G. Wirth fasst zusammen: „Herodots Versuch einer Ordnung des Historischen hat eine zeitlose Wirkung als Sammlung von Material, als Darstellungsform und als Methode der Erforschung von Sachverhalten. Wie weit eine geistige Integration über all dies hinaus möglich war und auch das seine Angleichung fand, was wir als Kultur zu bezeichnen gewohnt sind, ist eine Frage, die zu beantworten schwer wird" (*Hellas und Ägypten: Rezeption und Auseinandersetzung im 5. beziehungsweise 4. Jht. v. Chr.*, in: M. Görg/G. Hölbl, *Ägypten und der östliche Mittelmeerraum im 1. Jahrtausend v. Chr.*, Wiesbaden 2000, 281–319). Die hier skizzierten nautischen Elemente sind kein unbedeutender Bestandteil der ägyptischen Kultur und eng mit der Geschichte des Landes verbunden. War Herodot auch im Verständnis der vielen Dinge, die er in Ägypten sah, von Dolmetschern, Reiseführern oder Tempeldienern abhängig oder von der Literatur (Hekataios), dürfte das meiste, was er zur Schifffahrt notierte, auf Augenschein beruhen, und das macht seinen Text so wichtig.

## 2.4 Phönikische Schiffstypen

Trotz seiner stark maritim geprägten Ökonomie hat das alte Phönikien nur wenige Dokumente seiner Seefahrtsgeschichte hinterlassen. Die wichtigsten Bildbelege hat L. Basch (1987, 305–38) gesammelt und ausgewertet. C. De Graeve (1981) hat sie aus assyrischer Perspektive, S. Wachsmann

(1998, 39–60) aus levantinischer, L. Casson (1971, 35–39) aus genereller betrachtet. Zu karthagischen Stelen vgl. u. a. Bartoloni 1977. Auf Reliefs (Abb. 8, 14), Bronzetafeln, Siegeln (Abb. 12), Münzen (Abb. 11) und anderen Werken der Kleinkunst haben die Assyrer und Phöniker Zeugnisse ihrer Schiffbaukunst verewigt. Einen starken Anteil haben die Münzbilder von Tyros, Byblos, Aradus und Sidon, die jedoch überwiegend den Jahrhunderten nach Herodot angehören. Um 1400 datieren die detaillierten Bilder phönikischer Seefrachter in einem ägyptischen Grab (Wachsmann 1998, Abb. 3.2–3.6), und nur ca. zwei Jahrhunderte jünger ist einer der bedeutendsten ostmediterranen Wrackfunde, der bronzezeitliche vom Kap Gelidonya A (Parker 1992, Nr. 208; Delgado 1997, 84–86). Aus 35 Bruchstücken konnte ein 8–9 m langes, in Schwalbenschwanztechnik gebautes Schiff erschlossen werden, dessen reiche Ladung ein Spiegel des Seehandels seiner Zeit ist. Möglicherweise noch zu Lebzeiten Herodots, spätestens 390, wurde das beim israelischen Ma'agan Micha'el geborgene Schiff auf Kiel gelegt (Parker 1992, Nr. 612). Der phönikische Frachter war 13–15 m lang und in derselben Technik konstruiert. Sicher stehen diese Schiffe in einer handwerklichen Tradition, die Herodot mit dem Terminus *gaulos* bezeichnet. Seine viermalige Nennung dieses Frachtschiffstyps (III, 136, 137; VI, 17; VIII, 97) weckt das Interesse an einem „exotischen" Schiff mit seiner semitischen Bezeichnung: *gaulos*, Plural *gawlim*, griech. *gaulos*, *gauloi*. Der *gaulos* besaß, so vermutet Bartoloni (1985, 74), „einen großen Ladenraum und war viermal so lang als breit: zwischen 20 und 30 m Länge entsprachen 6 oder 7 m Breite (wobei größere Dimensionen nicht ausgeschlossen sind). Der Tiefgang betrug etwa 1,5 m, ebenso weit ragte das Schiff über der Wasserlinie auf [= Freibord]." Er gibt eine zeichnerische Rekonstruktion „eines kleinen Bootes für den Küstenhandel", ohne sich aber typmäßig festzulegen. Unter Bezug auf Herodot bezeichnet Bartoloni (1977, 154–55) die Schiffsdarstellung einer spätkarthagischen Stele als *gaulos* (Nachzeichnung: Abb. 4 a, c); sie datiert aber ins 3. Jahrhundert und ist daher für die Herodot-Epoche nur bedingt aussagefähig. „Sie [15 adlige Perser] kamen nach Phoinikien und rüsteten in … Sidon zwei Dreiruderer aus, dazu ein großes phoinikisches Frachtschiff, mit Gütern beladen" (III, 136). Ein *gaulos* mit königlichen Geschenken wird von Trieren begleitet, ein Konvoy. H. Braemer (1990, 305) gibt die Größe der *gauloi*, „mit denen auch rings um die Uhr gefahren wurde", mit 80 Tonnen, ihre Geschwindigkeit mit 5 Knoten (= 9 km/h) an. Die Phöniker dürften die Navigation zur Nacht aus dem astronomischen Erbe der Babylonier übernommen und perfektioniert haben, so dass Nachtfahrten für sie kein großes Problem dargestellt haben müssen. „Ein *gaulos* aus Sidon brachte mich aus Zypern hier her", heißt es in einem Scholion des Kallimachos, 3. Jahrhundert, und bei Skylax, *Periplus*, 112, steht: „Die Händler sind Phöniker. Wenn sie kommen ..., legen sie mit ihren *gauloi* an“ (Belege: Casson 1971, 66; Torr 1964, 113; Harden 1971, 161). Die Ausdrücke *gaulika chremata* oder *gaulitika chremata* bei Xenophon, *Anabasis*, stehen für Fracht, Ladung (Torr 1964, 113) und beweisen, wie unpräzise der Terminus *gaulos* insgesamt ist, der wohl letztlich auf bronzezeitliche Typen zurückgeht, ohne dass die Entwicklung genau zu fassen wäre. Das semitische Wort *gaulos* heißt eigentlich Kübel, Melkeimer. *Kymbe* bedeutet nichts anderes als Topf (Sanskrit: *kumbha*, lateinisch *cumba*, ein Schiffstyp), und *skaphos* nur Topf, Gefäß (lateinisch *scapha*, ein anderer Schiffstyp). Man überträgt Bezeichnungen von einem Sachbereich auf einen anderen, Schiffstypen werden zu Metaphern. Parallelen im Deutschen wären etwa „Pott“ oder „Eimer“ für Schiff, oder franz. *vaisseau*, Gefäß, Schiff (*vaisseau école*) beziehungsweise engl. *vessel* (*patrol vessel*). Im Englischen stehen (*nice old*) *bucket* (schöner alter) Eimer, Kübel, oder *tub* (Wanne, nie für Kriegsschiff) informell und affektiv ebenfalls für Schiff, Kahn, Kasten. Eine derartige Bezeichnung nach der Form, nicht nach Antrieb oder Funktion, ist selten. Das Wort für den althochdeutschen Schiffstyp *karradin* ist von *kar*, Gefäß, Trog, Wanne, herzuleiten, also wohl auf einen Einbaum zurückzuführen (Ellmers 1972, 121). Das Phänomen, die „runden“ Schiffe mit einer Gefäßform gleichzusetzen, ist auch im Lateinischen bezeugt, wo ein Großfrachter als *corbita*, Korb, bezeichnet wird. Er ist wesentlich verbreiteter als der seltene *gaulus* mit geringer Zahl von Belegen (Torr 1964, 111). Dieser *gaulos* war ein levantinischer Standardfrachter, den auch Herodot auf seinen Reisen benutzt haben mag, der neben Fracht auch, was in der Antike üblich war, Passagiere mitnahm, da es eine eigene Personenschifffahrt nicht gegeben hat. Ein anderer Textbeleg weist ebenfalls eindeutig auf den Wert der *gauloi* hin: „Sogleich vor der Schlacht segelte er [Dionysios] nach Phoinikien hin, bohrte Handelsschiffe in den Grund und erbeutete große Reichtümer“ (VI, 17). Für Piraten stellten die *gauloi* eine begehrte Beute dar. Ob sie in den Grund gebohrt wurden, ist fraglich und wohl formelhaft gemeint für Bewegungslosigkeit auf See. Zu Kriegsmaterial umfunktioniert lernt man die *gauloi* in VIII, 97, kennen: „Er [Xerxes] band zunächst phoinikische Handelsschiffe aneinander, die als Brücke und Mauer dienen sollten, und rüstete dann zu einer neuen Seeschlacht.“ Vermutlich waren Umbauten nötig, dass die Frachter zu tragenden Elementen einer Schiffsbrücke werden konnten. Vgl. De Graeve 1981, 144–48. Die Schiffshistoriker sind zurückhaltend bei der Identifizierung der *gauloi* im Wrack- oder Bildmaterial. Antike Wracks werfen das grundsätzliche Problem ihrer Gleichsetzung mit literarischen Typenbezeichnungen auf. Maße, Bauart (hier wäre es betonte „Rundbäuchigkeit“), Funktion (belegt durch Ladung) und mögliche Herkunft (Bauholz, zum Beispiel Aleppokiefer) geben nur vage Hinweise ohne zwingende Beweiskraft. Auch ein Schriftsteller von Rang wie Herodot, der sich zahlreicher Schiffe bedient und noch mehr – besonders Kriegsschiffe – gesehen hat, bleibt unscharf. Genaueres erfahren wir aus griechischen Papyri aus Ägypten; sie zeigen, dass in den drei Jahrhunderten nach Herodot Kerkuren die Standardfrachter auf dem Nil waren und eine durchschnittliche Transportkapazität von 250–270 Tonnen hatten bei einer Länge (so Casson 1971, 137) von 20,6 m und einer Breite von 3,2 m. Es gab auch Sonderformen wie den *taurokerkuros*, die „Stier-Kerkure", die *kerkuroi halegoi*, die Salzschiffe, oder den Kornfrachter *kerkuroskaphe.* Das nur in VII, 97, vorkommende *kerkuros* übersetzt Powell mit „small, quick ship." Wie *gaulos* ist er ein ursprünglich semitischer Schiffstyp, der vielleicht auf Zypern in so großen Stückzahlen gebaut wurde, dass Plinius (*Naturalis historia* VII, 57) ihn als Erfindung von zyprischen Schiffbauern bezeichnete, obwohl das Wort, das zum Beispiel im Hebräischen als *kirkarah* (Jesaiah 66, 20) auftaucht, eine semitische Etymologie aufweist; Belege aus der griechischen und römischen Literatur bei Torr 1964, 110–11. Zur Sprachgeschichte *kerkuros*, *cercurus* unter sumerischen Aspekten: Salonen, 1939, 51). Das Zitat in VII, 97, bezieht sich auf die persische Flotte von 480 und ist die erste Nennung des *kerkuros* überhaupt: „An sonstigen Schiffen [der Perser]: Dreißigrudern, Fünfzigrudern, Kerkuren und langen Transportschiffen für Pferde hatten sich dreitausend eingefunden." Die für militärische wie zivile Zwecke nutzbaren Schiffe waren bis in die Zeit um 50 v. Chr. in den Flotten eingesetzt. In der syrisch-arabischen Flotte des 8. Jahrhunderts n. Chr. tat ein kleinerer Schiffstyp namens *querqur* Dienst (vgl. W. Hoenerbach, *Araber und Mittelmeer*, Kiel 1967, 13).

Die in III, 37, genannten *pataikoi*, Patäken, werden mit dem Gott Besch identifiziert. „Bes – grotesk mißgestalteter Dämon im ägyptischen Pantheon, der unter anderem die Aufgabe hatte, Böses abzuwehren. Häufig verwendetes Motiv im phönizischen und punischen Kunsthandwerk" und wohl auch Schiffsfigur. Parrot u. a. (1977) illustrieren ihre Definition mit Beispielen, die bis ins 19./18. Jahrhundert datieren, aber noch in Herodots Zeit als Amulette beliebt waren, so dass sein Vergleich aus unmittelbarer Anschauung stammt. Seine Angabe, Patäken seien auf Schiffen zu sehen, ist wegen der nur auf kleinen Münzbildern überlieferten Darstellungen schwer zu beweisen, aber glaubhaft. Zu den Patäken vgl. das Kapitel 5 „Religion." Zu einer phönikischen Schiffsritzung mit roher Votiv-Inschrift vgl. G. Garbini, *Iscrizioni fenici a Tharros, III*, Rivista di Studi Fenici 22, 1994, 215–21. Pomponius Mela (1. Jahrhundert n. Chr.) charakterisiert die Phöniker wie folgt: „Die Phönizier waren ein kluges Volk, erfolgreich in Friedens- wie in Kriegszeiten, hervorragend in Schrift, Literatur und anderen Künsten, in der Handelsschifffahrt, im Seekrieg und in der Regierung eines Reiches" (I, 12). Eine Geschichte des phönikischen Seewesens bleibt

Desiderat der Forschung. Außer M.-C. De Graeve und H. Frost (zu den karthagischen Kriegsschiffen: Parker 1992, Nr. 661, 662) ist P. Bartoloni, *Schiffe und Schiffahrt*, in: S. Moscati, Hrsg., *Die Phönizier*. 1988, 72–77, sowie ders., *Navires et navigation*, in: V. Krings, Hrsg., *La civilisation phénicienne et punique*, 1995, 282–89, zu nennen. Lancel (1995, 121–33) sieht den Schiffbau aus punischer Sicht. Die „Rekonstruktion eines phönikischen Lastschiffes" (H. Klengel u. a., *Kulturgeschichte des alten Vorderasien*, Berlin 1989, Abb. 179) entspricht nicht den gesicherten Erkenntnissen der Schiffshistoriker. Allgemein zu den Phönikern/Puniern: DNP 9, 2000, 911–33 (mit umfassender Bibliografie). Etwas veraltet: F. K. Movers, *Die Phönizier*, Band 2, 3, 1: *Handel und Schiffahrt*, Berlin 1856 (ND Aalen 1967).

## 2.5 Etruskische Schiffstypen

Fünf Mal, in I, 57, 94, 166, 167, und VI, 17, erwähnt Herodot die *Tyrsenoi*, die Etrusker, über deren umstrittene Volkswerdung er in I, 94, zu berichten weiß: „Unter der Regierung des Atys, des Sohnes des Manes, sei ein großer Mangel an Getreide durch ganz Lydien entstanden: die Lyder hätten zwar eine Zeit lang ausgehalten, hernach aber, als der Mangel nicht nachließ, eine Abhilfe gesucht, und sei der eine auf dies, der andere auf etwas anderes gefallen. So wären damals das Würfelspiel und der Knotenöchel sowie das Ballspiel und die verschiedenen anderen Arten von Spielen erfunden worden, mit Ausnahme des Brettspieles, dessen Erfindung sich die Lyder nicht zueignen. Sie hätten aber diese Spiele wider den Hunger erfunden, indem sie den einen ganzen Tag gespielt, um nicht ein Verlangen nach Speise zu bekommen, den anderen Tag hätten sie vom Spiel gelassen und gegessen. Auf solche Weise hätten sie achtzehn Jahre lang verlebt. Als aber die Not nicht nachließ, sondern immer mehr drängte, da hätte ihr König alle Lyder in zwei Teile gesondert und sie unter einander losen lassen, so daß der eine Teil bleiben, der andere aus dem Lande ausziehen sollte; demjenigen Teile, der nach dem Lose bleiben sollte, habe der König sich selbst zugesellt, dem auswandernden Teile aber seinen Sohn, mit Namen Tyrsenos, beigegeben. Dann hätten sie gelost und der eine Teil sei aus dem Lande gezogen und ans Meer nach Smyrna gelangt, wo sie sich Schiffe verschafften, in welche sie alles brauchbare Hausgerät hineinbrachten und dann abschifften, um sich einen Lebensunterhalt und ein Land zu suchen: so fuhren sie an vielen Völkern vorbei, bis sie zu den Umbrikern kamen, wo sie Städte anlegten und bis auf diese Zeit wohnen; den Namen der Lyder änderten sie aber nach dem Sohne des Königs, der sie dahin geführt hatte und ließen sich nun Tyrsener nennen" (Übers. J. Chr. F. Bähr). In der legendenhaften Verkleidung findet sich eine große logistische Leistung: die gut organisierte Auswanderung hungriger Bevölkerungsteile über See, die in Italien zu siedeln gedachten und zum Volk der Etrusker wurden. Die Etruskologen gehen heute von einer Verschmelzung einheimischer und einwandernder Stämme aus, die das Volk der Tyrrhener, Rasenna, Tusci, Etrusci formten. Dieses Volk hat keine literarischen und nur wenige ikonografische Zeugnisse seiner Seefahrtsgeschichte hinterlassen, die sich zudem meist in mythologischen Zusammenhängen finden, zum Beispiel auf Aschenkisten, Totenstelen, in Gräbern in Tarquinia, auf Vasen und Schmucksteinen, in Form von Modellen aus Bronze und Terracotta, auf Situlen und Pyxiden (Abb. 26, 27). Obwohl die Erforschung des sardischen, altitalischen und etruskischen Seewesens stark ikonografisch geprägt ist, gibt es Originalfunde, die das Bild ergänzen, aber nicht ausreichen, eine lückenlose Darstellung zu erarbeiten. Wir zitieren die Nummern, den Fundort und die Datierung nach Parker (1992):

441: Gela, Wrackfund aus dem späten 6./frühen 5. Jahrhundert; 20 t ionischer, attischer und korinthischer Amphoren, dazu *kylikes*, *askoi*, *oinochoes*. Das ca. 20 m lange Schiff hatte verschnürte Plankennähte.

451: Giglio Campese I, 600/590;
Schiff aus Pinie, Kiefer, Eiche, Ulme und Steineiche;
Holznägel aus Olive, Haselnuß und Steineiche;
Blöcke aus Eiche und Buxbaum.
Literatur: Delgado, 169–71 (mit Literatur).

Für den Forscher unzulänglich ist: A. McKee, *Tarquin's ship. The Etruscan Wreck in Campese Bay*, London 1985. Das Buch erzählt von der Bergung des Wracks, das aber selbst wenig aufgearbeitet wird; von einigem Wert ist allenfalls der Plan von S. 213, der zwei Ansichten des 18 m langen und gut 4 m breiten Frachtschiffes wiedergibt. Es transportierte etruskische *kantharoi* (Schalen im *bucchero nero*-Stil) und *aryballoi* (Ölfläschchen), punische Amphoren, frühkorinthische bemalte Keramik, unfertige Anker. Der Mannschaft gehörten Pfeilspitzen, Lampen, Becher, Netzsenker, eine Schreibtafel, ein prächtiger Helm, *auloi* (ein oboenartiges Instrument). „Campese" ist eine Zeitkapsel der mediterranen Seefahrt vor etwa 2600 Jahren und einer der bedeutendsten schiffsarchäologischen Funde, zu besichtigen im Museo archeologico nazionale, Florenz. Weniger ergiebig, aber hier zu nennen sind weitere Wracks:

742: Nizza, 6. Jahrhundert; Amphoren

183: Cap d'Antibes, um 540; Keramik (180 von ursprünglich ca. 600 Amphoren), *bucchero nero*

106: Bon Porté A, 550/25; Keramik, Holzreste (Nähtechnik, Mastfuß).
Literatur: Delgado, 69 (mit Literatur)

354: Le Dattier, 550/450;

432: Galbucina, 550/450; etruskische und punische Amphoren

922: Punta dei Ripalti A, 6./4. Jahrhundert(?). „A probable wreck with scattered amphoras, probably Etruscan, has been briefly reported“ (Parker 1992, 348).

394: Esteu dou Mieu A, 575/25; Keramik (*bucchero nero*)

718: Montecristo D, 6. Jahrhundert (?); Keramik (*pithoi, dolium, amphora*) unsicherer Provenienz.

Aus dem späten 5. Jahrhundert stammt ein „noch nicht untersuchtes“ (Konen, DNP 12, 2, 2002, 580) Wrack aus der Ägäis, dessen „Schiffsanker aus Holz mit Bleikern“ erhalten ist. Die Fracht bestand neben attischer Keramik aus „4000 größtenteils erhaltenen Weinamphoren“ und spiegelt so einen ganz speziellen Sektor des Transportwesens. In dieser Auflistung sind auffällig die ungenaue Datierung, die vielfach mangelhafte (bei Parker angegebene) Publikation und die Masse der Keramik – vorwiegend Amphoren als Transportbehälter – bei meist vergangenen Holzteilen. Durchweg handelt es sich also um seegehende Frachter aus dem 6./4. Jahrhundert. Die Funde sagen wenig aus über die Größe und kaum etwas über das Aussehen der Schiffe, das nur über das kritisch gewertete Bildmaterial grob rekonstruierbar ist. Wichtig sind sie vor allem für die Geschichte des Handels bis hinein ins Jahrhundert Herodots. Wrackfunde wie diese repräsentieren die Träger des etruskischen Seehandels und ihre Ladung. Ihr Aussehen ist mit Hilfe von Bildquellen zu vervollständigen, denen Aussagen zu Rumpfform, Schmuckelementen und Takelage zu entnehmen ist. Mit 37 Abbildungen belegt Basch (1987, 406–17) sein Kapitel „Les Etrusques“, von denen nur wenige in Herodots Jahrhundert datieren, einige schon in die Römerzeit. Herausragend ist Abb. 880 (Casson 1971, Abb. 97; Höckmann 1985, Nachzeichnung Abb. 47), ein Schiffsfresko in der danach so benannten Tomba della Nave, Tarquinia, frühes 5. Jahrhundert. Dargestellt ist ein hochbordiges zweimastiges (!) Frachtschiff mit Rahsegeln, doppelten Lateralrudern (von denen Ericsson 1984, Abb. XXIII a, eine technisch unbefriedigende Nachzeichnung bringt), Landeleiter. Das Schiff der Tomba della Nave hat – neben anderem Bildmaterial – u. a. M. Bonino (1989) ausgewertet und [in Abb. 5] in mehreren Ansichten rekonstruiert, die einen guten Eindruck von einem etruskischen Seeschiff vermitteln. Die große Florentiner Ausstellung „Civiltà degli Etruschi“ von 1985 enthielt ein Rekonstruktionsmodell des ca. 22 m langen, stattlichen Schiffes eines Typs, wie ihn Herodot auf seinen Reisen nach Italien gesehen und benutzt haben mag.

Den neuesten Forschungsstand berücksichtigt D. Briquel (*La Civilisation Etrusque*, Paris 1993, 83–104, 314–18 [Bibliografie]).

## 2.6 Griechische Schiffstypen

Unter den literarischen Quellen, die Torr (1964, 108–10) für den Schnellsegler *keles* gesammelt hat, ist auch VIII, 94, während VII, 86, sich auf das Pferd bezieht, von dessen Eigenschaft das Schiff seinen Namen hat. *Keletes*, *keletia*, lateinisch *celoces* waren kleine, für höhere Geschwindigkeiten gebaute Schiffe, die von Herodots Zeit ab für fünf Jahrhunderte Befehle, Botschaften und hochrangige Militärs transportierten und ähnliche Aufgaben hatten. Ob sie eine Fortentwicklung der phöinikischen *hippoi*-Schiffe mit ihren kräftigen Pferdekopfsteven sind, ist offen (Torr 1964, 110). Der Zusammenhang, in dem VIII, 94, den Schnellsegler erwähnt, ist die Flucht des korinthischen Feldherrn Adeimantos, der „gleich zu Beginn der Schlacht [von Salamis] die Segel gehißt und davongefahren ist …“, worauf auch seine Landsleute fliehen, aber „in der Nähe des Heiligtums der Athena Skiras [ein Kap] auf Salamis … kam ihnen ein von den Göttern geschicktes Segelschiff entgegen, dessen Absender nie bekannt geworden ist …“ Der anonyme Gesandte kann die Korinthier bei deren Ehre überzeugen, an der Schlacht teilzunehmen. „Die Legende mag dadurch entstanden sein, daß die korinthischen Schiffe, entsprechend einem vorher abgesprochenen Plan, um die Insel herumfuhren, um die Meerenge zwischen der Insel Salamis und dem Festland von Megara gegen die persische Flotte zu sperren. Das war vielleicht vorgesehen, um einen persischen Durchbruch nach dem Isthmos, an dessen Schutz Korinth in erster Linie interessiert war, unmöglich zu machen“, (Horneffer 1963, 750–51).

Die VI, 95, genannten Pferdetransporter *hippagogoi nees* bezeichnen eine Funktion, keine charakteristische Form des *hippos*-Schiffstyps, der uns am besten auf dem aus dem 7. Jahrhundert stammenden Relief aus Chorsabad (heute im Louvre) überliefert und durch seinen Pferdekopf-Steven gekennzeichnet ist (De Graeve 1981, 123–28). J. Feix übersetzt VI, 48: „Kriegsschiffe und Transportfahrzeuge für Pferde“, und A. Schöll formuliert: „… lange Schiffe [eine wörtliche Übersetzung!] und Fahrzeuge für die Reiterei …“ Solange Kriege auch mit Kavallerie ausgetragen wurden, mussten Pferde gelegentlich über See transportiert werden. Zu den Belegen, die sich durch die gesamte Kriegsgeschichte ziehen (für die Antike: Torr 1964, 14; DS III, 1900, 183–86), gehört auch der in VI, 48, 95, und VII, 21, 97, genannte *hippagogos*, lateinisch *hippagogus,* als „Lastschiffe für die Pferde“ übersetzt und als Invasionsspezialschiffe in der persischen Flotte verwendet. Herodots Aufzählung ist ohne Details. Die Ingenieure hatten für Sicherung der Pferde im Seegang, für Ver- und Entsorgung, für Stauraum für die Ausrüstung usw. geeignete Entwürfe zu liefern, die vielleicht auf Erfahrung beruhten. Ein früher literarischer Beleg für Pferdetransporter datiert in die Zeit Thutmosis III. (etwa 1490–36), wo ein Schiff namens DER STALL bezeugt ist (Säve-Söderbergh 1946, 75). Auch manche griechischen Bildquellen (zum Beispiel Felsbild auf Naxos, 3. Jahrtausend, böotische Fibeln des 7. Jahrhunderts, Abb. 17) zeigen schon früh den Transport von Pferden auf Schiffen, aber erst im Peloponnesischen Krieg dürften sie in größerer Zahl – auch als umgebaute Trieren – zum Einsatz gekommen sein. In der athenischen Flotte des 4. Jahrhunderts, deren Schiffsnamen uns z. T. überliefert sind, wurden nach dem Ende ihrer regulären Dienstzeit als Kampfschiffe die Trieren AXIONIKE, ASKLEPIAS und GOME zu Pferdetransportern umfunktioniert, wechselten aber ihre Namen nicht (Casson 1971, 350). Welche Umbauten nötig waren, um den neuen Anforderungen zu genügen, ist nicht überliefert. Ohne solche dürfte es aber schwer gewesen sein, die Pferde unter Deck zwischen die Ruderbänke zu stellen, wie Thukydides (6, 43) berichtet. Rojer (die Thalamiten) konnten dort nicht mehr sitzen, so dass sich die Antriebsleistung einer Triere um ca. $^1/_3$ reduzierte, was zwar für einen Kampfeinsatz zu wenig gewesen wäre, aber für ein Transportschiff ausreichte. In ihrem Kapitel „Trieren als Kavallerietransporter" legen Morrison/Coates 1990, 248–49, dar, welche Probleme zu lösen waren, ein Kampf- zu einem Transportschiff umzurüsten, „daß sie [diese Schiffe beziehungsweise Trieren] 30 Pferde, Kavalleristen und Pferdepfleger aufnehmen konnten." Durch leichtere Umbauten war es möglich, diese Pferde unterzubringen und für deren Sicherung zu sorgen, was natürlich eine Reduzierung der Rudermannschaften auf 60 Mann, eine Gewichtserhöhung um etwa 8 Tonnen und eine Erhöhung des Schwerpunktes um 0,16 m zur Folge hatte. Das Schiff liegt somit tiefer im Wasser, so dass man die untersten Ruderpforten wohl hat verschalen müssen, um ein Eindringen von Wasser zu verhindern. Im Allgemeinen waren diese durch Ledermanschetten (*askomata*) abgedichtet. In Abb. 70 versuchen Morrison/Coates 1990, 249 eine zeichnerische Rekonstruktion einer zum *hippagogos* umgebauten Triere. In Texten (Belege: Reddé 1986, 128) und Bildwerken wie der Trajanssäule und in den Mosaiken sind römische Pferdetransporter bezeugt; 1066 dienten sie bei der Invasion Englands, im Frankreich der Kreuzzüge als *tarida* oder *usciere* den Ritterheeren. Römische *hippagogines*: Konen (2000, 236–37). Unter dem Stichwort *Hippagogos* verzeichnet McMillan (2000, 275) 22 sprachliche Varianten, die auch die altitalienischen einschließt; das Stichwort *huissier* ist der Terminus für die französischen Pferdetransporter des Mittelalters. Der Dichter Bianor (*Anthologia Graeca* IX, Nr. 295) versucht die Problematik des Pferdetransport über See auf seine Weise zu verarbeiten:

> Das Pferd auf dem Schiff
> Wundere dich nicht, wenn das Pferd – der Renner auf festem Gelände,
> nicht auf Fluten – sich sträubt wider die Fahrt auf dem Schiff,

wenn es wiehert und löckt, wenn's wider die Planken des Deckes
stampft mit den Hufen und wild gegen die Fesseln sich wehrt.
Wütend ist es, als Teil einer Fracht zu gehen; empörend
ist's für das schnellste Geschöpf, still nur auf andern zu ruhn.

Mit *„sitagogon de holkadon ...“* beginnt VII, 191, und auch in VII, 147 (*ploia sitagoga*), VII, 184 (*sitagogon ploion*) und VII, 186 (*sitagogoisi akatoisi*) werden sie genannt: die Korn- oder allgemein die Versorgungsschiffe. Das Wort *sitos* bedeutet Weizen, Getreide, Brot, es ist unklarer Herkunft. Sitopolen waren die Kornhändler, Sitophylaken deren staatliche Kontrolleure. Die o.a. *sitagogoi* gehören zu den Spezialschiffen der persischen Flotte, deren Auftrag in ihrer Bezeichnung erscheint, obwohl sie trotz des namengebenden Korns allgemeinen logistischen Aufgaben gedient und darin den *olkades sitagogoi* (Thukydides) oder *ploia sitaga* (Demosthenes) geglichen haben. Auch Wein- und Steinschiffe sind überliefert (Casson 1971, 169). Für die Antike war der Transport von Korn lebenswichtig, worauf sich VII, 147, beziehen dürfte. Bei Bakchylides (um 505–450) begegnet uns der Begriff „weizentragendes [*pyrosphoros*] Schiff“, der vermutlich schon auf einen spezialisierten Typ zu beziehen ist (Kurt 1975, 46–47). Auf der Basis der *ploia sitaga* ließ Hieron II. von Syrakus das Riesenschiff SYRAKUSIA entwerfen, in dem die von Archimedes erfundenen Bilgepumpen die Aufgabe hatten, besonders das Korn trocken zu halten, was auf Schiffen stets schwierig war. In der ägyptischen Spätzeit „werden Schiffe genannt, die speziell dem Transport von Getreide dienen“ (Dürring 1995, 141); ihre Bezeichnung *qr* oder *qwr* wurde – mit dem Determinativ eines Segelschiffes – später zu einem generellen Terminus für Schiff überhaupt. In VII, 184, 186, und 191, werden Kornfrachter als Hilfsschiffe in Xerxes' Flottenaufgebot und als Verluste genannt. Ob die logistische Komponente sich selber schützen konnte, ist unklar, aber kaum anzunehmen. Es ist wenig wahrscheinlich, dass sich Kornschiffe wesentlich von anderen (zivilen) Frachtern unterschieden, auch wenn sie neben Korn noch andere Versorgungsgüter beförderten. Trockene Lagerung der in Säcken verstauten Ladung war aber die entscheidende Voraussetzung auf dem oft wochenlangen Seetransport.

Nur einmal, VII, 182, erwähnt Herodot für „Schiff“ den allgemeinen Terminus *skaphos*: „So waren zwei von den Schiffen erobert. Das dritte, das unter Führung des Atheners Phormos stand, entfloh und strandete in der Peneiosmündung. Das Schiff (*skaphos*) fiel den Barbaren in die Hände, die Mannschaft nicht. Denn sobald die athenische Besatzung das Schiff auf den Strand gefahren hatte, sprang sie heraus und marschierte durch Thessalien bis nach Athen zurück.“ Mit Bezug auf diesen Text übersetzen Liddell/Scott (1966, 1605) das Wort mit „hull of a ship“, aber *ska-*

*phos* wird auch gern im übertragenem Sinn gebraucht, etwa in: „Sein eigenes Boot paddeln“ oder „Staatsschiff“ (*poleos skaphos*). Schon in mykenischen Texten findet sich das Wort als *ka-pi-ni-ja*. Griechische Wortformen sind *skaphe, skaphis, skaphos, skaphidion,* lateinische *scapha, scaphula* usw., abgeleitet davon französisch *esquif*, englisch *skiff*, mittelhochdeutsch *schif* – Schiff ist ein Wort mit langer Geschichte. Leichter, Dienstboote hießen *hyperetikai skaphai*, sie beförderten Waren von den Häfen stromauf. Ein Graffito am Stationsheiligtum des Trajan in Philae zeigt eine *kerkuroskaphe* (Pekáry 1999, ET 15). Mehrere Typen waren auf dem Nil stationiert, so der *skaphoproros*, d. h. „Schiff mit *skaphe*-Steven“. Papyri belegen u. a. ein *skaphidion* von ca. 30 m Länge und die *skaphe xylegos* von ca. 16 m zum Holztransport. Auf dem Nil versahen im 3. Jahrhundert n. Chr. *skaphai* als kleine Wachboote den Patrouillendienst (Konen 2000, 367, mit Belegen). Ein Blick auf die römische Literatur zeigt die wenig veränderte Definition (bei Nonius 535 M): „*Scaphulae* sind Schiffchen, die größeren Schiffen nachfolgen“ (Reddé 1986, 128; deutsch vom Verfasser). Die Typenvielfalt macht eine Identifizierung der *scaphae*-Familie in Wrackfunden nahezu unmöglich, besonders für die Herodot-Zeit.

Der nautische Fachterminus *olkas*/*holkas* (Plural *holkades*) ist in den *Historien* sechsmal belegt: „Sie [die Einwohner von Phokäa] fuhren nicht in runden Handelsschiffen, sondern in Fünfzigruderern [und machten damit wichtige Entdeckerfahrten]“ (I, 163). „Er [Dareios] erklärte sich bereit, ihm [Demokedes] ein ganzes Lastschiff voller Geschenke auf den Weg zu geben“ (III, 135). Das Wort *holkas* (Plural *holkades*) ist die gängige griechische Bezeichnung für das Fracht- oder Handelsschiff, das auch als *strongyla ploion* (Plural *ploia*), kurz *ploion*, bekannt war. Der Name ist von einer Wurzel abzuleiten, die „schleppen“ (*elkein*) bedeutet. Ein kleiner Unterschied zwischen *ploion* und *holkas* besteht darin, dass *ploion* auch gerudertes, *holkas* aber ausschließlich gesegeltes Schiff bedeutet, das im Bedarfsfall auch durch Schleppen bewegt und manövriert werden konnte. Auch in VII, 25, ist von *holkades* die Rede: „... aus allen Teilen Asiens wurden auf Frachtschiffen und Fähren die Vorräte hierhin und dorthin geschafft.“ Und VII, 191, ist von einer nicht zu berechnenden „Zahl der verunglückten Lebensmittelschiffe und anderen Lastfahrzeugen die Rede, die in der „Barbarenflotte“ [*barbarou tas neas*] durch den Sturm verloren gingen. Es waren also Hilfs- und Versorgungsschiffe, die nun nicht mehr geschleppt, sondern gesegelt wurden. In der *Nemeischen Ode* 5 erwähnt Pindar (522/18–um 438) *holkades* in sehr allgemeiner Verwendung, die sich auch in der englischen Übersetzung von A. D. Godley der *Loeb Classical Library 1917/46*, 485, spiegelt:

> ... Rather, on board every ship
> And in every boat, sweet song, ...

Bei Thukydides (um 480–400) ist *holkas* einfach das übliche Frachtschiff, wenn er schreibt: „Denn die Fahrt um Sizilien dauert für ein Frachtschiff nicht viel weniger als acht Tage“ (Buch VI, 1). Fuhr es nahe der Küste, kann man eine Reisegeschwindigkeit von etwa 5 Knoten ermitteln. In II, 154, ist von ägyptischen „Schiffswerften“, in II, 159, von „Anlageplätzen“ die Rede; im Text steht dafür *olkoi*. Auch dieses Wort ist von *helkein*, ziehen, abgeleitet, da die Schiffe herab- oder hochgezogen wurden. Schließlich ist die berühmte Schleppbahn über den Isthmus von Korinth, der *diolkos*, zu erwähnen, wo heute der Kanal ist. Ungeklärt bleibt die Frage, ob *holkas* etymologisch mit Hulk (mittelalterlicher Schiffstyp, später ausgedienter Rumpf) zu verbinden ist. Unsicher bleibt der Versuch, in den Wracks *holkades* zu erkennen. Vielleicht war das ca. 16–17 m lange, um 415/385 erbaute Porticello-Schiff eine *holkas* (Parker 1992, Nr. 879; Delgado 1997, 405–06). Der mit Blei beschlagene Rumpf – erster Beleg für diesen Unterwasserschutz – trug etwa 30 Tonnen Fracht, darunter 33 Amphoren. Die „Wareneinfuhr nach Athen im 5. und 4. Jahrhundert“ hat W. Dahlheim (*Die Antike*, Paderborn [4]1994, 185) in einer Karte dargelegt. Folgende Regionen lieferten:

Schwarzes Meer: Getreide, Kastanien, Mandeln, Pökelfische
Kleinasien: Sklaven
Rhodos: Rosinen, Feigen
Phönikien: Weihrauch, Datteln, Weizenmehl
Ägypten: Getreide, Segel, Papyrus
Libyen: Rindfleisch, Elfenbein
Karthago: Teppiche, Textilien
Sizilien: Getreide, Käse, Schweine
Italien: Graupen, Rindsleder
Kreta: Zypressenholz

Die Fracht bestand aus den Produkten lokaler Agrarbetriebe und der Kleinindustrie, aber auch des Zwischenhandels wie Elfenbein und Weihrauch. Schiffe wie die von Herodot genannten sicherten so die Lebensmittel- und Rohstoffversorgung Athens und anderer Städte.

Aus Texten vertraut, in den Konstruktions- und Funktionseigenheiten kaum erforscht ist der ein einziges Mal bei Herodot genannte *akatos*, ein Lehnwort unbekannter Etymologie, der, fasst man die Definitionen bei Liddell/Scott (1966, 48) oder Casson (1971, 159) zusammen, kaum mehr als allgemein „Boot“ bezeichnet, vielleicht mit dem Doppelsinn Ruder- und Segelschiff. Die Diminutive sind *akation*, lateinisch *actuariolia*. Das Wort lebt im Italienischen als *chiatta*, im Katalanischen als *gata* und im Provençalischen als *chato* nach, wo es leichte, flachbodige Kähne bezeichnet. Da auch Charons Totenfähre als *akatos, acatus* bezeichnet wurde und im 6. Jahrhundert n. Chr. Prokopios (*De bello Gothico* I, 19) zwei *akatoi* als

Elemente einer Schiffsmühle nennt, bleibt die Typenfestlegung noch schwieriger. Ein Erkennungsmerkmal könnte der ausfallende Bug mit spornartiger, aber nicht als Waffe nutzbarer Kielverlängerung gewesen sein; ein anderes das charakteristische Segel, das auch im Einsatz geführt wurde. Die Formulierung „das Bootssegel [*akation*] hissen" bedeutet „flüchten" (Morrison/Williams 1968, 307). Herodot trägt wenig bei, wenn er in VII, 186, die Flottenbegleiter aufzählt: „Der Troß aber und die Bemannung der Lebensmittelschiffe [*sitagogoi*] und sonstigen Fahrzeuge [*akatoi*], die das Heer begleiten, war, glaube ich, nicht weniger zahlreich, ja noch zahlreicher als die eigentliche Streitmacht", mit der Xerxes gegen Hellas anrückte. Nach Konen (2000, 230) könnte es sich bei den von Tacitus (*Annales* II, 6) erwähnten, aber nicht typmäßig bezeichneten Transportschiffen um *actuariae*, griechisch *akatoi*, handeln.

Ein für Zuschauer beziehungsweise Festteilnehmer verwendetes Schiff begegnet uns ausschließlich in VI, 87, wo es als *theorida nea* bezeichnet wird: „Während des fünfjährigen Festes, das die Athener bei Sunion [für Poseidon] feierten, lauerten sie [die Aigineten] dem Festschiff auf, das die vornehmsten Athener an Bord hatte, nahmen es und setzten die Insassen gefangen." Die Herleitung von *theorida* ist unproblematisch: Das Wort ist wie Theater aus *thea*, Anschauen, Schau, und *horein*, sehen, entstanden und in unserer „Theorie" zum begrifflichen Gegensatz von „Praxis" geworden. Nicht durch Bauart, sondern Einsatz und Funktion war das Schau-Schiff gekennzeichnet; es mag altertümliche, dekorative Formen besessen haben. Ungeklärt ist, warum Herodot einen sehr vagen Terminus, keinen speziellen gewählt hat, der sich auf Kultfahrten bezieht, wie OLYMPIAS, das Schiff der olympischen, NEMEAS, der nemeischen Spiele oder POMPE, das der Prozessionen. Die SALAMINIA und PARALOS (oder PARALIA) gehören zu den athenischen Staatsschiffen. Wollte Herodot betonen, dass viele Menschen Zeugen des Überfalls, Opfer der staatlich sanktionierten Geiselnahme wurden?

Armeen aller Zeiten haben sich zum Queren kleinerer Gewässer der schnell auf- und abbaubaren Floß-, Ponton- oder Schiffsbrücken bedient. Frühe Belege dafür finden sich bereits in akkadischen Texten und Bildwerken, in denen sie als *raksuti* bezeichnet werden (Salonen 1939, 70; De Graeve 1981, 144–48); die Wurzel *rks* bedeutet „binden" und weist auf das Konstruktionsprinzip der Addition von Fahrzeugen hin. Über die Brücken, die die Perser in ihren Feldzügen bauen ließen, berichtet u.a. Herodot im „Skythenzug". Dieser Feldzug Dareios' I. wird im Jahr 513 stattgefunden haben, er „ist uns [aber] in seinen Zielsetzungen und seinem Ablauf, nicht zuletzt durch die fabulierende Phantasie des Herodot, nicht mehr eindeutig erkennbar" (E. Bayer, *Griechische Geschichte*, Stuttgart 1968, 123). Zu den Griechen, die ihm dabei als Hilfstruppen und Flusspioniere dienten, gehörte auch Mandrokles aus Samos, der für den Bau der Schiffsbrücke über den Hellespont von Dareios reich beschenkt wurde und der seine technische Großtat auf einem Gemälde verewigen ließ. Wir kommen darauf und alle Versuche, diese Pionierleistung in Texten und Bildern zu rekonstruieren, weiter unten zurück und ziehen zunächst philologische Fragen vor. 17 Mal, das ist vergleichsweise oft, verwendet Herodot den nautischen Fachterminus *schedie*. Bei Liddell/Scott (1966, 1744) finden sich dafür die Übersetzungen *raft, float, rafts of hides, boat, ship, bridge of boats or pontoon, of the bridge of Darius* (dort auch weitere Belege). Die Bedeutung *boat, ship*, kann hier als poetisch ausgeklammert werden, so dass eine Grundbedeutung erkennbar ist: Es handelt sich um ein schnell gebautes Fahrzeug, eine Konstruktion ohne große Pläne und Vorbereitungen, obgleich dies sachlich nicht immer zutrifft, wie bei den Pontonbrücken des Dareios. Auch im Lateinischen hat sich der Begriff unverändert erhalten: Lewis/Short definieren *schedia* als „a raft, float, constructed in haste" (C. T. Lewis/C. Short, *A Latin Dictionary*, Oxford 1958, 1641, mit Belegen), aber weder bei Reddé noch bei Viereck (1975) findet sich ein Hinweis darauf. Etymologica zur *schedie* bei Homer und Zeitgenossen: Kurt 1975, 78–81. Er nennt sie „Stegreifboot, Schnellbauboot." Dagegen kritisch: Wallinga 1993, 36–37. Bei erhaltener Wurzel ist die spontan entworfene und gebaute *schedia* in veränderter Bedeutung auch ins Deutsche als *Skizze*, ins Englische als *sketch*, ins Italienische als *schizzo* übernommen worden. Für *sketch* vgl. *The Oxford English Dictionary,* Band XV, Oxford 1989, 593–94. Andere Forscher bringen *schedia* mit deutsch „Scheit" in Verbindung, aber eine eindeutige Festlegung ist ebenso schwierig wie die Bedeutung des Wortes in *Odyssee* (5, 244–57), wo Kalypso Odysseus lehrt, ein Boot dieses Typs zu konstruieren. Für eine Schlacht auf dem See Genezareth bauten laut Josephus (*Bellum Iudaicum* III, 505, 522,31) römische Pioniere *schediai*, also offenbar kahnartige Fahrzeuge einfacher Konstruktion. Die erste Schiffsbrücke zwischen Asien und Europa ließ Dareios 493 von Mandrokles aus Samos bauen an der engsten Stelle des Bosporus – dort vermutlich, wo in der Mitte des 15. Jahrhunderts n. Chr. die „Anatolische" beziehungsweise die „Römische" (d. h. Europäische) Festung errichtet wurde. „Die Stelle des Bosporos, an der der König Dareios jene Brücke bauen ließ, befindet sich, wie ich vermute, in der Mitte zwischen Byzantion [Istanbul] und dem Tempel am Eingang des Bosporos" (IV, 87). Nach dem Schwimmbrückenbau des Mandrokles (IV, 83–88) ließ Dareios von den Griechen eine solche über die Donau schlagen (IV, 89), aber Herodot verzichtet auf die Wiedergabe technischer Details. Zur Topographie des Hellespont vgl. D. Müller 1997, 802–40. Die Karte S. 829 gibt die Situation bei den Schiffsbrücken wieder, deren nördlichere (nach Müller) 4200 m, deren südliche 3800 m lang war. Die im

Prinzip einfache Kabel- und Pontonbrücke war in der Durchführung ein kühnes Unternehmen. Brücke A bestand aus 360 parallel zueinander und zu den Ufern verankerten Kriegsschiffen (Pentekonteren und Trieren), Brücke B bestand aus 314 nicht parallel verankerten Kriegsschiffen, die ihre Lage zu einander an der stärkeren Strömung in dem etwas engeren Sund ausrichteten. Nicht exakt bekannt sind die Breite des Meeresarmes beziehungsweise die Längen der Brücke, die Herodot IV, 85, und VIII, 34, mit etwa 1300 m angibt (= 7 Stadien), wo hingegen Xenophon (*Hellenika* IV, 8,5) 8 Stadien nennt, was eher zutrifft. Da aber auch gut verankerte Schiffe keine sichere Basis für eine Schwimmbrücken-Konstruktion bieten konnten, war eine Verbindung zwischen den Schiffen beziehungsweise von Ufer zu Ufer erforderlich. Dazu wurden 12 etwa 1500 lange Kabel aus *leukolion*, weißem Flax (Esparto-Gras, Import aus Spanien und Afrika) sowie aus ägyptischem Papyrus (VII, 34) geschlagen. Jede Brücke trug zwei Kabel aus Esparto und vier aus Papyrus, die im leichteren trockenen Zustand über die 674 Schiffe gelegt und dort sicher an Deck verspannt wurden. IX, 121, berichtet davon, dass die langen und dicken Kabel, von denen die Griechen sehr beeindruckt waren, als Kriegsbeute mitgenommen und stückweise den Göttern geweiht wurden: „Darauf fuhren die Athener heim nach Hellas. Sie führten die Beuteschätze mit, darunter die Brückentaue, die sie in die Tempel stiften wollten." In jede der beiden Brücken wurden ein oder mehrere Durchlässe eingebaut, die eine Durchfahrt ermöglichten. Die dabei sehr hinderlichen Kabel wurden zu diesem Zweck vermutlich über die hohen Decks von Trieren geführt und die „Wege" abgebaut, so dass „Schleusen" entstanden. Wie das genau funktionierte und wie oft man das brauchte, ist unbekannt. Für diesen Durchlass (VII, 36) überträgt Herodot einen seetaktischen Begriff auf die Schiffsbrücke, indem er ihn als *diekplous* bezeichnet; die Lücke erinnert ihn an das bekannte Manöver des Durchbruchs einer Kampfreihe durch eine so „geöffnete" feindliche. Eine Herausforderung an die Techniker wird die Verankerung der Kabel an den Ufern gewesen sein. Sie mussten wechselnder Beanspruchung gewachsen sein und gegebenfalls auch Stürmen standhalten können. Vermutlich hat man in den Felsboden Schächte getrieben, in die man kräftige, vielleicht Metall-verstärkte Pfähle gestellt hat, an denen die Kabel befestigt wurden. Wichtige Aufgaben für die Logistik der Armee waren Unterbringung und Versorgung des „größten Heeres, von dem wir Kunde haben" (VII, 20). Riesige Vorratslager waren angelegt worden, um Versorgungsmängel und als Folge Disziplinlosigkeiten zu verhüten. Der Strömungsdruck und die ihm nachgebende Elastizität der Baumaterialien bewirkten, dass die Brücken nicht schnurgerade, sondern gebogen verliefen und sich wohl auch den wechselnden Strömungen anpassten. Alle Karten (zum Beispiel Boardman, Abb. 45) müssten dahingehend korrigiert werden. Allgemein zur historischen Geografie des Hellespon(tos) vgl. Olshausen (1998). Dort auch weitere Brückenschläge nach Dareios und Xerxes, aber außerhalb unseres Kontextes. In VII, 55, und 56, nennt Herodot zwei verschiedene Zeitangaben zur Überquerung der Brücke: einmal zwei, dann sieben Tage. Unter Hinzuziehung moderner Infanterievorschriften kommt W. L. Rodgers (1964, 111–12) zu dem Schluss, dass Xerxes' Armee dafür ca. zwei Tage gebraucht haben dürfte. Auf Mandrokles' Brücke spielen vier anonyme Verse der *Anthologia Graeca* VI, Nr. 341, an:

> Die Bosporosbrücke
> Mandrokles schlug eine Brücke auf Bosporos' fischreichen Wassern,
> und zum Gedenken daran weihte er Hera dies Bild.
> Ward ihm schon selber ein Kranz, Ruhm hat er auch Samos gegeben,
> da er das Werk nach dem Sinn König Dareios' vollbracht.

Ob diese Verse auf Mandrokles selbst (IV, 88) zurückgehen, ist offen. Das Bild war im Hera-Tempel von Samos zu sehen, hat aber wie die meisten griechischen Gemälde nicht die Zeit überdauert. J. Scheibler (*Griechische Malerei der Antike*, München 1994, 146:) „Nicht nur der übliche Dank spricht aus der Weihinschrift, sondern auch der Stolz des Stifters auf Leistung und Ruhm, wovon er der Öffentlichkeit zugleich Kunde gibt." Zu Mandrokles: Hofstetter 1978, Nr. 207 (mit Literatur).

Die Schiffsbrücke des Xerxes (*schedia porthmon*) erwähnt Aischylos in den *Persern* 65–71 (Übersetzung O.Werner, 1996):

> Schon hindurch drang ja des Kronherrn jeder Stadt sturm –
> Drohndes Kriegsheer zu dem Nachbarn
> Gegenüber, zu dem Festland;
> Das der Strick knüpft, mit dem Floß kreuzt' es den Sund
> Helles, der Athamastochter,
> Und den Steg nagelnietfest
> Als ein Joch ums Genick warf es dem Meergott.

Zur Verarbeitung maritimer Motive in den *Persern*: E. Petrounias, *Funktion und Thematik der Bilder bei Aischylos*, Göttingen 1976, 1–32. Nach Salamis dringt Themistokles darauf, die Hellespont-Brücken zu zerstören, wird aber von seinen Alliierten davon abgebracht. Er kann die Sache jedoch „zu seinem Vorteil wenden, indem er Xerxes vortäuscht, er selber habe in persischem Interesse den Abbruch der Brücken verhindert" (Pohlenz 1937, 150), dass sie nämlich Europa verlassen können. Allerdings zerstört ein Sturm die Brücken, so dass die geschlagene persische Armee den Hellespont auf Schiffen überqueren muss.

Originelle Erfindungen waren die Pontons, die Kyros bei seinen wenig spektakulären Operationen am Araxes einsetzte. I, 205: „Er ließ Schiffsbrücken [*pyrogous epi ploion*] über den Fluß bauen, um das Heer überzusetzen, und Türme auf die zum Übersetzen dienenden Fahrzeuge.“ Der 4. Satz in VI, 43, lautet: „Als dort [am Hellespont] eine große Menge Schiffe und ein großes Landheer versammelt waren, setzten die Perser mit Schiffen über den Hellespontos und zogen durch Europa.“ S. R. Slings legt eine englische Übersetzung vor („Having crossed the Hellespontos by ship they marched through Europe, and did so against Eretria and Athens“) und analysiert am Originaltext den Einfluss mündlicher Erzähltradition in schriftlich fixierten Textstrukturen (S. R. Slings, *Oral Strategies in the Language of Herodotus*, in: *Brill's Companion to Herodotus*, 2002, 53–77). In IX, 120, findet sich das große symbolische Finale der Perserkriege: „Sie [die Elaiusier] führten ihn [den persönlichen Feldherrn Artayktes] an die Stelle, wo Xerxes die Brücke geschlagen hatte – andere sagen, auf die Höhe oberhalb der Stadt – und schlugen ihn ans Kreuz.“ Es ist eine Szene von beklemmender Eindringlichkeit, die noch einmal an den Schauplatz der hybriden Hellespontquerung Xerxes' rückblendet. Der Grund für die Hinrichtung des Artayktes war dessen in IX, 116, berichtetes Sakrileg am Grabheiligtum des griechischen Heroen Protesilaos, der als erster Grieche bei der Landung vor Troja gefallen war (*Ilias* 2, 701 f.). Dazu D. Boedeker, *Protesilaus and the End of Herodotus' Histories*, Classical Antiquity 7, 1988, 30–48; DNP 10, 2001, 460 (mit Literatur); zu Xanthippos: DNP 12, 2, 2002, 602 (mit Literatur); zur Todesstrafe: DNP 12, 1, 2002, 649–50 (mit Literatur). In IV, 12, und 45, ist von der *porthmeia Kimmeria* die Rede: „Auch eine Landschaft und eine Landenge heißt die kimmerische [nach der skythischen Stadt Kimmeria]“ (IV, 12). „Andere [antike Geografen] nehmen statt des [Flusses] Phasis den maietischen Tanais [Don] und die kimmerischen Hafenplätze an“ (IV, 45), wenn sie die Grenzen des Skythenlandes festlegen. Vgl. auch VIII, 76 und 91. Dort bedeutet *porthmeia* soviel wie „*ferry or place crossed by a ferry, straight, narrow sea*“ (Liddell/Scott 1966), wie es auch die Meerenge von Salamis war. Von *porthmeion* abgeleitet ist *porthmeus*, was sowohl im Griechischen wie Lateinischen den Färgen, den Fährmann bezeichnet. Das Wort hat stärkere philologisch-lexikalische als technologische Aspekte. Ihm liegt die indoeuropäische Wurzel *por-*, *per-* zugrunde, die auch in fahren, Fähre, Furt, Portal, *farewell* wiederkehrt. *Porthmos* war die Meerenge von Gibraltar, in *Odyssee* (IX, 323) ist *phortis* ein seltenes Wort für Frachtschiff. Unter dem Stichwort *per-* finden sich bei Pokorny (I 1959, 816) auch solche nautischen Belege wie *pormos*, Fähre (erschlossen), griechisch *porthmos*, Übergang, Meerenge, gotisch *farjan*, fahren, schiffen, altisländisch *ferja*, fahren, schiffen, angelsächsisch *fearm*, Schiffsladung, althochdeutsch *farm*, Nachen, russisch *porom*, Nachen und *poróm*, Fähre, sanskrit *pram,* Fähre. Zur Wortgeschichte vor Herodot (*porthmeus*, Fährmann, Ferge) vgl. Kurt 1975,

214. Von *porthmeion* als Fähre ist in VII, 25, zu lesen: „Vorher [d.h. vor dem Bau der Schiffsbrücke über den Hellespont] waren die geeignetsten Stapelplätze ausgesucht worden, und aus allen Teilen Asiens wurden auf Frachtschiffen und Fähren Vorräte hierhin und dorthin geschafft." Der Ausdruck „Stapelplatz" ist nicht korrekt und eigentlich nur auf den Ort des mittelalterlichen Warenumschlags zu beziehen, hier wäre das neutrale „Lagerplatz" angemessener. Auch im Passiv wird das Wort verwendet, so in II, 97, wo von den Fahrten auf dem überschwemmten Nil die Rede ist: „Man fährt denn auch zu dieser Zeit nicht im Strombett, sondern mitten über die Felder." Besser wäre: Die Leute werden nicht im Flusslauf übergesetzt [*porthmeuontai*], sondern über die Ebenen. Vgl. Lloyd 1976, 391 (mit Parallelen). Der diffuse semantische Schwerpunkt von *porthmeion* liegt bei der Funktion kleinerer Fahrzeuge als engräumiges Transportmittel, was eine genaue technische Beschreibung kaum möglich macht. Die von Herodot genannten Schiffe sind nur einige der Träger des Seehandels seiner Zeit. Typen wie *kamarai, camarae* (Torr 1964, 107), *kantharoi, kyknoi* (Torr 1964, 107–08) oder *epaktra* (Torr 1964, 112) fehlen in seinem Werk. Mehr als diese „lexikalischen Schiffe" aber informieren die Wrackfunde über die Transportleistungen von und zu den Häfen, die es zumeist heute noch gibt, vgl. den 277 Nummern starken „Hafenkatalog" bei Braemer (1990, 204–23), Erze, Metalle, Metallwaren, Spolien, Bauholz, Kunstwerke, Getreide, Geräte, Keramik, Mühlsteine, Lampen, Kultfiguren, Elfenbein, Wein, was es alles zu verhandeln gab, wurde trotz aller Risiken vorwiegend den Reedern, nicht den Eselstreibern und Fuhrleuten anvertraut. Die Risiken der See zeigen sich in den Wracks, die geradezu ein Spiegel der Volkswirtschaft und des intensiven Warenaustausches angesehen werden können. Aus Herodots Jahrhundert hat A. J. Parker 1992, 37 aufgelistet, von denen einige auch gut publiziert sind. Die ergiebigsten waren die von Porticello, ca. 425/400 (Nr. 879), Ma'agan Mikha'el, um 430/390 (Nr. 612) und Bajo de la Campana, 5./4. Jahrhundert? (Nr. 83). Ein Kriegsschiff ist nicht dabei. Der Dreißigruderer, den Herodot dreimal nennt, war im 5. Jahrhundert schon veraltet. Aus mythischer Distanz erwähnt er in IV, 148, die Besiedlung von Thera (Santorin). Neben den 15 Ruderpaaren konnte dieser Schiffstyp auch „Passagiere", Kolonisten, mitnehmen. Morrison/Williams (1967, Arch. 65) könnte einen solchen *triakontoros* darstellen, wie er auch in VII, 97, genannt wird und Xerxes' Flotte verstärkte. Als Indus-Kriegsschiffe des Nearchos bezeugt Diodorus (XVII, 86,3) *triakontores*. In VIII, 21, steht, dass der Athener Abronichos „immer bereit (war), auf einem Dreißigruderer den Kämpfern in Artemision Kunde zu bringen, falls dem Landheere ein Unglück zustieße." Die Texte belegen Langlebigkeit und universale Einsatzmöglichkeiten der 30-Ruderer. Eine Bologneser Grabstele des 5. Jahrhunderts zeigt „ein be-

scheidenes Fahrzeug mit einer Rojerreihe, wohl einen Dreißigruderer" (Höckmann 1985, 51, zu Abb. 35), auch wenn die Zahl der Rojer viel niedriger, also wie oft zu beobachten, symbolisch ist. Unter den 1996/97 auf Attika entdeckten 15 Schiffsritzungen ist auch eine inschriftlich als *triakontoros* bezeichnete. Damit ist sie um einige Jahrzehnte älter als der erste literarische Beleg in IV, 148. Das Bild zeigt 12 statt der erwarteten 15 Riemen (30 geben dem Fahrzeug seine Typbezeichnung), was wohl auf Ungeübtheit des Zeichners oder wechselnde Besatzungsstärken zurückzuführen ist (Langdon/Van de Moortel 2000, passim). D. Gray (1974, 73) weist auf die Schwierigkeiten einer exakten Typendefinition, die „darin besteht, dass die genaue Bedeutung der Wörter Triakontere und Pentekontere nicht bekannt ist" und gibt vier Möglichkeiten an, auf die hier verwiesen wird. Belege zum Dreißigruderer: Casson 1971, Stichwort *triakonteres*; Wallinga 1993, 41; Morrison/Williams 1968, Stichwort *triakontor*; Höckmann 1985, Stichwort *Dreißigruderer*; Morrison 1996, Stichwort *triakontoroi* (hellenistische Quellen); römische Quellen zu Dreißig- und Fünfzigruderern: Reddé 1986, 122–24; 347, 587–88. Ein ca. 25–30 m langes „Großkampfschiff" war der *pentekontoros*, der Fünfzigruderer, schon in der *Ilias* (2, 718–12, oder 16, 169–70) als Truppentransporter, in der *Odyssee* (8, 34–36) als Phäaken-Schiff, bemannt mit 50 „Jünglingen", erwähnt, aber schon Jahrhunderte vorher entwickelt. J. Landels (1979, 202–04) errechnet die Vortriebsleistungen einer Pentekontere auf 8,7 kw, womit maximal 12 Knoten (= 21 km/h) erreicht werden konnten. Die Triere OLYMPIAS (Abb. 25) brachte es experimentell auf 8,9 Knoten (= 16 km/h). Als frühe Pentekontere darf man das Schiff auf der spätminoischen Larnax von Gazi, um 1200, ansehen; Belege und Diskussion bei Basch 1987, Abb. 303; Wedde 2000, Nr. 608; Wachsmann 1998, Abb. 7.19. Der Künstler hat ein Schiff aus Linien skizziert: die erste stellt den Rumpf dar; 28 Stützen, von denen eine die untere Mastverlängerung ist, tragen zwei parallele Linien, für die es keine schlüssige Deutung gibt (Wachsmann 1998, 138), ein Deck oder eine Schutzwehr ist zu vermuten. Aus der zu verdoppelnden Zahl der Rojer ist an einen Fünfzigruderer zu denken. Die Antriebssektion nimmt mit 23 m Länge ca. 80–90% der Schiffslänge ein. Ob die Kielverlängerung schon als Waffe diente, ist unklar. Rougé (1981, 83) bezeichnet die phokäischen Pentekonteren wegen ihrer Länge als zerbrechlich und wenig seetüchtig. Wedde 2000, dokumentiert unter Nr. 664 eine in die Zeit um 1185/65 datierte Scherbe aus Phylakopi und interpretiert das Schiff als *pentekontoros*. Für Wachsmann 1998, 174, könnte dieser Schiffstyp der Vorläufer der auf dem ägyptischen Tempel von Medinet Habu abgebildeten „Seevölker-Schiffe" gewesen sein. H. T. Wallinga (in: Gardiner 1995, 40) zeigt die nach Vasenbildern rekonstruierte Backbord-Seite eines Fünfzigruderers der Zeit um 760/10 mit Sporn, Auge, Bug- und Heckzier sowie doppelter Ruderreihe, bei der unten 14, oben 11 (also insgesamt 50) Rojer sitzen. Eine ähnliche Lösung bietet schon B. Landström (1973, 28–29) an, sie gilt als akzeptabel. Als Pentekontere bezeichnen Morrison/Williams (1968, Arch. 53) einen schwarzfiguriger Dinos des Exekias der Zeit 550/30, Villa Giulia, Rom, Nr. 50599. Das nach l. fahrende Schiff hat einen kräftigen Eberkopf-Sporn und ein Bug-Kastell (Kampfdeck). Das Schiffsbild Arch. 54 (Ashmolean-Museum Oxford, 1932.45) dürfte ebenfalls diesen Typ repräsentieren. In Abb. 417 D gibt L. Basch (1987) den Schnitt durch eine „galère phocéenne" nach I, 163, 164 mit breitem Deck und „Laderaum" für „Kinder, Weiber und alles Hausgerät ..., ebenso die Götterbilder in den Tempeln und die übrigen Weihegeschenke" (I, 164), nicht aber für die besonders schweren Statuen und Bilder, denn offenbar wurden die Schiffe auf der Kolonistenfahrt gerudert. Die Leistung der phokäischen Schiffbauer und Seeleute ist zu bewundern. Zuverlässige Bauweise, haltbare Segel, gute Transportkapazitäten, ausreichende und abwechslungsreiche Nahrungsvorräte – Voraussetzungen für so lange Seereisen „mit Kind und Kegel" vor 2540 Jahren. Außer Herodot gibt es leider keinen Bericht dazu, denn manche Frage bleibt offen. Zum Hintergrund vgl. das Kapitel „Phocéens et Etrusques dans le bassin Tyrrhénien" in: M. Gras, *Trafics Tyrrhéniens archaiques*, Paris 1985, 393–475. In III, 41, besteigt Polykrates einen 50-Ruderer, um einen kostbaren Ring ins Meer zu werten; in III, 124, ist es vielleicht dasselbe Schiff. In III, 39, ist „eine Flotte von hundert Fünfzigruderern" das Rückgrat seiner Flotte, die er offenbar so schnell modernisiert, dass er 525, so III, 44, 40 Trieren mit „unzufriedenen Subjekten" (Hausen 1979, 130) bemannt, als Staatsfeinde deportiert und alles dem Perserkönig Kambyses für dessen Feldzug zur Verfügung stellt. In VI, 138, berichtet Herodot von einem Rachefeldzug der Pelasger gegen die Athener, für den sie (in welcher Zeit?) Fünfzigruderer bauen, Athen während eines Festes überfallen und Frauenraub betreiben. – 480, bei Artemision, waren nur wenige Fünfzigruderer im Einsatz (VIII, 1: Lokrer; VIII, 46: Kythnier; VIII, 48: Melier, Siphnier, Seripher); es waren Schiffe eines technisch überholten Typs, den die ärmeren *poleis* bereit stellen konnten. Lexikalisches zur Pentere im *Thesaurus Graecae Linguae* 7, 1954, 741, s.v. *pentekontoros*. Kurt (1975, 70–72) zu den „Fünfzigriemern" vor Herodot. Nautische Belegstellen bei Casson 1971, unter dem Stichwort *penteconter*. Wallinga (1993) enthält Belege und Auswertung unter dem Stichwort *pentekontor* und in seiner Abb. 25 einen hypothetischen Schnitt durch die *samaina*, einen *pentekontoros* der Zeit 535/25. Höckmann 1985, Stichwort Fünfzigruderer. In den *Totengesprächen* (10,8) nennt Lukian die Pentekontere als das einzig ausreichend große Schiff, alle Laster, Eitelkeiten und leere Reden eines Philosophen aufzunehmen – ein antikes „Narrenschiff"!

30- und 50-Ruderer gehören zu den Ahnen jenes legendären antiken Großkampfschiffes, das seit der Renaissance die Archäonautik beherrscht (Lehmann 1995), deren Ergebnisse in ungezählten, oft kuriosen zeichnerischen Versuchen, in einem schwimmfähigen Entwurf unter Napoleon III. und schließlich in einem 1987 vom Stapel gelaufenen Nachbau gipfelten: dem Dreiruderer *trieris*, Triere. Die theoretischen Grundlagen dazu haben 1968 Morrison/Williams gelegt, aber auch nicht alle Herkunftsfragen, in denen I, 158, eine verwirrende Rolle spielt, gelöst. John F. Coates hat die Ergebnisse in die Konstruktion der OLYMPIAS eingebracht, die sich in Experimenten bewährte, neue Fragen aufwarf und die Forschung bereicherte (Abb. 25), Literatur: Morrison/Coates 1989; Coates/McGrail 1985: Morrison (in: Gardiner 1995); Morrison (in: Greenhill 1976); Basch 1987, 265–302. Beste deutsche Darstellungen: Morrison/Coates 1990; Knapper: Morrison 1992; Casson 1979, 144–69, allgemeiner: Höckmann 1985, 96–122. In der Diskussion über die Herkunft der Trieren wurde stets auch II, 159, herangezogen (besonders: Lloyd 1972, 1975; Basch, 1977). Alle Anzeichen sprechen dafür, dass sie im 7. Jahrhundert in Korinth im Kampf gegen Korfu erfunden und im 6. Jahrhundert durch den ägyptischen Pharao Necho II. übernommen wurden. – 25 Mal nennt Herodot die Triere – das ist weniger, als in ihrem Zeitalter zu erwarten wäre. Mit III, 13; VII, 184, und VIII, 17, trägt er zu ihrer Geschichte bei und teilt u. a. mit, dass im 6., 5. (und wohl auch 4.) Jahrhundert ihre Besatzung neben dem Trierarchen (Kommandant) 200 Mann betrug. Informativ ist auch V, 33 zur Größe der Ruderpforten. VIII, 118 enthält die dramatische Geschichte der durch die an Deck einer phönikischen Triere mitfahrenden persischen Adligen im Gefolge des Xerxes, die dadurch „rank" wird und im Sturm zu kentern droht; der Kapitän rät, die Perser sollten über Bord springen und den König retten. Das geschieht, aber der Rat kostet den Kapitän das Leben. Morrison/Coates (1989) zitieren Herodot 12, Thukydides 21 Mal und formen so aus literarischen und ikonografischen Quellen das Bild der Triere, das hier nur anskizziert werden kann, wobei Fragen von Stabilität, der Gurtung, der Metazentrik usw. unter Verweis auf die gut verfügbare Literatur kein Raum gewährt werden soll. Grundproblem war, wie man 172 Rojer auf einem ca. 36 m langen Schiff unterbringen konnte. Der Schlüsselbegriff „drei", von dem Triere (lateinisch *triremis*) abgeleitet wird, liegt darin, nicht drei Rojer an *einem* Riemen arbeiten zu lassen, sondern sie in drei „Bänken" übereinander zu staffeln und durch die Erfindung des Auslegers auch ergologisch sinnvoll auf engem Raum einzusetzen. Mit diesem um 650 (von Ameinokles?) in Korinth ersonnenen, etwa ein Jahrtausend verwendeten *triskalmos*-System erreichte die OLYMPIAS maximal 16 km/h, was auch für die Antike akzeptabel erscheint. Nicht so einfach zu proben wie Schlagfrequenzen, Beschleunigung und Abbremsen, Wende- oder Richtungsmanöver war der nie unter Segel ausgeführte Rammstoß, für den die Triere konzipiert war. Virtuelle und mit Computerhilfe durchgeführte Experimente ersetzen nicht reale – aber sie sind kostspielig, riskant und doch nur unter Bedingungen machbar, die den antiken allenfalls angenähert sind. Der Kiel von Trieren bestand aus Eichenholz, der von Frachtschiffen aus Nadelholz. Die Rümpfe waren nicht beschlagen (d.h. gegen Bohrmuschelbefall gesichert), während Letztere oft einen Bleibeschlag aufweisen und so nicht ohne weiteres an Land gebracht werden konnten wie Kriegsschiffe, die man an den Strand oder in Schiffshäuser ziehen konnte. Wichtigstes Merkmal war aber die Funktion. Das antike Kriegsschiff war Waffenträger (Bogenschützen, Speerwerfer, Katapulte) und Waffe zugleich, indem es seine aus einer strukturellen Kielverlängerung entwickelte Kampfspitze (Sporn, *embolon*) als Offensivmittel entdeckt (vielleicht im 7. Jahrhundert), mit Bronze verkleidete – in I, 166, noch fragil – und gegen feindliche Bordwände zum Einsatz brachte (Abb. 12). Der ehemals spitze Sporn (gut sichtbar etwa an den aus der Zeit um 700 stammenden Schiffen von einem Relief in Kujundschik: Basch 1987, Abb. 655 ff. hier: Abb. 8) wurde durch den eberkopfförmigen abgelöst, der zum Beispiel in III, 59, belegt ist, und dieses durch den klassischen Typ des *rostrum tridens*, des aus drei Keilen bestehenden Sporns – eine hier sehr vereinfacht wiedergegebene Genese. Es war wohl vorwiegend dieser Sporn, der im 5. Jahrhundert zum Einsatz kam. Trieren-technische Fachtermini wie *tarros*, Ruderapparat, *perineo,* Reserveriemen, *epotides*, Auslegerköpfe oder *keras,* Rah, kommen bei Herodot ebenso wenig vor wie *hypozoma*, Gurtung, *parexeiresia*, Ausleger, oder die Bezeichnungen *thranites, zygites* und *thalamites* für die oben, in der Mitte und unten sitzenden Rojer. Dieser Negativbefund zeigt seine geringe Vertrautheit mit der Materie, aber auch das Bewusstsein, dass seine Leser sich mit Kriegsschiffen auskannten. An Schiffstechnik lag ihm weniger als an den Ergebnissen ihres Einsatzes. Umzingelung (*periplous*), und Durchbruch (*diekplous*) und „schnelle Wendungen" (*anastrophai*) waren als viel geprobte Manöver Voraussetzungen für einen erfolgreichen Rammstoß gegen die Bordwand (Aufbrechen der Plankennähte) oder die Riemen, die abgeschert wurden, aber nicht im Experiment verifiziert werden können. Den *diekplous* versuchten die Perser bei Artemision (VIII, 10–11). In I, 166, und I, 11–13, berichtet Herodot in einem Text, den Morrison/Coates (1989, 9) als „lückenhaft" bezeichnen, vom Training in der Marine. In VI, 11, erfahren wir etwas über harte Ausbildungsmethoden vor Lade, denen die Seeleute nicht gewachsen waren und meuterten. Von den persischen Seeleuten hat Herodot keine große Meinung (I, 143). Sie können nicht schwimmen (VI, 44) und ertrinken (VIII, 89; 129). Der erste Perserkönig, der ein Schiff besteigt, war Dareios (IV, 85), er erkannte den Wert der Seeherrschaft (V, 23). Über die in den Seekriegen beteiligten Frauen (Artemisia, Pheretime) und Männer (Aridolis, Penthylos, Phormos, Kimon, Okyos, Eurybiades, Ameinias, Mardondes, Themistokles, Metiochos, Leotychides, Megabazos u.v.a.) kann man sich über Herodot hinaus u.a. in der RE und bei G. Strasburger (1984) informieren. Herodot neigt dazu, seinen Berichten anekdotische Form zu geben (Kleinias, Phayllos, Msephilos, Korobios, Datis, Sandokes). Ein Ruderschiff für weite und schnelle Fahrten im Besitz des Amasis (570–26) wird in III, 4, bezeugt. Bei dem Ereignis, in dem es eingesetzt wurde, handelt es sich um eine Militärspionage, bei der auch Alkohol im Spiel war.

Ein unauffälliger Nebensatz in VIII, 47, erwähnt das einsame Kriegsschiff des Achaiers Phayllos, der aus dem italienischen Krotone nach Salamis fuhr, die alliierte Flotte zu verstärken. Es handelte sich um einen Weg von rund 330 Seemeilen, den man rudernd wohl in 3–4 Tagen zurücklegen konnte, legt man die Testergebnisse der OLYMPIAS zu Grunde. Mit Sicherheit fuhr er nicht um den Peleponnes, sondern benutzte den Diolkos, den Schleppweg über die Enge von Korinth. Farblos-unspezifische Schiffs-Termini finden sich in VI, 46, und V, 30, wo „lange Schiffe" (*ploia makra*, Kriegsschiffe) genannt werden (Abb. 19, 24). Auch in V, 26, und VI, 26, bleiben die Typen offen. In VI, 5, werden acht Trieren und aus dem Schwarzen Meer ausfahrende Frachtschiffe erwähnt, die die Lesbier kapern konnten. Die erste größere Trieren-Flotte (200 Einheiten) scheint die gewesen zu sein, die in V, 31–32, genannt wird und 499 zur Eroberung von Naxos eingesetzt wurde. Das wohl letzte Seegefecht, an dem Trieren beteiligt waren, fand 323 n. Chr. am Hellespont statt. Mit 80 „Dreißigern" besiegte Konstantin die 200 Trieren des Licinius – ihre Zeit war nach 1000 Jahren abgelaufen. Die letzte Nachricht über den Einsatz von Rammspornen – Seegefecht vor Ancona 551 n. Chr. zwischen Goten und Byzantinern – findet sich bei Prokopios (*De bello Vandalico* VIII, 23, 31).

# 3. Arbeitsplatz Schiff 1: Händler, Forscher und Piraten bei Herodot

## 3.1 Schiffsteile: Form und Funktion

Die oben skizzierten mediterranen Schiffstypen sind zu komplettieren durch Bemerkungen zu Schiffsteilen und Ausrüstungsgegenständen, soweit Herodot sie nennt. Wir stellen sie in einen ergologischen Zusammenhang, denn erst die menschliche Tätigkeit erweckt durch Nutzung der Naturkräfte von Wind und Strömung und des empirischen Einsatzes eigener Körperkräfte beim Treideln, Staken, Paddeln oder Rudern das tote Holz eines Schiffes zum Leben und unterwirft es seiner Funktion. Wir beginnen mit den Teilen des Schiffes. Der Raum zwischen Bug und Heck ist der Arbeitsplatz der Mannschaft, deren Leben sich auf Deck, nicht darunter, abspielt. Für den Bug ist das Wort *prora* gebräuchlich, das über das Lateinische ins Französische (*proue*) und Englische (*prow*) überging (Abb. 12). Herodot nennt es in I, 194 (als Vorderteil einer *guffa*!), in III, 37 (als den Ort, auf dem die Schutzgottheit [*pataikos*] eines phönikischen Kriegsschiffs steht), in III, 59 (als Träger des Rammsporns), in VII, 100 (als Schauplatz der Schiffsmusterung), in VII, 180 (als Ort einer rituellen Opferung) und in VIII, 12, wo sich Leichname und Schiffstrümmer „um die Schiffsschnäbel der persischen Flotte drängten." Herodot differenziert nicht zwischen der markanten Prora eines zum Rammen konstruierten Kriegsschiffes und der ganz andersartigen eines Frachters, bei dem Prora z. T. das Vorschiff (die „Back") bezeichnet. Bug und Heck bestimmen die Konstruktion eines Wasserfahrzeugs und sind die Parameter für dessen Formgebung und hydrodynamische Eigenschaften, d. h. seine Qualität als Seeschiff. Die Eberkopf-gestaltige Prora wird in III, 59, genannt, sie gehört zu den typischen Erkennungszeichen ägäischer, besonders samischer Schiffe. In VII, 100, fährt in der Flottenschau vor Xerxes der König „der Reihe nach am Bug der Schiffe vorüber." In VII, 180, wird der „schönste Mann der Schiffsmannschaft" auf dem Vorschiff geopfert. In VIII, 11, ist von den Proren als den Kampfmitteln die Rede. Alle Zitate spiegeln die Multifunktionalität des Vorschiffbereichs, der über das konstruktiv Notwendige hinaus zum Ort religiöser Handlungen, zum Träger von Bildwerken und zur Waffe wurde, wenn der hölzerne Sporn eine bronzene Kampfspitze bekam, in der sich die durch die Rojer erzeugte kinetische Energie zur tödlichen Bedrohung wandelte.

Das schon bei Dichtern vor Herodot (Hipponax 45, 3) aber nicht bei Homer verwendete Fachwort für den Sporn, die Ramme, ist *embolos/embolon* (Kurt 1975, 91–92). Seine tausendjährige Geschichte ist in seinen drei verschiedenen Ausprägungen anhand umfangreichen Bildmaterials und einiger wertvoller Originale gut zu dokumentieren. Erst bei Herodot findet sich „eine Spezialisierung eines auch sonst geläufigen technischen Wortes“ (Kurt 1975, 91) unter seetaktischen Aspekten. Das Wort ist von *emballo*, hineinwerfen, abgeleitet, das sich auch in „Ball“ findet. Der Plural *emboloi* wurde im Lateinischen mit *rostra* wiedergegeben, d. i. die mit Spornen gezierte Rednertribüne auf dem Forum in Rom. Die „Vorramme“ (Kurt 1975), der Obersporn, war das *proembolion*; sie diente dazu, ein zu tiefes Eindringen und damit gefährliches Verkeilen des Kampfsporns im feindlichen Schiff zu verhindern. Das Wort für Schiffsseite, Bordwand, war *toichos* (Kurt 1975, 107) ursprünglich „Mauer, Wand, aus Lehm Geknetetes“ (neuhochdeutsch: Teig). Es findet sich in VII, 141, und zwar in der bekannten orakelhaften Doppeldeutigkeit der „hölzernen Mauer“, dessen Interpretation durch Themistokles der Seekriegsgeschichte Athens eine Wende brachte. Vgl. auch VIII, 51. In I, 166, schreibt Herodot über die Seeschlacht bei Alalia: „Auch die Phokaier setzten ihre Schiffe instand – es waren sechzig Schiffe – und segelten ihnen [den Etruskern und Karthagern] entgegen nach dem so genannten sardonischen [Tyrrhenischen] Meer. Es kam zur Seeschlacht, und die Phokaier erfochten einen Sieg, der aber einer Niederlage glich. Denn vierzig ihrer Schiffe gingen unter, und der Rest wurde gefechtsunfähig, weil die Schiffsschnäbel verbogen waren.“ Im Jahre 535 fand dieses Treffen bei Alalia (Aleria, Korsika) statt, deren historischer Hintergrund einige Jahrzehnte früher zu suchen ist. Um 562 waren die griechisch-ionischen Phokaier in etruskische Einflussbereiche vorgestoßen und hatten Alalia gegründet, wurden aber von den verbündeten Etruskern und Karthagern geschlagen, die um Macht und Einfluss fürchteten. Alalia und Korsika kommen unter etruskische Herrschaft. Auch dieses Ereignis hat letztlich seine Wurzeln in den Perserkriegen: Harpagos, Feldherr des Kyros, war in Ionien einmarschiert und hatte als erste Stadt das von seinen Bewohnern verlassene, menschenleere Phokaia „erobert“ (heute Eskidsche Fotscha in der Türkei). Die Phokaier segelten auf Penteren zu dem zwanzig Jahre zuvor auf einen Orakelspruch gegründeten Alalia und sicherten ihren Lebensunterhalt auf See: „Sie trieben Seeraub rings gegen ihre Nachbarn“ (I, 166), die sich schließlich verbündeten und ihre Marinen aufrüsteten, so dass sie über zwei Flotten mit je sechzig Schiffen verfügten. Es kam zur Schlacht, zur Niederlage der Griechen, die danach mit dem Rest der Flotte nach Alalia fuhren, Frauen, Kinder und alles Habe aufnahmen und schließlich Hylea (Elea in Lukanien) eroberten. „Die Bemannung der untergegangenen [phokaischen]

Schiffe aber wurde zum größten Teil von den Karchedoniern und Etruskern aufgefangen, vorgeführt und gesteinigt“ (I, 167), ein Schicksal, das wohl – außer der Sklaverei – auf viele geschlagene Soldaten wartete. Ob die Kriegsschiffe wirklich „untergegangen“ sind oder nur als bewegungslose Wracks tief im Wasser lagen, ist unklar. Anders als Frachtschiffe, die durch Ladung und/oder Ballast sinken, dürften Kriegsschiffe bei Beschädigung auf dem Wasser treiben, bedingt durch die Auftriebskräfte des Holzes. Manches Wrack konnte gegebenenfalls abgeschleppt, abgewrackt, wiederverwertet werden. Das mag einer der Gründe dafür sein, dass Wracks antiker Kriegsschiffe außerordentlich selten sind. Die Seeschlacht von Alalia beziehungsweise Herodots Bericht darüber sind deswegen bedeutsam, weil zum ersten Mal von Rammspornen und ihrem Gefechtseinsatz die Rede ist, doch „die Schilderung läßt erkennen, daß die Rammsporne sich noch im Versuchsstadium befanden“ (Morrison/Coates 1990, 48), d. h. wohl von schwacher Bauart waren. Ein Rammsporn aus Herodots Jahrhundert ist bisher nicht gefunden worden; bei jüngeren fehlt jeder überzeugende Beleg, zu welchem Schiffstyp er gehört haben mag; daher kann hier nur auf die Literatur verwiesen werden: Sporn von Athlit, Israel: Casson/Steffy 1991; Sporn unbekannter Herkunft (und Parallelen) im Deutschen Schiffahrtsmuseum Bremerhaven: Pridemore; am Modell: Göttlicher, 2002/2004.

„Den Hellenen wurde das Zeichen gegeben, und sie richteten die Schiffe mit dem Schnabel gegen die Barbaren, so dass die Spiegel in der Mitte zusammentrafen. Auf das zweite Zeichen gingen sie vor, obwohl der Raum eng war und sie nur geradeaus fahren konnten. Dreißig Barbarenschiffe wurden erobert ...“ (VIII, 11). Herodots Bericht über die Seeschlacht von Artemision (480) zeigt, wie sich die Schiffe in einem engen Kreis in die günstigste Kampfposition brachten, in dem sie die Sporne nach außen richteten und so gegen einen Feind ansetzen konnten, der seine Flanken ungeschützt ließ. In VI, 12, beschreibt Herodot die Flottenübungen vor der Schlacht bei Lade (494), wo Dionysios die Mannschaften den *diekplous* üben läßt, d. h. den „Durchbruch“ durch die Linie des Gegners, während der *periplous* das „Umfahren“ dieser war. Beide Manöver setzen von hinten an und hatten sowohl das Abscheren der Riemen als auch den Rammstoß zum Ziel. Weitere Analysen vgl. J. S. Morrison, *Greek naval tactics in the 5th century BC*, IJNA 3, 1974, 21–26 (ohne Bibliografie). Festzuhalten ist, dass weder Herodot noch Aischylos den *diekplous* als taktisches Manöver in der Seeschlacht von Salamis erwähnen – der Seeraum war zu eng dafür, als dass es (mit dem Flaggschiff an der rechten Flanke) hätte erfolgreich durchgeführt werden können. In VI, 12 (und ähnlich 14) heißt es: „Und er [Dionysios] ließ [bei den Manöverübungen] die Schiffe immer aufs neue in Kiellinie ausfahren, um die Ruderer [*eretesi*] zu üben, ..." (Übers. Marg). Für „Kiellinie" schreibt Herodot *epi keras,* nach dem Horn, Schiff hinter Schiff (Variante: *kata keras*, in langem Zuge). In lateinisch *cornu*, gotisch *haurn*, deutsch Horn ist das Wort nach den indoeuropäischen Lautgesetzen erhalten. Zu Dionysios: Strasburger 1984, 122. Aus dem fähigen Kommandanten wurde nach Misserfolgen ein Seeräuber. In einem Satz wie: „Die bestbemannten Schiffe waren die phoinikischen und unter den phoinikischen die aus Sidon" (VII, 96) drückt sich die Hochachtung vor dem Gegner, die hohe Qualität der Besatzungen und Kriegsschiffe aus, die, so ist hinzuzufügen, über eine lange Marine-Tradition und Erfahrungen aus Jahrhunderten verfügten und diese auch in ihrer Bildkunst überlieferten.

In I, 24, und 194, sowie in VIII, 11, und 84, verwendet Herodot das Wort *prymne,* etwa in I, 1: „Die Frauen [von Argos] hätten am Heck ihres Schiffes gestanden ...", oder I, 24: „Da überkam sie [die Seeleute] das Verlangen, den allerherrlichsten Sänger [Arion] singen zu hören, und sie zogen sich vom Schiffsheck nach der Mitte hin zurück", um dem wie auf erhöhter Bühne stehenden Arion lauschen zu können, während sie weiter unten standen. Horneffer übersetzt *prymne* auch mit „Hinterteil" (I, 194, wo von den runden Guffas die Rede ist) oder mit „Spiegel" (VIII, 11), d.h. der „Heckspiegel", der seine metaphorische Bezeichnung von den flachen „Spiegelhecks" von Schiffen der Neuzeit ableitet, die es im Altertum nicht gab. *Prymne* ist also der Terminus für den gesamten Achterschiff- und Heckbereich. Prora beziehungsweise Vorschiff waren stets die bevorzugten Orte, Schmuck- oder religiös motivierte Elemente anzubringen. Besonders verbreitet war das den Fischen entlehnte „Auge" (*ophthalmos, oculus*), das sichere Fahrt garantieren sollte und auf vielen Schiffsbildern zu finden ist; ein fragmentarisches Marmor-Auge dürfte, so M. Steinhart, *Das Motiv des Auges in der griechischen Bildkunst*, Mainz 1995 (speziell zu Schiffen: 88–102) aber nicht nautischer Herkunft sein (Zeichnung: DeVries/Katzev 1972 Abb. 11). Eine „ziemlich schräge Geschichte" (Schlögl 1981, 5) erzählt und eine überragende Frau würdigt Herodot in VII, 99, und VIII, 89: Artemisia, die Königin von Herodots Heimatstadt Halikarnassos und mit ihr entfernt verwandt, nimmt mit fünf Schiffen auf Seiten der Perser an der Seeschlacht von Salamis teil, in deren Verlauf sie irrigerweise ein persisches Schiff – das die Perser jedoch für ein griechisches halten – versenkt, wofür sie von Xerxes geehrt und durch das Bonmot „Die Männer sind bei mir zu Weibern geworden und die Weiber zu Männern!" unsterblich gemacht wird. In VIII, 88, schreibt Herodot: „Xerxes fragte, ob das wirklich Artemisia sei, und sie, die das Zeichen ihres Schiffes genau kannten, bestätigten es." Hier ist also unmissverständlich davon die Rede, dass Schiffe an Zeichen eindeutig zu identifizieren waren. Das griechische Wort dafür ist *episemon.* An Bug und Heck trugen Schiffe derartige Erkennungsmerkmale; die am Bug waren die wichtigeren, weil oft namengebend. Solche Zeichen waren in geschnitzter oder gemalter Form zu beiden Seiten des Bugs angebracht, wenn es sich um Kriegsschiffe handelte; Frachtschiffe pflegten sie am Heck zu tragen. Besonders aufwändige konnten aus Bronze gearbeitet sein. Aus dem *Historien*-Zitat geht leider nicht hervor, wie das Zeichen der Artemisia aussah; andere Quellen dazu gibt es nicht. „Als nun Polykritos das attische Schiff erblickte, sah er an dem Zeichen, daß es das Feldherrenschiff war, ..." (VIII, 92). C. Torr kommentiert den Satz damit, dass das Zeichen (*semeion*) eine Art Flagge gewesen sein könnte, die ein purpur- oder zinnoberfarbenes Segel ergänzte, während nachts eine Lampe an die Stelle trat (Torr 1964, 99, mit Belegen bis Tacitus). „Women are ubiquitous in Herodotus' *Histories*, but rarely do they have Artemisia's insight and historical significance, a place in the record separate from a generalized moral about inverted oder perverted values" (Lateiner 1989, 140). Unter Bezug auf einen Artikel von R. Munson (*Artemisia in Herodotus*, Classical Antiquity 7, 1988, 91–106) fasst J. Blok die Charakteristica der Königin zusammen: „Artemisia is both female and masculine, Greek and enemy, cunning and victorious; she fights on Xerxes' side but is almost a double of Themistocles" (J. Blok, Women in Herodotus' *Histories*, in: *Brill's Companion to Herodotus*, 224–42).

Nach der Musterung seines Heeres „bestieg er [Xerxes] ein Schiff aus Sidon, nahm unter einem goldenen Zeltdach Platz und fuhr der Reihe nach am Bug der Schiffe vorüber" (VII, 100). Herodot meint hier einen goldenen Baldachin, das einen König schmückende Sonnenschutzdach und Würdezeichen. Kostbare Baldachine zeigen schon die Schiffe der Thera-Fresken, ohne dass wir sie bestimmten Abläufen oder Personen zueignen können. Andere Autoren übermitteln Einzelheiten der Seekriegsführung. So finden sich etwa in Xenophons Bericht über ein nächtliches Seegefecht am Kap Zoster Notizen über den Einsatz von Leuchtzeichen an Bord des Flaggschiffes sowie über ein Trompetensignal als „Zeichen zum Angriff" (*Hellenika* V, 1, Übers. Strasburger. Zu Xenophon [etwa 430–354] vgl. DNP 12, 2, 2002, 633–42). Einmal erwähnt auch Herodot Kap Zoster, und Aly (1969, 187) erkennt in dem Bericht „eine echte Volkssage, die sich an die sonderbar gestalteten Felsen vom Kap Zoster anschließt; hier sollen die Perser in dem Glauben, feindliche Schiffe zu sehen, ausgerissen sein", jedoch nur kurz: „Allmählich merkten sie, daß es keine Schiffe, sondern Klippen seien, sammelten sich und fuhren weiter" (VIII, 107).

Im Gegensatz zu den ökonomisch-nüchternen Frachtfahrern, bei denen weitgehend auf dekorativen Aufwand verzichtet wurde, waren Kriegsschiffe als Träger staatlicher Gewalt reicher geschmückt, vornehmlich durch das *aphlaston*, das das charakteristische Profil antiker Kriegsschiffe auf Jahrhunderte bestimmte. In *Ilias* (15, 716–17) wird erzählt, dass Hektor das *aphlaston* eines Schiffes mit beiden Händen festhält. Außer diesem Fachwort werden im Griechischen die Termini *akrostolion* und *akroterion* verwendet, z. T. sogar bevorzugt. Manchmal wird *akroterion* auch gebraucht, wenn der Sporn gemeint ist, so III, 59, und VIII, 121. Der begrifflichen Schärfe wegen schreiben wir *aphlaston* oder Aplustre, wenn von der Heckzier die Rede ist. Die Wörter *akrostolion* und *akroterion* bedeuten nach den identischen Vorsilben – vgl. auch Akropolis! – etwas Hohes, Spitzes. „Dem Kynegeiros, Sohn des Euphorion, der ein Schiff am Heck festhielt, wurde die Hand mit einem Beil abgeschlagen …" (VI, 114), mit anderen Worten, der Athener verliert seine Hand bei dem Versuch, das Aphlaston eines persischen Schiffes zu erobern. War er erfolgreich, galt das Schiff als eingenommen. W. H. Groß fasst zusammen: „Aphlaston (in Prosa immer Plural Aphlasta), lateinisch *aplustr(i)a*. Gebogene Heckzier des antiken Schiffs, deren Streben durch ein Querholz (*thranites*) zusammengehalten und z. T. durch eine im Hintersteven eingelassene vertikale Stange (*styliskos*, daran oft ein Ständer) gestützt werden. Das Aphlaston, unter dem der Steuermann saß, genoß religiöse Verehrung und war als Kriegstrophäe begehrt" (DKP I 1964, 425). Zu *aplustre*, *aphlaston* vgl. auch die Übersicht DS I, 1, 1877, 308–9; Lexikalisches bei Kurt 1975, 111–12. Er schließt: „In der ganzen griechischen Literatur ist *aphlaston* ein sehr seltenes Wort." Eine volksetymologisch klingende Deutung des Wortes *aphlaston* („das, was die Zertrümmerung verhütet oder verhüten soll") wird von H. Frisk (*Griechisches etymologisches Wörterbuch*, Heidelberg 1960, 195–96) zu recht abgelehnt. Lexikalisches zu *aplustra* /*aplustria* im Lateinischen vgl. *Thesaurus Linguae Latinae* II, Leipzig 1906, 241, mit reicher Belegsammlung aus der Literatur. Das Wort kam vermutlich durch etruskische Vermittlung aus der griechischen (vorgriechischen?) in die lateinische Sprache. Nach Wachsmann (1998, 190) wurde das *aphlaston* im 5. Jahrhundert das wichtigste Merkmal antiker Ruderschiffe. Es war aber keine spontane Erfindung, sondern hatte eine lange Entwicklung hinter sich und war Ergebnis zunehmender Abstraktion eines zoomorphen Motivs: des Vogelstevens oder -hecks. Es sei, so Wachsmann, entstanden aus einem abstrakten Vogelkopf, der vom Heck nach innen schaut. Der Schild, dem das *aphlaston* entwächst, sei das zum Dekor gewordene Vogelauge (Wachsmann 1998, 190). Dank eines ikonografischen Reichtums ist uns die Geschichte des Aphlastons besser in Bild- als in Textquellen vertraut; seine dekorative und symbolische Kraft prädestinierte es u. a. zu einem ausdrucksstarken Münz-Motiv: Ein um 500/480 geschlagenes Tetradrachmon von Skione (G. K. Jenkins, *Die Münzen der Griechen*, München 1972, Tafel 93) zeigt auf der Vorderseite den Kopf des Heros Protesilaos und auf der Rückseite in einem Quadrat ein stilisiertes Heck mit elegantem Aphlaston. Protesilaos war als erster der Griechen an Land gesprungen, als sie vor Troja erschienen, und gefallen. Herodot erwähnt ihn beziehungsweise sein Heiligtum in VII, 33, und IX, 116. Die Stadt Skione stellte den Persern „Schiffe und Mannschaften" (VII, 123). Neben Anker und Prora war das Aphlaston eines der wichtigsten „nautischen Attribute" (Göttlicher 1981, 14–16). Ein um 400/330 in Phaselis (Braemer 1990, Nr. 202) geprägter Stater (M. Miller, *Münzen des Altertums*, Braunschweig [3]1963, Abb. 193) illustriert mit einer Prora auf der Vorderseite und einem Aphlaston auf der Rückseite die maritimen Interessen der Stadt, die in II, 178, als Mitbegründerin des Hellenions in Naukratis und damit als Handel und Seefahrt treibend genannt wird.

Ein in sich stimmiges Bild vom Leben an Bord im 5. Jahrhundert ist weder aus Herodot noch anderen Quellen zu gewinnen. Alle liefern nur Steinchen für das Mosaik sozialer Strukturen, die sich auf mediterranen Kleinschiffen über Generationen gefestigt haben, von Wetter und Wind, von Fracht und Fahrtgebiet, von Eigentumsverhältnissen und ökonomischen Bedingungen abhängig waren und den Arbeitsrhythmus der Seeleute prägten. Das Schiff als Arbeitsplatz der Mannschaft – in der Antike nicht anders als auf ungezählten kleinen Küstenfahrern, im heutigen Ostmittelmeer etwa des Typs *kaiki* oder *sakoleva*. Der byzantinische Wrackfund von Yassi Ada A (Parker 1992, Nr. 1239; Delgado 1997, 469–71) macht einige Aussagen zur Arbeitswelt: Das ca. 20 m lange Schiff hatte eine Kombüse an Bord, die es zu Herodots Zeit noch nicht gab und die mehr Menschen (Passagiere?) versorgen konnte als nur die Crew aus 4–5 Mann, eine akzeptable Zahl für typen- und funktionsähnliche Handelsschiffe des Altertums. Die Mannschaft bestand aus dem Kapitän (*kybernetes*, lateinisch *gubernator*, eigentlich der Steuermann oder Rudergänger), dem ein 1. Offizier (*pistikos*) zur Seite stand, der Verwaltungsaufgaben hatte, für Navigation und Fracht verantwortlich war. Der *proreus* war für die praktische Seemannschaft zuständig, der *naupegos* für das Schiff selbst (Belege: Casson 1971, 314–21). *Naubatai/nautai*, einfache Seeleute, standen unten in der sozialen Hierarchie, die von Schiff zu Schiff wechseln konnte. In VIII, 43, 45, benutzt Herodot für das Bemannen eines Schiffes den Begriff *pleroma*. Einen anderen Terminus für Mannschaft, *symplooi* (von *sympleo*, zusammen zur See fahren), finden wir bei ihm nur zweimal, in II, 115, und III, 41, er dürfte auch Fahrgäste einschließen, nicht nur die I, 143, genannten *naubatai*: „... und die Perser sind kein Seevolk", besser: „keine Seefahrer." Daneben kennt Herodot auch *nautiloi*; in II, 43, heißt es: „... daß sie [die Griechen] damals schon Schiffahrt trieben und es auch bereits hellenische Seefahrer gab." Im Ägypten der Ptolemäer hat sich griechisch *pleroma* von „Schiffsmannschaft" zu „Arbeitstrupp" ausgeweitet und ging in dieser Wortform und -bedeutung auch ins Lateinische über

(Konen 2000, 396). Wo – wie zu Beginn von I, 44 – Herodot Gelegenheit gehabt hätte, als „Fußnoten" etwas zu Schiff und Crew einzuflechten, bleibt er stumm. Anders als die Handels- war die Kriegsschifffahrt eines der zentralen Themen seines Buches. Hier erfährt der Leser mehr zu Schiffen, ihrem Auftrag und den beteiligten Seeleuten aufschlußreiche Details.

*Historien* VI, 194, hat die Schiffshistoriker irritiert: „Fünfzehn ihrer [der Perser] Schiffe, die sich verspätet hatten, sahen bei Artemision die hellenischen Schiffe liegen. Die Barbaren hielten sie für die ihrigen und segelten mitten in die Feinde hinein." Waren die persischen den griechischen Schiffen zum Verwechseln so ähnlich, dass es fatale Folgen haben könnte? Die Erklärung liegt vermutlich darin, dass die griechischen Schiffe bei Salamis kein durchgehendes Deck (*diapases*) hatten, die persischen Schiffe aber über ein solches verfügten – was aus einiger Distanz und als Silhouette nicht zu erkennen war. Dass sonst aber nichts die Schiffe zweier Nationen, zweier Gegner, unterschieden haben soll, ist fraglich. In VI, 95, werden Trieren, die wohl mit 50–60 Mann besetzt waren, als Truppentransporter eingesetzt, und man verwendete sie als „Schlepper" für Troßschiffe (Wallinga 1982, 468). An Deck von Trieren war kaum Platz für größere Truppenteile, so dass man vermutlich Umbauten hat vornehmen müssen, um diese unterzubringen, wobei wohl auf eine der Ruderreihen verzichtet werden konnte.

*Xylon*, Holz, ist der in II, 96, verwendete Begriff für Schiffbauholz. „*Xylon phaidomenous*", spar' nicht an Schiffbauholz!, steht bei Thukydides (IV, 11, 1) (vgl. auch Xenophon, *Hellenica* 1,1, 24). In Eurypides, *Andromache* (793) steht *dory*, Planke, für „Schiff." Für die „Schiffsrippen" (Spanten) verwendet Herodot in I, 194, und II, 96, das Wort *stamines* (Etymologie: Kurt 1975, 126–127). Als *stamen* oder *statumen* ist es im Lateinischen „part of a frame, frame" (Casson 1971, 400). Caesar, (*Bellum civile* I, 54) verwendet *stamina* nicht anders als *Historien* (I, 194) für das leichte Spantengerüst der Korbboote. Von der heutigen Bauweise, erst die Spanten an den Kiel zu setzen, an die die Planken genagelt werden, unterschied sich die antike, bei der zuerst in eine „Schale" aus in Nut-Feder-Technik gefügten Planken ein stabilisierendes Gerüst aus Spanten gesetzt wurde, wobei „Mallen" als Hilfe bei der Gewinnung der richtigen Schiffsform gedient haben dürften; vgl. Höckmann 1985, Abb. 38–40; danach Konen, DNP 11, 2001, 168; White 1984, Abb. 146–51; Ericsson 1984, Tafel XVI u. a.; Throckmorton, Abb. 1–4, 6–10; Gianfrotta/Pomey 1981, 236–41; Casson 1971, Abb. 158–68 (Plankenverbindungen, Schalenbautechnik); Gillmer 1994, 18–24; grundlegend und anspruchsvoll: Steffy 1994, 37–72. Besonders anschaulich die Zeichnungen in *Dossiers d'archéologie: La navigation dans l'antiquité* 29, 1978. Grundlegend und in Teilbereichen auch für die

Herodot-Ära zutreffend ist eine Arbeit zur römischen Holzschiffbautechnologie: M. Rival, *La Charpenterie navale Romaine*, Paris 1991. Im Zusammenhang mit einer Orakelbefragung der Siphnier ist in III, 57, 58, von dem „hölzernen Feind" (den Schiffen der Samier) die Rede, die traditionellerweise „mit Mennig rot gefärbt" waren, ein schon von Homer genannter Schiffsanstrich, der hier nur bedeutet, dass er allgemein üblich war (Casson 1971, 45). Der Terminus „Mennig(e)" (aus lateinisch *minium*) der Übersetzung geht über Herodot hinaus, der keine Materialangabe macht. IX, 98: „Sie [die Griechen] machten sie also zur Seeschlacht [*naumachien*] bereit und brachten die Landungsbrücken [*apobathras*] in Ordnung; segelten sie nach Mykale" (Übers. Feix). Offenbar beabsichtigten die Griechen in der veralteten Entertechnik zu kämpfen, statt neuen Taktiken zu vertrauen (How/Wells, II 1928 330). Im allgemeinen ist, zum Beispiel Thukydides (IV, 12, 1), *apobathra* die Landeplanke oder -leiter, die Gangway, mit der ein Schiff verlassen oder betreten werden konnte. Kriegsschiffe hatten deren zwei, Handelsschiffe nach Ausweis der Vasenbilder eine. In Lukians *Totengesprächen* (10,10) sagt Charon zu Hermes: „Steh neben der Schiffsleiter [*apobathran*] und revidiere sie [die Toten], nimm sie auf und nötige sie, nackt einzusteigen" (Übers. Mras). Auch Charons Fähre (Abb. 23) braucht eine Gangway! Andere Termini dafür waren *klimax*, *klimakis* (nicht bei Herodot), lateinisch *pons* oder *scala* (Casson 1971, 251, 257; Morrison/Williams 1968, 293, 304).

Neben menschlichen Antriebskräften wie Paddeln, Rudern, Staken und Treideln gehört die Nutzung der Windenergie zu den ältesten Mitteln, ein Wasserfahrzeug zu bewegen. Wo das erstmals geschah, ist nicht zu ergründen. Die frühesten Belege stammen vom Nil, wo stete Nord-Winde die Fahrt nach Süden, stromauf, unterstützen und (über aufgestellte Laubzweige?) zur Erfindung von Mast, Rah, Segel und Takelage geführt haben könnten. Eine vage 3500/2900 datierte Vase (Bass 1972, Abb. 5) zeigt schon alle Bauelemente, die eine Besegelung haben muss, außer den Leinen, d. h. das stehende und laufende Gut zum Befestigen des Segel, zum Abstagen des Masts, zum Manövrieren der Rah. In Tausenden von Bildern haben die alten Ägypter das Segeln dokumentiert und ihre Seeschiffe mit deren komplizierter Takelage überliefert (Dürring 1995, 161–62). Auch Herodot steuert dazu Informationen bei. In II, 36, legt er einige ihm sonderbar erscheinende Unterschiede zwischen ägyptischen und griechischen Gebräuchen dar und erwähnt auch einen aus der Schifffahrt: „Beim Segeln binden andere Völker den Ring und das Tau außen an die Schiffswand, die Ägypter innen." Mit „andere Völker" dürfte er im wesentlichen die hellenischen Stämme meinen, deren Schiffe er gut gekannt hat. Diese „Ringe" wurden *krikoi* genannt und waren aus Blei (vgl. englisch *fairleds*). Morrison/Williams erkennen sie in einem um 510 gearbeiteten Schiffsbild

(Arch. 88), wo sie auf der Rah der Führung der Leinen dienen. Vgl. Casson 1971, 234, 258; Morrison/Williams 1968, 299–300. Zu den von ihm als „reefing-ropes" (Reffbändsel) übersetzten *krikoi* weist Lloyd (1976, 160) darauf hin, dass sie nicht in der griechischen Schiffsbildkunst, aber in der römischen nachgewiesen werden konnten. Allgemein zum Reffen: Kemp 1976, 695–96. In II, 36, nennt Herodot die *kaloi* (*kaloes*, Sg. *kalos*), die „an den Enden der Rah befestigten Taue, mit denen der Winkel der Rah mit der Mittschiffslinie verändert wird" (Scharnow 1976, 76), die Brassen (Gray 1974, 113). „Als den Hellenen in Salamis die Einnahme der Akropolis von Athen gemeldet worden war, entstand eine solche Verwirrung, daß einige Feldherren die Entscheidung über den ferneren Kriegsplan gar nicht abwarteten, sondern zu ihren Schiffen eilten und die Segel hißten, um davonzufahren" (VIII, 56). „Adeimantos, der korinthische Feldherr, hat, wie die Athener erzählen, gleich zu Beginn der Schlacht [von Salamis] voller Schreck und Angst die Segel gehißt und ist davongefahren, und als die Korinthier ihr Feldherrnschiff fliehen sahen, haben auch sie die Flucht ergriffen" (VIII, 94). Für das Segel benutzt Herodot ein Wort, das schon Homer verwendet: *histia*, vgl. dazu Gray 1974, 99ff., 103, 105f., 114f., Für Mast gibt es die Bezeichnung *histos*, davon abgeleitet *histion* (oder meist Plural *histia*) für Segel, für das Homer auch *steira* kennt. Übersichtliche lexikalische Auswertung der bei Homer reicher als bei Herodot belegten Termini für die Takelage (18 verschiedene Bezeichnungen) bei Kurt (1975, 148, 72). Auch Herodot dürften die Wörter vertraut gewesen sein, aber bei dem in seinem Werk Vorherrschen geruderter Schiffe tauchen sie kaum auf. Die attischen Ausrüstungslisten kennen zwei Typen Mast und Segel: Es gab des Großmast (*histos megas*) und den Bootsmast (*histos akateios*), der zum Beispiel auf den Trieren gefahren wurde und durch seine Schrägstellung auffiel. Die Rah/Rahen waren die *keraia*, wörtlich „Hörner"; auf kleinen Fahrzeugen bestanden sie aus einem Stück, auf größeren waren sie „gelascht", d.h. aus zwei Rundhölzern gebaut. Zur wichtigsten Tätigkeit an Bord, dem Segeln und seinen Manövern wie das Vorheißen des Segels, das Brassen der Rah, das Reffen, das Halsen und Wenden, aber auch die Instandhaltung ist Herodot ebenso unergiebig wie ein moderner Belletristiker, der wohl über eine Autofahrt, aber nicht das Differenzial oder die Einspritzpumpe seines Wagens schreibt. Der Mast der Neo-Triere OLYMPIAS (Abb. 25) ist 13 m über Kiel, 11 m über Deck hoch und trägt an einer 13 m langen gelaschten Rah ein etwa 90 m$^2$ großes Segel. Der Großmast des 1902 gebauten Fünfmastvollschiffs PREUSSEN war über Kiel mehr als 64 m hoch und trug sechs Rahsegel; es war fast viermal so lang wie die OLYMPIAS. Welche Geschwindigkeiten konnten im 5. Jahrhundert v.Chr. mit geruderten/gesegelten Schiffen erreicht werden? Unter Auswertung von Angaben in VI, 115–16 (108 km in 9 Stunden), VII, 183

(180 km in 12), VIII, 66 (300 km in 25) und VIII, 7, 13 (200 km in 14) sind für die persischen Schiffe Marschgeschwindigkeiten von ca. 12–14 km/h (= 6 1/2–8 Knoten), für die griechischen etwas geringere zu errechnen: Nach VIII, 64, und 83, ergibt sich eine Geschwindigkeit von 8 km/h (= 4,3 Knoten), was als Standardgeschwindigkeit einer Triere angesehen wird. Manchmal sind aber auch ausgewählt schnelle Schiffe im Spiel, so dass die Angaben ein wenig geringer ausfallen dürften. VIII, 10, betont die Schnelligkeit als entscheidenden Kampfwert von Trieren: „Sie [die Perser] hielten die Hellenen für toll und dachten mit leichter Mühe die Schiffe zu nehmen, denn sie sahen, wie wenig Schiffe die Hellenen hatten und dass ihre Flotte um das Vielfache größer war und auch besser segelte." In VIII, 60, bestätigt Themistokles, dass die Griechen die „schwerfälligeren und an Zahl geringeren Schiffe" haben. Morrison/Coates (1990, 169–70) kommentieren die Stellen. In VII, 179, ist bezeugt, wie wichtig Geschwindigkeit war, als 480 zehn persische Schiffe die Gewässer um Skiathos erkundeten, und für die athenische Einsatzgruppe, deren Aufgabe es nach dem Sieg von Artemision war, die Nachricht vom Schicksal des Leonidas und seiner Männer nach Athen zu bringen, um schließlich die Seeschlacht von Salamis vorzubereiten, zu der der langsamere Rest der Flotte sich versammelte (VIII, 21). Ob für solche Spezialaufträge ausgeruhte Kräfte in Bereitschaft gehalten wurden, bleibt unklar. In II, 117, zitiert Herodot aus dem nur fragmentarisch erhaltenen Epos *Kypria*, wo erwähnt wird, „daß Alexandros mit Helene die Reise von Sparta nach Ilion in drei Tagen zurücklegte, ..." Von Gytheion, Spartas Hafen (Braemer 1990, Nr. 72), nach Troja sind es etwa 315 Seemeilen, so dass die Reisegeschwindigkeit des Schiffes auf ca. 4,3 Knoten (8 km/h) geschätzt werden darf – eine Zahl, die Herodot als Waffe der Aufklärung gegen Homer einsetzt. Casson (1971, 284) kommt bei literarisch belegten 4255 Seemeilen bei günstigen Bedingungen auf 37,5 Reisetage und durchschnittlich 4,7 Knoten. Herodots Angaben „bei günstigen Winden [vielleicht der sommerliche Meltemi?] und ruhigem Meer" bestätigen die Statistik. Bei der Fahrt war das berüchtigte Kap Malea zu umschiffen, das „Kap Hoorn" der Antike. Die gescheiterte Umrundung von Malea bedeutete für Odysseus den Beginn der Irrfahrten (*Odyssee* IX, 80–81). Auch Jason wird (IV, 179) am Kap Malea von einem Nordwind (Boreas?) nach Libyen verdriftet. In VII, 168, werden angeblich 60 Schiffe der Kerykaier „wegen der Jahreszeitenwinde" (Etesien, sommerliche, trockene Nordwinde) an der Fahrt um dieses Vorgebirge so gehindert, dass sie nicht an der Seeschlacht von Salamis teilnehmen können: „So entschuldigten sich die Kerykaier vor den Hellenen" (VII, 169). VIII, 17, nennt Kleinias, der bei Artemision mit seinem eigenen Schiff auf eigene Kosten mitkämpft, das eine Besatzung von 200 Man hat.

Kurs zu halten ist die Aufgabe des Rudergängers, der ein oder zwei Seitensteuer so zu führen hat, dass das Schiff sein Ziel findet. Die Kraft des die Ruderblätter umströmenden Wassers durch Drehen des Ruderschaftes mittels der Pinne zu nutzen, das Schiff in die gewünschte Richtung zu zwingen, erfordert lange Erfahrung, von der die Sicherheit der Mannschaft, der Passagiere und der Fracht abhängt. Das griechische Wort für das dem Antrieb dienende Ruder, den Riemen, war *eretmon*, abgeleitet von *eressein*, rojen, rudern, pullen. Aus *eretmon* ist das deutsche *Ruder* entstanden. *Eretes* ist schon das bei Homer überlieferte Wort für Ruderer, Rojer; es ist bereits aus mykenischen Texten bekannt: In den Linear B-Täfelchen findet sich der Begriff *e-re-ta* für Ruderer. Lexikalisches zu *eretmon/eretes* bei Kurt 1975, 135–37 und 207–07. Das lateinische Wort für das Ruder als Antriebsmittel war *remus*, das als „Riemen" auch Eingang fand ins Deutsche, aber meist nur als Fachterminus gebraucht wird. Die Verwechslung mit „Ruder" im Sinne von „Steuerruder" liegt darin begründet, dass eben die dem Antrieb dienenden Riemen auch zum Steuern (als „Lateralruder") verwendet werden konnten. Bei nicht ganz begrifflicher Strenge bleiben „Ruder" und „Riemen" weitgehend Synonyme, und so spricht man ebenso von Ruderboot wie von Rudergänger oder -anlage. Für das Holz, aus dem ein Ruder (*kope*) gemacht wird, benutzt Herodot das Wort im Plural, nämlich *kopees*: „Die Leichname wurden nach Aphetai getrieben, drängten sich um die Schiffsschnäbel der persischen Flotte und schlugen an die Ruderblätter [*tarsos ton kopeon*]" (VIII, 12). „Da [in Thrakien] sind unendliche Wälder, um Schiffe zu bauen und Ruder [*kopees*] zu schnitzen, ..." (V, 23). Schon zu Homers Zeiten dürfte das Ruder so ausgebildet gewesen sein, dass es sich in den Grundformen bis heute nur wenig verändert hat. Die dürftige literarische Überlieferung zum Ruder wird kompensiert durch eine reiche ikonografische. L. Mott (1997) hat eine Untersuchung über die Wirksamkeit antiker Steuerruder vorgelegt, auf deren Material und Ergebnisse man sich berufen kann. Den Fachausdruck *kybernetes*, Steuermann, Rudergänger, verwendet Herodot viermal, in II, 164 und 175, in VIII, 118, 119. Er ist jedoch stets mehr als Befehlsempfänger wie etwa der Rudergänger auf modernen Schiffen. In *De re publica* (*Politeia*) 1, 341 c–d, schreibt Plato: „Der wahre *kybernetes* ... ist Führer der Mannschaft ... Er wird *kybernetes* nicht wegen seiner Kunst zu Steuern, sondern wegen ... seiner Führungsqualitäten in der Mannschaft genannt." Casson (1971, 302) definiert den Kybernetes als „ausführenden Offizier", wenn der Trierarch (ungenau: Kapitän, der das Schiff finanzierte) selbst das Schiff befehligte, und als „Befehlshaber", wenn er das nicht tat. Er hatte seinen Platz auf dem Achterschiff. Im Notfall steuerte er selbst, sonst ließ er es den *pedaliouchos* tun (Casson: *quartermaster*, deutsch ähnlich dem „Steuermannsmaat"). Der Terminus *pedalioisi chrasthai,* die Steuerruder benutzen (so in IV, 110), bedeutet im übertragenen

Sinn „zur See fahren." Lexikalisches zu *kope* (Riemengriff, Riemen), *pedon* (Riemenblatt), *pedalion* (Steuerriemen, Ruder) und *oiax*, *oieion* (Pinne) besonders zur Zeit Homers bei Kurt 1975, 138–40, 140, 144–46 und 146. Das Wort *tropos* (Riemenstropp) ist, so Kurt 1975, 144, mykenisch bezeugt und von Homer einmal verwendet. *Pedalion* erinnert an die kleinere Version des Riemens, das freihändig geführte Paddel. Das Wort ist aus dem Englischen entlehnt, „dessen weitere Herkunft dunkel ist" (*Duden. Etymologie*, 1963, 487). Vielleicht ist das griech. *pedalion* damit nicht nur sachlich, sondern auch wortgeschichtlich verwandt. Die Ableitung vom lateinischen *pala* (Spaten, Backofenschieber, Wurfschaufel, Grabscheit) kann hingegen nur geringe ergologische, kaum nautische Beweiskraft beanspruchen und scheint etymologisch zweifelhaft. Die Ableitung von „Paddel" von einer „bestimmten Art Ruder bei Indianern und Südseeinsulanern" (Kluge 1911, 602) ist etymologisch irrelevant. Es bedurfte keiner oder nur weniger konstruktiver Veränderungen, um aus dem Riemen ein Steuerruder zu machen, das rechts (Steuerbord), links (Backbord) oder bei größeren Schiffen als doppeltes Lateral- oder Seitenruder für Kursstabilität und Fahrtrichtungsänderung sorgte. Bei zunehmender Schiffsgröße nahmen natürlich auch die Dimensionen der Steuerruder zu, deren wichtigstes zusätzliches Bauelement die Pinne war, d.h. ein am „oberen" Ende eingezapftes Querholz, das das Ruder leicht um seine Achse drehbar machte. Pinne, Ruderschaft und Ruderblatt bildeten samt einer Leine, die das Ruder mit dem Schiff verband, eine funktionale und auch über viele Jahrhunderte funktionierende Einheit, die erst die Erfindung des Heckruders überflüssig machte.

Einen ethnologisch aufschlussreichen Bericht über die Begegnung zweiter Kulturen beziehungsweise die technologische Überlegenheit der Griechen bietet IV, 110. Nach einem Krieg mit den Amazonen fuhren sie „zu Schiffe heimwärts, und in drei Schiffen führten sie alle Amazonen, die sie hatten gefangen nehmen können, mit sich. Unterwegs aber griffen die Amazonen die Hellenen an und machten alle Männer nieder. Nun verstanden aber die Amazonen nichts von der Schifffahrt und wußten weder mit dem Steuer [*pedalioisi*], noch mit dem Segel [*histioisi*], noch und den Rudern [*eiresie*] umzugehen. So wurden sie denn von Wind und Wellen umhergetrieben", bis sie bei den Skythen landeten. Nicht durch Schifffahrt, sondern durch die meisterhaft die Bögen schießenden Frauen haben die legendären Amazonen und ihre Königin Penthesilea, die im Trojanischen Krieg den Troern zur Hilfe kam, sich ihren Platz in der Kunst und auf dem Theater gesichert. Pferde, nicht Schiffe, spielten bei ihren Kriegszügen aus Asien bis Hellas eine Rolle, und so ist der Bericht Herodots auch verständlich. How/Wells I 1928, 340–41, weisen auf den nautischen Kern. Ob darin die Reihenfolge Steuer/Segel/Ruder Zufall ist, sei dahingestellt, aber alle drei sind wichtige Funktionselemente eines Schiffes, das ohne ihre Beherrschung, ihr sinnvolles Zusammenspiel, nicht zu fahren ist. „Nach dieser Sage [beziehungsweise der von Herodot geschilderten Gefangenenmeuterei] ist ein Teil der späteren Sarmaten auf dem Seewege aus dem Gebiet um den heutigen türkischen Hafen Samsun, wo sich ... die Kimmerier niedergelassen hatten, nach dem Gebiet nördlich des Kuban eingewandert und hat sich hier mit skythischen Stämmen vermischt" (Horneffer 1963, 694). Offenbar waren für die Sarmaten die griechischen Schiffe mit einer nautischen „Hochtechnologie" ausgerüstet, in der sie ungeübt waren und die sie auch (als Gefangene) nicht so schnell handhaben lernen konnten. Einzelheiten über das Steuerruder, das Segel und die Riemen teilt Herodot nicht mit. Zum Leitmotiv „Schiff und Sturm (Steuermann und Besatzung)" in *Sieben gegen Theben* vgl. E. Petrounias, *Funktion und Thematik der Bilder bei Aischylos*, Göttingen 1976, 34–51. Nächst dem Anker, der Prora und dem Aphlaston war der Riemen (*vulgo* das Ruder) eines der wichtigsten Symbole der Seefahrt und als „nautisches Attribut" auch Kenn- oder Beizeichen antiker Göttergestalten oder deifizierter Personifikationen (vgl. Göttlicher 1981). In der *Anthologia Palatina* (VII, 105) wird ein Ruder als Grabmonument eines Fischers erwähnt in „Erinnerung an sein [Pelagons] armseliges Leben." In VIII, 96, findet sich der „allen Hellenen unverständlich gebliebene" Orakelsatz: „Kolias' Weiber rösten dereinst mit Rudern die Gerste." Damit hatte „der athenische Orakelverkünder Lysistratos" gemeint, dass nach der für die Griechen siegreichen Seeschlacht von Salamis so viele Holzgegenstände und -trümmer vernichteter persischer Schiffe an die attische Küste (Kolias) angetrieben werden würden, dass man sie als Brennholz und zum Dörren von Korn nutzen konnte. Fachtermini wie *perineo*, Reserveriemen, oder *epotides*, Ruderkopf, kommen bei Herodot ebenso wenig vor wie *hypozomata*, Gurtung, *parexeiresia*, Ausleger, oder die Bezeichnungen *thranites*, *zygites* und *thalamites* für die oben, in der Mitte und unten sitzenden Rojer. Dieser Negativbefund lässt auf mangelnde Vertrautheit mit Kriegsschiffstechnologie schließen. Die Tätigkeit des *auletes* jedoch, des Pfeifers, findet sich sechsmal in den *Historien* erwähnt, aber nie in der wichtigen Funktion als Taktgeber auf Ruderschiffen. Kurios die Flöten-Geschichte in I, 141.

Im Zusammenhang mit Schiffen und Seefahrt ist es selbstverständlich, dass Herodot auch mehrfach den Ausrüstungsgegenstand nennt, der zum Symbol dafür schlechthin geworden ist, den Anker (*ankyra*) beziehungsweise das Ankern (*epánkyreion*): VI, 36, IX, 74; VI, 12, VII, 188. In VII, 188, nennt er den persischen Ankerplatz von Sepias, der Gegenstand einer Untersuchung von J. Whitehead (1988, 188) war: „Als die Flotte [des Xerxes] die Küste von Magnesia zwischen der Stadt Kasthania und dem Vorgebirge von Sepias erreicht hatte, wurden die zuerst angelegten Schiffe dicht am Strande befestigt, die späteren auf See vor Anker gelegt. Der Strand war nicht breit, und so ankerten je acht Schiffe in einer Reihe, die Schnäbel nach dem Meer zu gekehrt", eine Beschreibung, die an *Ilias* (XIV, 30–35) angelehnt scheint. In den Figuren 1 und 2 versucht Whitehead den Text in Skizzen wiederzugeben: 6 Trieren liegen „im Päckchen" im rechten Winkel zum Strand, dann zweimal 6 weitere Richtung See, alle sind verankert. Insgesamt ergibt sich eine „Plattform" von ca. 33 × 90 m, die den Mannschaften einen leichten Zugang zum Land ermöglicht hätten. Widerspruch gegen diese Lösung kann entstehen, wenn man 10 m Abstand je Schiff nimmt, was eine etwa 1500 m breite Küste und eine Staffelung in Richtung See von 250–300 m Tiefe ergibt. Ohne eine auf diese Entfernung vom Ufer flache Küste hätten die letzten Schiffe (wohl mit Bug- und Heckanker) nicht ankern können. Eine solche Ankerformation ist plausibler und nautisch unproblematischer, gibt sie doch bei Seegang größere Sicherheit als eng beieinander liegende Schiffe. In VII, 193, heißt es: „Die Barbaren zogen, als der Sturm aufgehört und die Wogen sich geglättet, die Schiffe ins Wasser und fuhren an der Küste entlang. Nachdem sie das Vorgebirge von Magnesia umschifft hatten, fuhren sie in den nach Pagasai sich hinziehenden Meerbusen ein. An dieser Bucht liegt eine Stelle, wo Herakles von Iason und seinen Gefährten im Stiche gelassen worden sein soll. Sie hatten ihn, auf jener Fahrt zu dem Vließ nach Aia in Kolchis, von der Argo ans Land geschickt, Wasser zu holen. Bevor sie nämlich aufs hohe Meer hinausfuhren, wollten sie sich hier mit Wasser versehen. Daher hat diese Stelle den Namen Aphetai erhalten. Hier ging jetzt die Flotte des Xerxes vor Anker." D. Müller (1997, 305) zu Aphetai: „Hafenort der Halbinsel Magnesia. Aphetai war der Liegeplatz der Xerxes-Flotte während der Seegefechte bei Artemision" (VII, 196). Nur einmal verwendet Herodot den Terminus „vor Anker liegen", in VI, 116 heißt es *hyper Phalerou*: „Als die Barbaren auf der Höhe von Phaleron ankamen – das war damals der Hafen Athens –, gingen sie auf hoher See vor Anker: dann kehrten sie um und fuhren heim nach Asien." „Seinen Ankerplatz wechseln" oder „abreisen" hieß *metormizomai,* so im Ultimatum am Ende von II, 115, oder in VII, 183. Das Wort ist sonst unüblich. Slapstick-Charakter hat eine in IX, 74, überlieferte Episode ein, die sich am Rande der Schlacht von Platää abgespielt haben soll und einen Mann aus dem spartanischen Demos Deklea betrifft: „Aus diesem Demos stammte also Sophanes, der sich damals in dem athenischen Heere hervortat, worüber zwei Überlieferungen im Umlauf sind. Nach der einen trug er einen mit eherner Kette an seinem Panzergürtel befestigten eisernen Anker, den er an den Boden auswarf, wenn er auf die Feinde losging, damit ihn die ausfallenden Feinde nicht aus dem Gliede fortreißen konnten. Flohen dann die Gegner, so nahm er den Anker auf und verfolgte sie. Nach der anderen, die mit der ersten Überlieferung nicht in Einklang zu bringen ist, trug er auf seinem immer bewegten, nie stillgehaltenen Schilde einen Anker als Zeichen, nicht einen wirklichen eisernen am Gürtel." Herodot zeigt sich von der ersten Version nicht überzeugt: Selbst die kleinsten Bootsanker dürften zu schwer und im Kampfgewühl zu hinderlich gewesen sein, als dass man sie – wozu auch? – mitschleppen konnte. Glaubhaft ist ein Anker im Schild. Im 5./4. Jahrhundert war es verbreitete Sitte, dass Hopliten ihre staatseigenen Waffen mit „privaten" Buchstaben oder Zeichen versahen, die sich auf ihren Stamm bezogen oder eine andere Zugehörigkeit verrieten; so führten zum Beispiel die Mantinäer den Dreizack im Schild (Murry 53, in: Casson/Steffy (1991), mit Belegen). Ein Vasenbild im Allard Pierson Museum Amsterdam, Nr. 2149 zeigt im Doppelkreis eines Schildes einen wappenartig stilisierten Anker. Einen Hakenanker als Schildemblem auf einer im späten 6. Jahrhundert gearbeiteten attischen Vase bilden DeVries/Katzev (1972, Abb. 21) ab. Sie gehen davon aus, dass „die Stöcke dieser Anker aus Stein oder Blei waren [und] Schaft und Arme aus Holz gewesen sein" dürften (DeVries/Katzev, 59), womit Bauteile und Funktion eines Ankers genannt sind, dessen schwerer Stock auf dem Meeresboden liegt, so dass sich ein Arm (eine Flunke) im Boden verhaken kann. Nicht sicher ist, wie die oft schweren Anker gehandhabt wurden, man nimmt an, dass es mit Hilfe der Rah geschah, die geschwenkt werden konnte. Das durch Anker erzeugte Gefühl von Sicherheit führte dazu, dass er als „heilig" verehrt und zum wichtigsten Symbol der Seefahrt überhaupt wurde. Zur Geschichte der Anker: M. Perrone Mercanti, *Ancorae antiquae*, Rom 1979 (mit ausführlicher Bibiliografie). In II, 5, schreibt Herodot: „Das ägyptische Land ist nämlich so beschaffen. Nähert man sich ihm vom Meere aus und läßt eine Tagesreise vom Lande entfernt das Senkblei hinab, so zieht man schon Schlamm mit herauf und findet eine Tiefe von nur elf Klaftern. Das beweist, daß so weit hinaus die Anschwemmung von Land stattfindet." Er scheint das geologische Phänomen und seine Nutzung als Navigationshilfe selbst gesehen zu haben, denn wie das Laden und Löschen, das Reparieren, Instandhalten, das Segeln, Navigieren und Ankern gehört auch das Loten zur Arbeitswelt der Seeleute. Da die aus Blei oder Bronze bestehenden Lote (Abb. 28) kaum zerstörbar sind, haben sie sich in großer Zahl erhalten, so in einem um 325/300 vor Tarent gesunkenem Schiff (Parker 1992, Nr. 615), wo sich neben zwei pyramidenförmigen Steinankern zwei Lote fanden. Zeichnungen anderer Lote u. a. bei Gianfrotta u. a., 1997, 14, 110; IJNA 15 1986, 267–304, Fig. 30. Zu den Lotverfahren u. a. McGrail 1987, 276–77; Torr 1964, 101; Casson 1971, 246. Das im Griechischen beziehungsweise bei Herodot für die Lotleine verwendete Wort ist *katapeirates*, *katapeirateria*, latinisiert zu *catapirates*; andere Autoren nennen sie *bola* (Miltner 1931, 946). Im 6./7. Jahrhundert definiert Isidor (*Ori-*

*gines* XIX, 4, 10): „Catapirates, linea cum massa plumbea, quo maris altitudo temptatur." Für das Gewicht eines Lots gibt es Erfahrungswerte: ein Kilo Lotgewicht für 4–8 m Wassertiefe, 3–4 kg für 30 m, 4–5 kg für 100 m. Die Angaben schwanken für die verschiedenen Seegebiete (Weski 1982, 206). Maße bei Casson 1971, Kap. 11, Anm. 85. In der *Apostelgeschichte* (27, 28) heißt „das Blei [das Lot] heben" *bolizo*. Auch Spuren anderer Navigationshilfen finden sich in den *Historien.* „Beim Perserangriff 480 v. Chr. melden Küstenwächter auf der Insel Skiathos der griechischen Flotte bei Artemision das Nahen der Perser. Solche Feuerzeichen sind in der ganzen Antike verwendet worden. Sie sind nur bei Dunkelheit voll wirksam und können nur eine einzige, vorher abgesprochene Botschaft vermitteln", so Höckmann 1985, 27, zu VII, 183: „Die hellenische Flotte vor Artemision wurde durch Feuerzeichen von Skiathos benachrichtigt." Man wird sich mit Fackeln informiert haben.

Zu den wichtigsten betriebstechnischen Maßnahmen an Bord gehört die Instandhaltung des Materials, besonders der Takelage (Mast, Rahen, Tauwerk, Blöcke, Segel), der Ausrüstungsgegenstände (Ruder, Leiter, Anker) und des Rumpfes mit Kiel, Steven, Spanten und Planken, die besonders anfällig sind gegen Beschädigungen, Undichtwerden und Wurmbefall. Nachlässigkeiten hatten schnell den Verlust von Menschen, Schiff und Fracht zur Folge. Untergänge waren das übliche Ende eines antiken Schiffes. Herodot geht nur bei Kriegsschiffen auf Wartungsmaßnahmen ein. In VII, 188, werden die Schiffe vor einem Sturm auf den Strand gezogen, in IX, 96, und 98, und VII, 59, an Land in Sicherheit gebracht, was auch Gelegenheit bot zu Instandsetzungsarbeiten am „lebenden Werk", dem Unterwasserrumpf. „In alter Zeit aber waren alle Schiffe mit Mennig rot gefärbt" (III, 58). *Hypaloiphe* genannte Unterwasseranstriche bestanden aus Teer und/oder einer unbekannten chemischen Zusammensetzung. Damit konnten an Land liegende Schiffe (die auch austrocknen sollten) abgedichtet und gegen den Bohrwurm immunisiert werden. Größere Wartungs- und Reparaturarbeiten wurden auf geneigten Schleppbahnen oder in Schiffshäusern durchgeführt (II, 154, und 159, in Ägypten; III, 45, auf Samos). Das Zurückziehen der Schiffe hieß *kataspan* (I, 164; VII, 193), oder *katheklein* (VII, 100). Von einem „verwundeten" Schiff ist in VIII, 18, die Rede, und in VI, 16, werden die beschädigt fliehenden Chier-Schiffe erwähnt, ohne dass Herodot darauf näher eingeht.

Teilaspekt der maritimen Arbeitswelt ist das Wachegehen, bis heute streng geregelt und bei Verfehlungen hart bestraft. Darauf findet sich auch in V, 32, ein Hinweis: „Megabates machte die Runde, ob alle Schiffe wachsam seien, und fand auf einem mindischen Schiffe keine Wachtposten aufgestellt. Zornig befahl er seiner Leibwache, den Führer dieses Schiffes, namens Skylax, zu ergreifen und an ein Ruderloch der unteren Reihe des

Schiffes so zu binden, daß der Kopf draußen, der Körper drinnen war." Skylax („Welpe") war Kommandant eines in Myndos stationierten Schiffes, das um 500 in der persischen Flotte unter Megabates und Aristagoras an einem Kriegszug gegen Naxos teilnahm. Es war eine dem Am-Pranger-Stehen vergleichbare Strafe, wenn der Delinquent im Hafen oder auf See den Kopf durch die bestenfalls 45 cm über dem Wasser liegende unterste Rojepforte stecken musste, die durch eine Ledermanschette [*askoma*] gegen das Eindringen von Wasser geschützt war, wenn gerudert wurde. Wachsmuth (1967, 304) weist darauf hin „wie barbarisch die antiken Bordstrafen waren" und deutet eine Szene auf einer athenischen Lekythos als das Kielholen. Nur zu vermuten ist die Bestrafung der habgierigen Seeleute in I, 24, die sich an des Sängers Arion Gut bereichern und ihn töten wollten. An Land zurück wurden sie Arion gegenübergestellt, der auf wundersame Weise gerettet worden war. „Sie erschraken, und weil sie überführt waren, konnten sie nicht leugnen." Verlauf und Ergebnis des Prozesses teilt Herodot nicht mit. Ein grausames, aber offenbar nicht ungewöhnliches Schicksal erreichte die überlebenden phokaischen Seeleute nach der Schlacht von Alalia, 535: „Die Besatzung der untergegangenen Schiffe – weitaus die Mehrzahl – geriet in die Hände der Karthager und Etrusker. Diese führten sie vor die Stadttore und steinigten sie" (I, 167; Übers. Feix). Die Überlebenden und Geretteten aber wurden Städtegründer, wie es weiter im Text heißt. Weder Ethos noch Konventionen schützte die Phokaier vor der Rache der Sieger. In VIII, 82, wird eine üblicherweise schwer bestrafte Tat überliefert: die Desertion. Die in die persische Flotte zwangsverpflichtete Triere der Insel Tenos verläßt bei Salamis das Kontingent, geht zu den Griechen über und vermehrt samt einem Schiff aus Lemnos deren Flotte auf 380 Einheiten. Nach dem Sieg wird die Tat des Kapitäns Panaitios durch ehrenvolle Nennung auf der Votiv-Säule von Delphi, die heute in Istanbul erhalten ist, verewigt (Schlögl 1998, 116–17, mit Abb. und kritischer Wertung der Quellen). Die Todesstrafe erlitten nach VII, 35, die für den Bau der durch einen Sturm zerstörten Ponton-Brücke verantwortlichen Pioniere. Um moralisch motivierte, aber folgenlose Befehlsverweigerung geht es in III; 19. Ergebnis war, dass der Seezug der Phoiniker gegen ihre Kolonie Karthago unterblieb und die Stadt nicht unter die von Kambyses II. (529–22) geplante Oberhohheit der Perser geriet (Drexler 1972, 168). Ein Eid hatte die Phöniker gebunden, was der König aus politischen Gründen respektierte.

Als Mittel der Militärpropaganda und moralischen Aufrüstung dienen die Besatzungen der persischen Schiffe, die nach dem Sieg bei den Thermopylen „Urlaub" bekommen, um das Schlachtfeld zu besichtigen, auf dem jedoch zuvor von den 20000 gefallenen Persern 19000 bestattet worden waren: „Auf die Gräber wurde Laub geschüttet und Erde geworfen, damit die Leute von der Flotte sie nicht sähen." Die zur Totenschau eilenden Seeleute sehen also 4000 griechische und nur 1000 persische Gefallene. „Jedoch konnte es keinem der Herübergekommenen verborgen bleiben, was Xerxes mit seinen eigenen Toten getan hatte" (VIII, 24–25). Über den negativen psychologischen Effekt dieses Landgangs sagt Herodot nichts. Der Bericht VII, 181, wirft ein Licht auf die medizinische Kunst und Ethik der Perser. Der tapfer kämpfende griechische Seesoldat Pythes wird schwer verwundet, aber die persische Heilkunst rettet ihm mit Myrrhen und Verbänden das Leben. Zum Alltag an Bord gehörten also auch Sanitäter und/oder Ärzte. Sie kannten die desinfizierende Wirkung von Myrrhe, aber nicht das Sterilisieren. H. Drexler bezieht VII, 181, ebenso wie VII, 24, und III, 60, auf die „großen Taten" (*erga*) von I, 1, und erkennt darin Ansätze einer eigenen Geschichtsidee Herodots (Drexler 1972, 19). D. Brandenburg (*Medizinisches bei Herodot, eine literaturhistorische Studie zur antiken Heilkunde*, Berlin 1976; Kurzbibliografie (5 Titel): Bubel, 33. Das Kap. „Medicine and the ethnography of health" (in: Thomas, 2000, 28–74) fasst die Probleme zusammen. Umfassend und auf dem neuesten Stand der Forschung: J.Longrigg, *Greek Medicine from the Heroic to the Hellenistic Age. A Source Book*, London 1998. Knappe Übersicht: DNP 7, 1999, 1103–23 (mit Teilbibliografien). Zur antiken Medizin im Internet vgl. D. Kaufmann/P. Tiedemann, *Internet für Althistoriker und Altphilologen*, Darmstadt 1999, Nr. 6.11. Der erste „städtische" Arzt und nach III, 125, der beste Arzt seiner Zeit war Demokedes; als Vielgereister dürfte er auch als Schiffsarzt tätig gewesen sein (Hazel 2000, 75). Zu seiner Spionagefahrt, die er im Auftrag für Dareios' Expansionspolitik unternahm: Bichler 2001, 289.

> Als der gewaltige Zug des Xerxes ganz Hellas bedrohte,
> kämpfte am Grunde der See Skyllos auf eigene Artikel
> Niedertauchend ins Meer zu Nereus' verborgener Wohnstatt,
> schnitt er der Schiffe Tau, das sie verankerte, durch.
> Lautlos ging so am Strand die Flotte der Perser samt Männern
> unter: der erste Versuch, den ein Themistokles tat.

Mit diesen Versen der *Anthologia Graeca* (IX, 296) paraphrasiert der um 10 n. Chr. geborene Apollonidas von Smyrna ein Ereignis aus VIII, 8, wonach der Taucher Skyllos (Skyllis, Skyllias) etwa 13 km unter Wasser geschwommen sei, um die Griechen mit Informationen über die persische Flotte bei Artemision zu versorgen. Nach Pausanias (10, 19) zerschnitten er und seine Tochter die Ankertaue der gegnerischen Schiffe, die dadurch in Gefahr gerieten (Meijer 1986, 50). Skyllos' sportlicher Ehrgeiz war nicht ohne Eigennutz, denn er „rettete" auch die Schätze aus den persischen Wracks und eignete sich einen „großen Teil" davon an. Über die Schwimm-Leistung ist Herodot skeptisch und glaubt „eher, daß er in einem Boot [*ploion*] nach Artemision gefahren ist" (VIII, 8). Etwas Seemannsgarn ist der Geschichte wohl beigemischt, deren Kern sicher wahr ist (How/Wells II 1928, 238; Plinius, 35, 139). Der Taucher stand Pate für die ab 1998 erscheinende unterwasserarchäologische Zeitschrift „Skyllis". Zum Taucher-Motiv in den *Hiketiden*: E. Petrounias, *Funktion und Thematik der Bilder bei Aischylos*, Göttingen 1976, 85–91. Vermutlich bei einem Besuch in Sepias erfuhr Herodot von Ameinokles aus Magnesia, der laut VII, 190, aus dem Schiffbruch der Perser bei Sepias kostbares Strandgut bergen konnte. „Bei diesem Unwetter sollten, nach der geringsten Schätzung, nicht weniger als vierhundert Schiffe zugrunde gegangen sein und ungezählte Menschen und eine Fülle von kostbaren Dingen. Und so ist dem Magnesier Ameinokles, Kretines Sohn, der um Sepias herum Grund und Boden besaß, dieser Schiffbruch sehr zustatten gekommen. Er barg nämlich in späterer Zeit viele angespülte Trinkgefäße aus Gold, viele aus Silber und fand Geldladen von Persern und kam in den Besitz noch weiterer unermeßlicher Reichtümer. So wurde er, der in anderer Hinsicht nicht vom Glück begünstigt war, durch die Funde sehr wohlhabend; denn auch er war bekümmert, weil ein ungnädiges Schicksal ihn um seine Kinder gebracht hatte" (Übers. W. Marg). Neben der moralischen Pointe enthält der Text Hinweise auf das ungehinderte Plündern von Wracks und die reiche Ausstattung der persischen Schiffe. Schiffe und ihre Teile, nautische Szenen, seemännische Manöver, Einsätze der Berufs- und der militärischen Schifffahrt aus ihrem narrativen oder historischen Kontext zu isolieren, ist ein Problem, das nur unter Hinweis auf die Textstellen gelöst werden kann, in denen das Kriegsschiff als Instrument der Macht- und Friedenspolitik, das Frachtschiff als Mittel der merkantilen und ideellen Kommunikation dargestellt wird, wobei bei Herodot deren historische Wirkung Vorrang hat vor deskriptiver Sachkunde, die aus anderen Quellen ergänzt werden muss.

## 3.2 Forschungs- und andere Reisen

Weit in die Geschichte zurück geht Herodot mit der Erwähnung der Entdeckerfahrten Sesostris' III. (1878–41). Nach Priesterberichten sei er „der erste gewesen, der mit Kriegsschiffen [*ploioisi makroisi*] aus dem arabischen Meerbusen ausfuhr und die Völker am Roten Meer [gemeint ist das Land Punt am Indischen Ozean] unterwarf" (II, 102). Wegen nicht lokalisierbarer Untiefen brach er die Expedition ab, kehrte nach Ägypten zurück und begann landgestützte Kriegszüge (II, 102). Vermutlich fließen in Herodots Sesostris mehrere Gestalten ineinander; vgl. How/Wells I 1928, 217–22 (zu II, 102–10). Seeschiffe sind in der ägyptischen Kunst seltener dokumentiert als Binnenschiffe. Sahu-Re, ein Herrscher der 5. Dynastie (etwa 2494–2345), hatte auf Reliefs seines Totentempels, von denen das größte Fragment in Berlin aufbewahrt wird, Hochseefahrten (nach Syrien und/oder Punt) darstellen lassen, um seine weitläufigen Handelsbeziehungen zu verewigen. Umfassend ausgewertet (zum Beispiel Wachsmann 1997, 18–38) und in Modelle (zum Beispiel Hermann 1966, Tafel 3) umgesetzt sind sie die wichtigsten Bildzeugnisse der ägyptischen Puntfahrten, die es schon 5–6 Jahrhunderte vor Sesostris III. gegeben hat; sie befinden sich am Tempel der Hatschepsut in Deir el Bahri (um 1470). Die ca. 22 m langen, sehr elegant gebauten Schiffe wurden gesegelt, verfügten aber auch über einen Hilfsantrieb aus 15 Ruderpaaren. In großer Bildfreude sind auch die Nil-Fauna und die Fahrzeuge usw. der Punt-Bewohner wiedergegeben. Wie die Schiffe der Hatschepsut gesegelt haben mögen, hat O. T. P. Roberts (IJNA 24, 1995, 307–15) nach Segel-theoretischen Grundsätzen untersucht; er betont die Funktion der großen Lateralruder, die nicht nur zum Halten und Ändern des Kurses dienten, sondern bei der Segeltechnik allgemein unverzichtbar waren. Manche Texte legen den Schluß nahe, dass Punt-Schiffe als *kpn.wt*, als „Byblos-Schiffe“, bezeichnet wurden, d.h. offenbar in ihrer Bauart nicht oder wenig von den auf dem Mittelmeer eingesetzten abwichen. Unter der Bezeichnung „Projet Pount“ ist versucht worden, einen Punt-Fahrer nachzubauen und zu testen, vgl. Gil-Artagnan, *Projet Pount: Essai de reconstruction d’un navire et d’une navigation antique*, Archéologia 16, 1978, 46–55. Ein Punt-Schiff war hohen Beanspruchungen ausgesetzt: „Man mußte zunächst eine Karawane ausrüsten und von Memphis durch die Wüste zum Golf von Suez ziehen. Dabei musste das Bauholz für den Schiffsbau, die gesamte Ausrüstung der Schiffe, Proviant, Wasser und das Frachtgut auf dem Rücken von Eseln durch eine unwegsame, wasserlose und heiße Gegend transportiert werden. Am Ziele der Landreise angekommen, hieß es in vielwöchiger Arbeit unter ständiger Bedrohung durch die Beduinen des Sinai Schiffe zu bauen und zu beladen. Dann erst konnte die Seefahrt nach Punt beginnen. Diese war sowohl wegen des schwierigen Fahrwassers des Roten Meeres als auch wegen der klimatischen Verhältnisse mühevoll und gefährlich. Inseln und Riffe sind der Küste vorgelagert und Korallensiedlungen in geringer Tiefe unter dem Wasserspiegel ausgebreitet. Feiner Wüstenstaub und große Luftfeuchtigkeit beeinträchtigen die Sichtweite. Weiter erschweren Strömungen das Segeln. Dazu ist das Rote Meer das heißeste der sieben Meere, seine Küsten sind öde und menschenleer. Wegen der für die Schiffahrt nicht ungünstigen Monsune kamen für die Hinfahrt die Monate Juni bis August in Frage, und zwar wird man, wenn man laut Plinius in der römischen Kaiserzeit für die Strecke von Suez bis Bab el-Mandeb 37 1/2 Tagfahrten rechnete, diese Zahl in etwa auch für die altägyptische Zeit annehmen dürfen. Für die Rückfahrt kamen nur die Monate Oktober bis Dezember in Betracht. Hatte man Ende Dezember etwa die Höhe von Wadi Halfa erreicht, mußte man den weiteren Teil der Reise zwar mit dem Strom, aber gegen den Wind zurücklegen und rudern. Das dauerte so viele Wochen, wie man Tage für die Hinreise gebraucht hatt. Die ganze Unternehmung wird demnach – wenn alles gut ging – ein rundes Jahr in Anspruch genommen haben, ein Jahr voller Mühen und Gefahren!" (Wolf 1962, 138–39). Dennoch sind mindestens seit der Zeit um 2470/2320 diese Fahrten mit Erfolg durchgeführt und dokumentiert worden. Zu Punt: Helck/Otto 1970, 282–83; Landström 1976, 10–14; Fattovich, in: Bard 1999, 636–37 (beide Stichwort m. Literatur); P. Herzog, *Punt*, Glückstadt 1968; zu den Schiffen auch J. Poujade, *La route des Indes et ses navires*, Paris 1946. Zu ägyptischen Häfen: W. Schenkel, im *Lexikon der Ägyptologie* II, 1977, 926–28 (mit Bibliografie), zur Schifffahrt: E. Martin-Pardey, im *Lexikon der Ägyptologie* V, 1983, 613–16 (mit Bibl.). Zu Sesostris u.a. DNP 11, 2001, 474 (mit Literatur). Erwähnenswert ist schließlich, dass Sesostris III. den Nil bei Assuan durch eine etwa 78 m lange, 10 m breite und 8 m tiefe Durchfahrt ausbauen ließ, um seinen Schiffen den Weg nach Nubien zu ermöglichen (Wolf 1962, 233). Die navigatorischen Erfahrungen wurden in „Seefahrtshandbüchern" (*periploi*) weitergegeben, zum Beispiel in einem aus dem 1. Jahrhundert n. Chr. stammenden: L.Casson, *The Periplus Maris Erythraei*, Princeton 1989 (auch: Casson 1971, 245–46). Zusammenfassung: Landström 1976, 50–51. Dieser Periplus des Indischen Ozeans, an dessen Westküste Punt liegt, ist mehr Handels- als Navigationshilfsbuch.

Verzerrt und schwach, selten nur klar vernehmlich ist das Echo, das die *Historien* von den verschiedenen Reisen der Forscher, der Entdecker werfen. Zwischen Freibeuter- und Abenteuertum schwanken die Erzählungen, die sich um die Argonauten, die ARGO-Fahrer, um Jason, ranken, aber anders als Odysseus nicht den großen Gestalter gefunden haben. Die *Argonautika* des Apollonios Rhodios, 3. Jahrhundert, ist informativ, aber epigonal und wenig inspiriert. Der Aufbruch ins Unbekannte, das Ansteuern exotischer Ufer, das Abenteuer der Ferne bildet einen Kranz aus Sagen und realen Geschehnissen. In IV, 145, und VII, 193, sowie in IV, 179, erwähnt Herodot die Argonauten und spielt auf die berühmte Fahrt des Jason und seiner Gefährten an. In IV, 179, heißt es: „Doch wird von dort [vom Tritonsee in Nordafrika] noch eine andere Geschichte erzählt. Als Jason am Fuße des Pelion den Bau seines Schiffes Argo vollendet hatte, lud er alle Opfergaben ein, darunter einen ehernen Dreifuß. Dann fuhr er um die Peloponnes herum, um nach Delphi zu gelangen. Als er in der Gegend von Malea war, erfaßte ihn der Nordwind und trieb ihn hinüber nach Libyen. In seiner Not, so erzählt die Sage, erschien ihm Triton [eine Meeresgottheit] und verlangte, Jason solle ihm den Dreifuß geben, dann würde er ihm die Fahrstraße zeigen und ihn unversehrt ziehen lassen. Jason tat es, und Triton zeigte ihm den Ausweg aus den Untiefen und stellte den Dreifuß in seinem Tempel auf. Auf diesem Dreifuß sitzend weissagte er nun Jason und seinen Gefährten alles, was die Zukunft bringen würde, nämlich dass unfehlbar hundert hellenische Kolonien rings um den Tritonsee erstehen würden, sobald ein Nachkomme der Argonauten den Dreifuß zu sich hole. Als das die Libyer jener Gegend hörten, versteckten sie den Dreifuß." Dieser Text bietet eine kaum entwirrbare Mischung aus Mythos, Sage und geschichtlichen Reminiszenzen an die frühe Ausbreitung der Griechen nach Nordafrika und den Widerstand der dort Ansässigen, aber er enthält auch konkrete geografische Fakten, etwa die gefährliche Fahrt um das Kap Malea und die Untiefen der Kleinen Syrte (Golf von Gabes). Im Dämmerlicht liegt die hier verwobene Fahrt der Argonauten, der ARGO-Fahrer, unter ihrem Kommandenten Jason. Die am Strand von Iolkos verrottende ARGO wurde zum Denkmal ihrer selbst, bis schließlich ein herabstürzendes Schiffsteil den bei seinem Schiff nostalgisch versunkenen Jason erschlug (Euripides, *Medeia*, hyp.). Man ist versucht, die ARGO in den Rahmen des antiken Reliqienkultes zu stellen. Dazu u. a. K. Meuli, *Gesammelte Schriften* III, 1975, 649 ff., sowie F. Pfister, *Der Reliqienkult im Altertum*, RGVV 5, 1, 1909, 44. In Pindars 4. pythischer Ode taucht das Motiv der durch die Wüste getragenen ARGO auf:

> Als (der Gott) uns traf, wie wir hängten ans Schiff
> Grad des Ankers ehern Gebiß, der geschwinden
> Argo Zaum. Zwölf Tage lang trugen zuvor
> Wir daher vom Ozean über der Erde
> öde Rücken unser Schiff, zur
> Seefahrt gebaut, als ans Land, wie ich riet, wir es gezogen.
> Damals nun kam auf uns zu einsam der Gott, in hellem Glanz
> Eines würdgen Mannes Antlitz
> zeigend; mit freundlichen Worten begann
> Er, wie Fremden bei der Ankunft man als Wohltäter erst
> Eine Mahlzeit freundlich bietet.
> (Übers. O. Werner).

Jasons Schiff wurde ein beliebtes Sujet der Kunst, bis es, zum Sternbild geadelt, der Realität entschwand (Abb. 30). Der Legende nach war die ARGO das Schiff, in dem die Argonauten (die „Fahrer auf der ARGO") das Goldene Vlies zu suchen hinausfuhren. Als ihr Erbauer gilt Argos, der Sohn des Phrixus, eines berühmten Schiffbauers. Er nahm zum Bau Fichten vom Berg Pelion, denen man die Eigenschaft zutraute, niemals zu verfaulen. Er konstruierte die Bordwand so, dass auf jeder Seite 25 Riemen (für die 50 Helden des Schiffes) durchgesteckt werden konnten – und gilt somit als der mythische Erfinder der Pentere, des Fünfzigruderers. Wie Gott Noah den Bau der Arche lehrte, so half die Göttin Athene Argos bei seinem Schiff und ließ ihn ein Stück der heiligen Eiche von Dodona einfügen, auf dass die ARGO nie ihren Weg verlor. Der Bug dieses seinerzeit wohl eindrucksvollsten Schiffes war zinnoberfarben bemalt. Ein Wunderschiff namens „Argo pasimelusa“ (J. H. Voß: Argo, die Allbesungene) wird in *Odyssee* (12, 70–73) genannt. Im Mythos wird die Befahrung des Bosporus in östlicher Richtung deutlich, die wegen der Oberflächenströmung ins Mittelmeer schwierig, aber wohl schon durch die von Apollonios Rhodios, *Argonautika* (2, 549–54) bekannte Nutzung der Unterströmung – vielleicht durch Treidelunterstützung – doch zu bewältigen war. Die Jason-Geschichte spiegelt so einen Aspekt griechischer Kolonialgeschichte: die Erschließung des Schwarzen Meeres und der nördlichen Regionen. Über Laertes, den letzten lebenden Argonauten, ist sie auch mit der *Odyssee* verknüpft, denn er war Vater des Odysseus, der Symbolfigur für die Erforschung des westlichen Mittelmeers. Wie IV, 145, zeigt, hat die Mitfahrt auf der ARGO zu Dauerruhm geführt: Zu den Argonauten gehörten auch die Tyndariden, deren Kinder, die Minyer, unter Berufung darauf sich bei den Spartanern niederlassen durften. „Man macht mit der Abstammung auch politische Geschäfte“ (Drexler 1972, 76). Zu den Minyern: *dtv-Lexikon der Antike* II, 2, 1970, 94; RE 15, 2, 1932, 215–18; DNP 8, 2000, 249 (mit Literatur). Zu den Argonauten in der *Odyssee* vgl. das Kap. „Die allbekannte Argo“ in: U. Hölscher, *Die Odyssee. Epos zwischen Märchen und Roman*, München 1989, 170–85. Es sind viele Versuche gewagt worden, aus den bis heute nicht abreißenden literarischen Bearbeitungen des Jason-Stoffes den historischen Kern herauszulösen. Casson (1991, 55–60) arbeitet den nautischen Sachverhalt heraus und zeigt auf, wie sich im Mythos die Wirklichkeit frühgriechischer Entdeckungs- und Kolonialgeschichte mit ortsgebundenen Legenden und Erzählungen mischt. Weitere Anmerkungen zu dem bis heute lebendigen Argonauten-Mythos würden den Rahmen dieses Kommentars sprengen. Statt dessen sei auf die entsprechenden Stichwort in den einschlägigen Lexika verwiesen, deren Bibliografien für weitere Studien dienlich sind. Erinnert sei ferner an die *Argonautica* des Valerius Flaccus, 1. Jahrhundert n. Chr., an den *Roman de Jason et Médié*, oder die *Histoire de la conquete de la Toison d'Dor*, 1454. In F. Grillparzers Dramentrilogie *Das Goldene Vliess* trägt der 2. Teil den Titel *Die Argonauten*. Es gibt die *Märkische Argonautenfahrt* (E. Langgässer), den Roman *Argo* (G. Theotokas), die Erzählung *Das Argonautenschiff* (A. Seghers); das Stichwort *Argonautai* im *Lexikon Iconographicum Mythologiae Classicae*, II, 2, 1984, enthält eine Übersicht des Bildmaterials, das auch Schiffe einschließt, die jedoch vorwiegend als Versuche zu werten sind, mythologische darzustellen. „Die Münzen von Methymna (Nr. 2–6) halten sich genau an die Schilderung Herodots.“ In I, 2, gebraucht er für die ARGO den Terminus „großes Schiff“ [*makre nei*], was wenig bedeutet, da sich jede Zeit ihre Vorstellung davon gemacht hat. Da die ARGO aber etwa 50 Mann Besatzung hatte, ist von einer Pentekontere als Jasons Expeditionsschiff auszugehen, das so gut gebaut war, dass es einem 12 Tage langen Transport auf Rollen über Land standhalten konnte. Die wissenschaftlichen Phasen beim Entwurf eines ARGO-Nachbaus erörtert C. Mudie, *Designing Replica Boats. The Boats of St. Brendan, Sinbad and Jason*, in Crumlin-Pedersen/Vinner, 38–59. Das Ergebnis war ein 16,5 m langes und 2,8 m breites Schiff, mit einer Verdrängung von 3,4 Tonnen und einer Segelfläche von 27,8 $m^2$. Die Experimentalfahrten hat T. Severin (*The Jason Voyage,* 1985) geschildert. Eine fantasievolle ARGO eines angelsächsischen Kalenders des 11. Jahrhunderts n. Chr. (Basch 1987, Abb. 8) vereint wikingerzeitliche Elemte (Klinkerbauweise, Drachenkopfachtersteven) mit klassischen (Sporn, Stolos) und verknüpft so antike und „moderne“ Bautraditionen. Zu politischen Aspekten der Argonauten-Sage: R. Dion, *Aspects politiques de la géographie antique*, Paris 1977, 43–82. Mit dem 170 Minuten langen zweiteiligen „Jason and the Argonauts“ von 2000 hat auch die Filmindustrie das Thema visuell verarbeitet.

In die Auswanderer- und Entdeckergeschichten gehört die von Arions Meerfahrt, die Herodot in I, 23–24, wiedergibt. Diese Sage „ist eine Wandersage und haftete ursprünglich an Phalantos, dem sagenhaften Anführer der Auswanderer, die Taras–Tarentum (708 v. Chr.) gründeten“ (Stoll 1968, 35). Arion, so Herodot, habe nach dem Erwerb großer Reichtümer in Italien von Tarent nach Korinth zurückkehren wollen. Er mietete voll Vertrauen auf die Qualität der korinthischen Schiffbauer und Seeleute eines ihrer Schiffe; sie aber hatten es auf seine Schätze abgesehen und wollten ihn umbringen. „In dieser verzweifelten Lage bat nun Arion, wenn sie es nun einmal so wollten, möchten sie es ihm erlauben, in vollem Sängerschmuck auf die Ruderbank zu treten und zu singen“ (I, 24), doch nach Ende des Liedes stürzt er ins Meer, aus dem ihn ein Delphin rettet, nach Tainaron an der Südspitze der Peloponnes bringt, wo Arion ein Weihebild „von nicht bedeutender Größe“ im Poseidentempel aufstellt, nachdem er in Korinth die Seeleute, die die Tat zu leugnen versuchen, überführt hatte. Erinnerungen an erfolgreiche Handelsfahrten vermischen sich mit Elementen von Volkssage und Seemannsgarn – Rettung aus Seenot durch Delfine oder Wale (vgl. die Jonas-Geschichte, Göttlicher 1997, 159–98) – zu einer der beliebtesten Erzählungen in den *Historien*. Bei Publius Ovidius Naso (43 v. Chr.–17 oder 18 n. Chr.) *Fasti* II, findet sich die römische Version des Arion–Stoffes, daraus V. 95–104:

> … inde domun repetens puppem conscendit Arion,
> atque ita quaesitas arte ferebat opes.
> forsitan, infelix, ventos undasque timebas,
> at tibi nave tua tutius aequor erat.

namque gubernator destricto constiti ense
ceteraque armata conscia turba manu.
quid tibi cum gladio? dubiam rege, navita, puppem:
non haec sunt digits arma tenenda tuis.
ille, metu pavidus, „mortem non deprecor" inquit,
„sed liceat sumpta pauca referre lyra."
(Nach: J. G. Frazer, *Fastorum libri sex*, I, 1973, mit Übersetzung; *Commentary on Books I and II,* 1973, 304–05).

Sechs Jahrhunderte nach Herodot paraphrasiert Lukian in den *Seegöttergesprächen* (8, 2) den Text: „Periander hatte halt seine Freude an ihm und ließ ihn wegen seiner Kunstfertigkeit oft kommen. Bereichert von dem Tyrannen, fühlte er das Verlangen, heim nach Methymna zu segeln und dort seinen Reichtum zu zeigen. Und so bestieg er mit viel Gold und Silber ein Schiff, auf dem lauter verbrecherische Matrosen waren, wie es sich zeigte, die ihn mitten auf dem ägäischen Meer überfielen. Er aber sprach noch – ich hörte nämlich alles, weil ich neben dem Schiff schwamm –: ‚Nachdem ihr das beschlossen habt, laßt mich wenigstens meine Tracht anziehen, ein Klagelied auf meinen eigenen Tod singen und dann ins Meer springen.' Die Matrosen gestatteten es, er zog seine Tracht an, sang sehr melodisch und ließ sich hierauf ins Meer fallen, in der Absicht, jedenfalls sofort den Tod zu finden. Ich jedoch fing ihn auf, setzte ihn auf meinen Rücken und schwamm mit ihm nach Tainaron" (Übers. Mras).

Zur genealogischen Verknüpfung Arions mit der lydischen Geschichte vgl. Bichler 2001, 238–39. Zur Arion-Geschichte unter literarischen Aspekten: V. Gray, *Herodotus' literary and historical method: Arion's story …*, AJPh 122, 2001, 11–28. Für Flory (1997, 188) könnte für Herodot die Arion-Geschichte den Albtraum eines wohlhabenden, allein reisenden, habgierigen Seeleuten ausgelieferten Händlers bedeuten, wie er es – interpretiert man einige Angaben biografisch – gewesen sein mag. Für den Juristen handelt es sich um eine atypische Fallgestaltung, d. h. um eine versuchte räuberische Erpressung mit einer aus Habgier in Kauf genommenen Todesfolge, da Arion seinen „erfolglosen" Suizid nicht freiwillig unternimmt. Im 1. Jahrhundert n. Chr. fasst Bianor von Bithynien die Statuenstiftung Periandros' in vier Versen zusammen (*Anthologia Graeca* XVI, 276):

Dieses Standbild Arions und diesen Delphin, der den Armen,
als er im Meere versank, schwimmend ans Festland gebracht,
hat Periandros errichtet. Die Mär von Arion verkündet:
Menschen morden uns wohl, doch uns errettet der Fisch.

Zur Wirkungsgeschichte Arions wäre eine eigene Monografie erforderlich. Gute Grundlage: H.-K. und S. Lücke, *Antike Mythologie. Der Mythos und seine Überlieferung in Literatur und Kunst,* Reinbek 1999, 132–37. Zu

Arion als Märchenmotiv: Aly 1969, 36. Der Einfluß märchenhafter Elemente auf die nautischen Themenkomplexe der *Historien* ist insgesamt nur gering. Zum Fortleben Arions: J. D. Reid, *The Oxford Guide to Classical Mythology in the Arts, 1300–1990s,* I, New York/Oxford 1993, s.v. Arion (58 Titel). Anregend: Bichler 2001, 238–39 (mit Diskussionsverweisen). Unter dem Titel „Herodotus Mythistoricus: Arion and the Liar?" referierte D. Harvey 2003 in Nikosia zum Thema, legte umfassendes bibliografisches Material vor, wertete „Dolphin lore" und „Artistic representations" und zeigte mit einer Auflistung historisch bezeugter Delfin-Ritte, dass auch Herodots Geschichte einen realen Hintergrund gehabt haben könnte. Über Stellung und Funktion der Arion-Geschichte im Kontext gibt es unterschiedliche Ansichten, die Verknüpfungen mit dem Zusammenhang versuchen. „Or are all these links only illusory and the placement of the Arion tale simply a question of expediency: Herodotus had a great story to tell and soon as the opportunity arose, with the first mention of Periander [ca. 625–585], he seized it?" (Romm 1998, 119). Diese Geschichte fand bis heute ihren Niederschlag in der Bildkunst. Zu „Arion auf dem Delphin" in der Barockkunst: A. Pigler, *Barockthemen*, II, Budapest 1974, 40–41; in der Emblematik: A. Schöne, *Emblematik und Drama im Zeitalter des Barock*, München 1964, 179. Ein Beispiel für die Befruchtung der Kunst durch Arion ist ein Holzschnitt des Petrarca-Meisters von 1583 mit simultaner Szene: l. das Schiff mit dem auf dem Achterdeck stehenden, einem harfespielenden David nicht unähnlichen Arion, der rechts von einem grimmigen Delfin an Land getragen wird. Sehr treffend sind die Seeleute wiedergegeben (ohne Nennung Arions: H. Stettner, *Schiffe, in Holz geschnitten*, Deutsches Schiffahrtsarchiv 20, Bremerhaven 1997, Abb. 13). Nach E. H. Gombrich zeigt die Darstellung des Sängers am Konkursgericht des Amsterdamer Rathauses, dass „Arions Rettung durch den Delphin nicht Wasser symbolisiert, sondern Versicherung gegen Schiffbruch" (E. H. Gombrich, *Das symbolische Bild. Zur Kunst der Renaissance II*, Stuttgart, 1986, 19–20, zu Abb. 8). Das mythische Thema ist zu platter Nutzanwendung mutiert. V. Gray (*Short stories in Herodotus' Histories* in: *Brill's Companion to Herodotus*, 299–317) untersucht die Arion-Geschichte unter dem Aspekt der Novellenhaftigkeit in der Struktur des Buches. Kritische Analyse: W. K. Pritchett, *The Liar School of Herodotos*, Amsterdam 1993, 16–27. Neuer Ansatz: S. Flory, *Arion's Leap: Brave Gestures in Herodotus*, American Journal of Philology 99, 1978, 411–21.

In I, 145–46, betrachtet Herodot die prähistorischen Wanderungen der Ionier und Dorer und die Besiedlung der kleinasiatischen Küste (12 Städte = 12 Stämme), betont aber dabei Athens Rolle allzu sehr (Miller 1997, 14–15). Weitere Herodot-Stellen in der Analyse von Theresa Miller: Zu IV, 150 ff: Miller 1997, 32–35, 102–10; zu IV, 160: 49–50; zu I, 163 ff: 60–63,

118–22; zu I, 168: 63–64; zu V, 124 ff: 64–67; zu III, 49: 292; zu VI, 22: 67; zu VI, 33: 67–68. Schiffe waren die sachlichen Voraussetzungen dieser weitgespannten Wanderungs- und Kolonisationsbewegungen (Gray 1974, Casson 1971, 1976, Basch 1987 u. a. passim). „Die Bewohner dieser Stadt Phokaia sind die ersten Hellenen gewesen, die weite Seefahrten unternahmen. Sie entdeckten das Adriatische Meer, Tyrsenien, Iberien und Tartessos. Sie fuhren nicht in runden Handelsschiffen, sondern in Fünfzigruderern" (I, 163). H. Braemer (1990, 215, Nr. 176) schreibt: „Phokaia, eine im 8. Jahrhundert gegründete ionische Stadt mit Hafen westlich der Mündung des Hermos, im innersten Winkel des geräumigen und durch vorgelagerte Eilande geschützten Golfes. Zwei Häfen lagen zu beiden Seiten eines Kaps, der südliche Naustathmos, der nördliche, kleinere Lampter." Von hier aus gingen die durch Herodot überlieferten Fahrten, doch hat Phokaia die Entdeckungen kaum im geografischen, sondern im kommerziellen Sinn gemacht und die genannten Räume im westlichen Mittelmeer für den Handel erschlossen. Die dabei so erfolgreich eingesetzten Pentekonteren waren für zivile Fahrten umgerüstet und wohl auch zur Bekämpfung unliebsamer Konkurrenz und von Piraten hergerichtet worden. Für „runde Handelsschiffe" hat Herodot den Terminus *strongyla ploia*, die aber schwerfällig und für Fahrten wie die der Phokaier ungeeignet waren, die daher beweglichere und leichte Fahrzeuge bevorzugten. Die Seeschlacht von Alalia war ein Rückschlag für die Phokäer. Wie in I, 166, zu lesen, waren sie weder in der Technik noch in der Taktik ihrer Kampfschiffe vertraut, dass deren Rammsporne durch Verbiegen unbrauchbar wurden und die Schlacht verlustreich (mit einem „Pyrrhussieg") endete. Phokaische Siedlungen verraten ihre Gründer durch Ortsnamen, die auf *-ussa* enden, zum Beispiel Pityhecussa (Ischia), Pityussa (Ibiza), Ichnussa (Sardinien) oder Melussa/Crommyussa (Mallorca/Menorca?) und künden noch heute vom Wagemut der kleinen Stadt Phokaia vor 2800 Jahren. Ein anderer Bericht Herodots zu den Entdecker- und Handelsfahrten knüpft sich an den Namen des „Schiffsherrn" Kolaios aus Samos. Die Fahrt dürfte um 660/40 anzusetzen sein und mit einer Schwächephase der Phöniker in Verbindung stehen. B. Freyer-Schauenburg (*Kolaios und die westphönizischen Elfenbeine*, Madrider Mitteilungen 7, 1966, 89 ff.) datiert die Reise auf ca. 638/36. Wir beginnen mit *Historien* IV, 152, nach Richard Hennig: „Darauf wurde ein samisches Schiff, dessen Schiffsherr Kolaios war und das nach Ägypten fahren sollte, nach der Insel Platea verschlagen … Sie gingen wieder in See von der Insel, und als sie Ägypten ansteuern wollten, wurde ihr Schiff vom Ostwind abgetrieben. Da der Sturm nicht nachlassen wollte, fuhren sie durch die Säulen des Herakles und gelangten gleichsam durch göttliche Fügung nach Tartessos. Diese Handelsstadt war zu jener Zeit noch neu und niemals besucht worden, so dass sie, als sie wieder nach

Hause gelangten, von allen Hellenen den grössten Gewinn erzielten, nächst Sostratos, des Laodamas Sohn, mit dem sich kein andrer vergleichen kann. Die Samier aber nahmen von ihrem Handelsgewinn den zehnten Teil, sechs Talente, und machten davon ein ehernes Gefäss, eine Art von argolischem Krug, und rings um ihn waren Greifenköpfe angebracht. Ihn weihten sie dem Heiligtum der Hera und stellten darunter drei kniende, eherne Kolosse von sieben Ellen." Die ungeplante Reise des Kolaios „eröffnete ... einen gewissen, allerdings nicht allzu dichten Handelsverkehr zwischen den ionischen Griechen und der fernen Stadt [Tartessos]" (Heuß 1962, 112) und steht symbolhaft für das Ausgreifen der Griechen nach Westen mit weitreichenden Folgen für die politische und Kulturgeschichte. An dieser Reise bestehen kaum Zweifel, aber augenscheinlich wollte Kolaios andere (Wirtschafts- und Handelskonkurrenten) durch irreführende Berichte abschrecken, entmutigen, um sich ein Monopol zu sichern. Herodot nennt die profitablen Waren, die Kolaios aus Tartessos mitbrachte, nicht; vielleicht war es Silber (Glower, 104). Vier fragmentarisch erhaltene, im 7. Jahrhundert bei Sevilla in einem phönikischen Betrieb gearbeitete, auf Samos gefundene Elfenbeinkämme werden von H. Kyrieleis (*Das Hera-Heiligtum auf Samos*, Mannheimer Forum 81/82, 205) mit Kolaios in Verbindung gebracht, wofür aber weitere Indizien nötig wären. O. Höckmann (1995, 210) macht darauf aufmerksam, dass ein am Hereion von Samos erhaltener, aus der Zeit um 600 stammender naviformer Sockel das als Votiv erhaltene Schiff des Kolaios getragen haben könnte, auch wenn Herodot dergleichen nicht erwähnt. Vgl. Tölle-Kastenbein 1976, 20, 22; W. Nowag, *Raub und Beute in der archaischen Zeit der Griechen,* Frankfurt 1983, 120. Zum Typ des IV, 152 geweihten „argivischen" Greifenkessels vgl. Jantzen, *dtv-Lexikon der Antike* III, 1, 1970, 269–70 (mit Literatur). Zur Handelsgeschichte der Zeit Homers vgl. G. Kopcke „Handel", in: *Archaeologia Homerica* II, Göttingen 1990, M 1–157 (mit umfassender Bibliografie). Zum Handel (im Altertum): DNP 5, 1998, 106–27 (mit Literatur). Zusammenfassend zur Pentekontere: DNP 12, 2, 2002, 1084 (mit Literatur); zu IV, 151: Andere Übersetzung und Kommentar: Austin/Vidal-Naquet 1984, 198–99.

Zu den umstrittensten Berichten Herodots gehört der über eine im Auftrag Nechos II. (Wehemibre Necho, 610–595) durchgeführte Entdeckungsreise phönikischer Forscher. Zu Necho II. vgl. *Lexikon der Ägyptologie* IV, 1982, 369–71 (mit Literatur) Zu II, 158–59, und den nautischen Aktivitäten Nechos II. vgl. Lloyd 1988, 149–65 (mit Teilbibliografien). An den Beginn unserer Betrachtung stellen wir den Text IV, 42, nach R. Hennig: „Libyen allein zeigt schon, dass es rings von Meer umflossen wird, abgesehen von dem Stück, das an Asien angrenzt. Soviel wir wissen, ist der Ägypterkönig Necho der erste gewesen, der den Beweis dafür erbracht hat. Als er nämlich aufhörte, an dem Kanal zu graben, der vom Nil ins Rote Meer führt, sandte er plötzlich Männer zu Schiffe aus, und erteilte ihnen den Befehl, zurück durch die Säulen des Herakles zu fahren, bis sie in das nördliche Meer und so nach Ägypten zurück gelangten. Und die Phönizier brachen auf und segelten aus dem Indischen Ozean in das Meer nach Süden. Sobald es aber Herbst wurde, gingen sie an Land und bestellten das Feld, wo sie immer gerade in Libyen waren, und warteten die Ernte ab. Und wenn sie das Korn geerntet hatten, fuhren sie weiter, so dass sie, nachdem zwei Jahre verstrichen waren, im dritten Jahr die Säulen des Herakles kreuzten und nach Ägypten zurückkamen. Und sie erzählten, was ich selbst freilich nicht glauben kann, aber vielleicht glaubt es ein anderer: dass sie bei der Umfahrung Libyens die Sonne zur Rechten gehabt hätten." Fast wortgleich ist die Übersetzung bei P. Hermann 1954, 94, der sich ohne Einschränkung für den Wahrheitsgehalt des Textes ausspricht und in Karte VII „Nechos und Hannos Afrikafahrten" optisch aufbereitet. Hanno machte die Fahrt ein Jahrhundert nach Nechos Expedition. Etwa vierhundert Jahre nach Herodot schreibt der Historiker und Geograf Strabo: „Da wo Poseidonios von Seefahrern spricht, die Afrika umschifft haben sollen, führt er die Meinung Herodots an, dass unter der Regierung des Dareios diese Fahrt wirklich von einigen ausgeführt worden sei" (Strabo II, 100, nach R. Hennig). Ob diese Fahrt durchgeführt wurde, gehört zu den umstrittenen Problemen der historischen Geografie. Schon Polybios (3, 38) zweifelt Herodots Bericht an. Mit dem Satz, dass die Phöniker bei ihrer Afrika-Umseglung die Sonne zur Rechten gehabt hätten, betont Herodot eigene Zweifel an dem Bericht, gibt aber allen nachfolgenden Geografiehistorikern das Argument, „daß diese Seefahrer wirklich die Südhalbkugel der Erde erreicht haben müssen" (Höckmann 1985, 161; Höckmann zitiert offenbar irrig „zur Linken"). Bichler (2001, 22) legt sich betreffs des Wahrheitsgehalts nicht fest und meint, „vom Roten Meer ins Atlantische zu fahren, das war freilich eine heikle Sache." Herodots Bericht ist dürr, trocken, sachlich; ist ohne den Reiz des Exotischen, die Lust am Abenteuer, er vernachlässigt Einzelheiten und nennt noch nicht einmal den Namen des Expeditionsleiters. War eine 24000 km lange Reise mit den damaligen Schiffen möglich? Nach gründlicher Abwägung aller Argumente kommen M. Cary/E. Warnington (1929, 95) zu dem Schluss „Not proven", halten aber eine derartige Reise für grundsätzlich möglich. E. H. Bunbury (*History of Ancient Geography*, I, London 1879) untersucht in Section 2 (289–98) den Herodot-Text, kommt aber zu keinem sicheren Ergebnis. W. Müller (*Die Umsegelung Afrikas durch phönizische Schiffer ums Jahr 600 v. Chr. Geb.*, Rathenow 1890) will „die Fahrt der Phönizier als historisches Faktum anerkennen", die mit Pentekonteren durchgeführt worden sei. Sie hätten zweimal Saatzeit genommen; unter *sitos*, allgemein Kornfrucht, sei

Weizen zu verstehen. Z. Hermann analysiert in Kapitel 6 die Afrika-Umfahrt und kommt unter Bezug auf W. Müller (*Die Umsegelung Afrikas*) zu dem Schluss, dass die Reise möglich gewesen sein könnte (Hermann 1966, 43–51). Auch nach A. H. Gardiner „ist fast mit Sicherheit anzunehmen, daß phönizische Schiffe, die er [Necho] auf eine Umseglung Afrikas ausgeschickt hatte, dies Unternehmen wirklich bewältigten und in seinem dritten Jahr durch die Säulen des Herkules heimkehrten“ (Gardiner 1965, 395). J. Desmond Clark (*The Cambridge History of Africa*, I, 1982, 899) spricht von einer „extra-ordinary circumnavigation of Africa“, die aber keine neuen Verdienstmöglichkeiten erschlossen und wegen ihrer Dauer doch wieder auf hergebrachte Seewege verwiesen habe. C. Irwin (*Kolumbus kam zweitausend Jahre zu spät*, Wien 1963, 200–03) spricht sich positiv aus und zitiert weitere Stimmen dazu. Landström (1976, 22) will „mit Herodot annehmen, daß die Phöniker die ersten waren, die Afrika umschifften.“ Aus der Unzahl der Argumente für oder gegen die Wahrheit des Berichtes ist kein statistisches Mittel zu ziehen, allenfalls das Fazit einer zögerlichen Zustimmung, aber: „... we will never know for sure“ (Casson 1991, 119).

Zur Beglaubigung seines Necho-Berichtes führt Herodot eine andere Geschichte an. Sie findet sich in IV, 43, hier nach R. Hennig: „Er [Sataspes] hatte einer Jungfrau, der Tochter des Zopyros, des Megabyzos Sohn, Gewalt angetan. Als er wegen dieses Verbrechens vom König Xerxes zur Pfählung verurteilt wurde, bat seine Mutter, die des Darius Schwester war, um Gnade für ihn und sagte, sie selber wolle ihm eine grössere Strafe als jener auferlegen, denn er solle genötigt werden, ganz Libyen zu umfahren, bis er, immer ums Land fahrend, ins Rote Meer käme. Als Xerxes ihm unter dieser Bedingung das Leben geschenkt hatte, ging Sataspes nach Ägypten, nahm sich dort ein Schiff nebst Mannschaft und fuhr zu den Säulen des Herakles. Als er dort hindurchgefahren und um das Soloeis genannte Vorgebirge Libyens herumgesegelt war, fuhr er südwärts. Nachdem er eine weite Strecke des Meeres in vielen Monaten durchfahren hatte, aber noch weit mehr vor ihm lag, kehrte er um und fuhr nach Ägypten zurück. Von hier begab er sich zum König Xerxes und berichtete ihm mündlich: in sehr weiter Ferne sei er bei kleinen Menschen vorbeigesegelt, die Kleider von Palmblättern getragen hatten; sie seien, so oft sie mit dem Schiff landeten, in die Berge geflohen und hätten ihre Ortschaften verlassen; sie seien hineingegangen, hätten ihnen aber nichts zugefügt und sich nur Vieh geholt. Als Grund aber, weshalb er Libyen nicht völlig umsegelt habe, gab er an, das Schiff habe nicht mehr weiterfahren können und sei festgehalten worden. Xerxes aber glaubte nicht, dass er die Wahrheit sprach, und liess ihn, da er das aufgetragene Werk nicht ausgeführt hatte, pfählen und das erste Urteil vollstrecken.“ R. Hennig (1944, 134–37) summiert die Gründe, warum Herodots Bericht über „Sataspes' vergeblichen Versuch einer Afrika-Umseglung“ unglaubwürdig ist und meint, Sataspes sei „einige Monate irgendwo auf See herumgestreift und zuletzt mit einer erdichteten Erzählung … heimgekehrt.“ Xerxes glaubt ihm nicht und lässt ihn hinrichten. H. F. Bornitz sieht den Bericht über Sataspes unter dem Aspekt der *aitie*, einem Begriff, der „ausschließlich zur Bezeichnung der menschlichen Fehlleistung im sozialen oder religiösen Bereich dient“ (Bornitz 1968, 139) und den Herodot 50 (51) Mal gebraucht, erörtert aber die spezielle Problematik und das Verhalten Sataspes' nicht. Zu Aitiologischen Sagen: *dtv-Lexikon der Antike* II, 1, 1970, 83–84 (mit Literatur). A. Klotz zweifelt gegen R. Hennig nicht am Wahrheitsgehalt der Sataspes-Fahrt. Auch M. Cary/E. Warmington (1929, 95–97) sprechen sich positiv aus. Zu Sataspes zusammenfassend DNP 11, 2001, 100 (mit Literatur). Ein anderer Afrikafahrer war Hanno, auf den ein Satz in VII, 165, vage anspielt, wenn auch nicht mit letzter Gewissheit. Seine Reise, die auf die Zeit um 525 anzusetzen ist, wird von Herodot (der sich im westl. Mittelmeer weniger gut auskannte als im östlichen) nicht erwähnt. Wir verweisen daher auf Hannos Originalbericht und die Auswertung bei Hennig (1944, 86–95) wo die Literatur bis 1944 aufgeführt wird. Er geht davon aus, „dass unser Hanno identisch war mit dem gleichnamigen [in VII, 165] genannten Vater des bei Himera geschlagenen karthagischen Feldherrn Himilko.“ Zusammenfassung und Bibliografie: D. Henze, 2, 1993 453–57, W. Huß 2001, 39–44 (Text), 399–400 (Literatur). Zu Hanno vgl. auch W. Huß, „Das afrikanische Unternehmen des Hanno“, in: *Geschichte der Karthager*, München 1958, 354–63 (mit Literaturnachweisen zum „Fahrtenbericht des Hanno“ und angrenzenden Themen). Um 518/16 fand eine weitere, von Herodot erwähnte Entdeckungsfahrt statt, die des Skylax, von dessen Unternehmungen auf dem Indischen Ozean auch Athenaios (*Deipnosophistai* II, 70) berichtet. Zunächst *Historien* IV, 44, nach R. Hennig: „Von Asien ist aber ein grosser Teil durch Darius erforscht worden. Dieser wollte gern wissen, wo sich der Indus ins Meer ergösse, ausser dem Nil der einzige Fluss, der Krokodile enthält. Und er sandte mit andren Männern, denen er zutraute, sie würden die Wahrheit berichten, auch den Skylax von Karyanda auf einem Schiffe aus. Sie fuhren den Fluss hinunter gegen Osten und Sonnenaufgang ins Meer und dann durchs Meer weiter nach Westen. Im dreissigsten Monat kamen sie in die nämliche Gegend, wo der König der Ägypter die Phönizier, von denen ich gesprochen habe, zur Umseglung Libyens ausgesandt hatte. Und als sie ihre Umfahrt vollendet hatten, unterjochte Darius die Inder und wurde Herr über jenes Meer.“ Sicher hat Herodot hier keinen Originalbericht des Skylax zur Verfügung gehabt, denn sonst wäre sein Text wohl fehlerfreier und genauer ausgefallen; dennoch „sind wir zur Beurteilung der Skylax-Fahrt nahezu ganz auf den allzu summarischen, z.T. geradezu falschen (Lauf des Indus nach Osten!) Bericht des Herodot angewiesen“ (Hennig 1944, 113; 116–19 mit weiteren Analysen des Berichtes; weniger ergiebig: How/Wells, I, 1928, 319–20); DNP 11, 2001, 639–40 (mit Literatur). Dass „Skylax im dreißigsten Monat von seiner Expedition zurückkam, (ist) sicher eine abgerundete Zahl“ (Fehling 1971, 158) oder gar eine fiktive.

IV, 152, nennt einen in den Geschichtsbüchern fehlenden und sonst unbekannten Sostratos aus Aigina, der durch Fernhandel wohlhabend geworden war. Zu Skylax und IV, 44: Hofstetter 1978, Nr. 288 (mit Literatur). Nicht wunschgemäß verlaufen ist eine III, 135–37, überlieferte Erkundungsfahrt. Der aus Kroton gebürtige Demokedes segelt auf Befehl des Dareios mehr als Geisel denn freiwillig nach Griechenland, um dort die Möglichkeiten der Kriegsführung gegen das Land zu prüfen, dann weiter nach Taras (Tarent, Unteritalien), wo er sich jedoch von König Aristophilides „an die Kette legen“ lässt, d.h. er nimmt den Persern die Steuerruder weg und arretiert sie wegen Spionage, so dass Demokedes frei kommt, in seine Heimat segelt, wo ihn die auch inzwischen entlassenen Perser treffen und verhaften wollen, was der Teil der Bevölkerung Krotons, die den Persern feindlich gesinnt sind, zu verhindern wissen. Ohne ihren ortskundigen Führer aber verzichten die Perser auf weitere Spionagefahrten und fahren nach „Asien“ zurück. Zu Spionagezwecken schickt also Dareios seinen Leibarzt Demokedes „durch den gesamten Raum von Hellas, bis nach Süditalien, genaue Aufzeichnungen zu machen“ (Heuß 1962, 2/8, zu III, 135), was den Vorbereitungen der Seeoperationen diente. Welche Qualifikationen ein griechischer Mediziner zu solch einem riskanten Auftrag mitbrachte, ist unbekannt. Die spezielle Form dieser mit „fünfzehn vornehmen Persern“ auf zwei Trieren und einem mit „Gütern beladenen Frachtschiff“ (III, 135) als Versorger durchgeführten Reise ist bemerkenswert durch die Sorgfalt der Vorbereitung und die aufwändige Durchführung. „... die Fahrt des griechischen Arztes Demokedes von Kroton zusammen mit persischen Offizieren auf sidonischen Schiffen in den Westen zeigt die weltweiten Dimensionen der achämenidischen Westpolitik“ (Bengtson 1965, 141; dazu auch Strasburger 1984, 118). Diese „Entdeckungsreise“ war militärisch eher defensiv und logistisch gut vorbereitet und endete doch in einem filmreifen Abenteuer, wie in III, 137, nachzulesen. How/Wells, I, 1928, 297–98. Vielleicht authentisch ist Iamblichios (*De vita Pythagorae* 257 ff.) zu Demokedes, dessen „sicher wichtige Rolle in der sog. westgriechischichen Heilkunde heute nur noch undeutlich zu fassen ist“ (*dtv-Lexikon der Antike* I, 1, 1970, 336). Zu Demokedes: Hofstetter 1978, Nr. 79 (mit Literatur).

Völkerkundlich wertvoll ist der folgende Text über punische Handelspraktiken an der Küste NW-Afrikas, bei dem minimale wortlose Kontakte zu einem zufriedenstellenden Güteraustausch führen (Meijer/van Nijf 1992, 28): „Die Karchedonier [Karthager] erzählen, das bewohnte Libyen [Afrika] setze sich jenseits der Säulen des Herakles [Straße von Gibraltar] fort. Wenn die Karchedonier dahin fahren, laden sie ihre Waren ab und legen sie auf dem Strand nebeneinander aus. Hierauf besteigen sie wieder ihre Schiffe und geben ein Rauchzeichen. Wenn die Eingeborenen nun den Rauch sehen, kommen sie ans Meer, legen Gold für die Waren hin und ziehen sich wieder von den Waren zurück. Jetzt gehen die Karchedonier an Land zurück, um nachzusehen; wenn ihnen das Gold dem Wert der Waren zu entsprechen scheint, nehmen sie es auf und fahren davon, reicht es jedoch nicht, so steigen sie wieder auf die Schiffe und warten. Die Eingeborenen nähern sich aufs neue und fügen Gold hinzu, bis die anderen zufrieden sind. Niemand schädigt den Partner: die einen tasten das Gold nicht an, bis es nach ihrer Meinung den Warenwert erreicht hat, noch rühren die anderen die Waren an, ehe ihre Partner das Gold genommen haben" (IV, 196). D. Fehling zu IV, 196, mit quellenkritischer Skepsis: „Diese Art Tauschverkehr wird heute noch in jedem ethnologischen Lehrbuch erwähnt. Es könnte aber doch sein, daß Herodot die Kunde nach Willkür lokalisiert hat: Die Stelle paßt glänzend zu der Regel, nach der es zu den entferntesten Völkern nur indirekten Kontakt gibt" (Fehling 1971, 108). Für Bichler (2001, 28) wirkt IV, 196, „durchaus utopisch". I, 69–70, enthält Hinweise auf den durch Seeraub gestörten Überseehandel, auch wenn er, wie unter Herrschern üblich, als Austausch von Geschenken bezeichnet wird; ähnlich III, 39. Einen solchen Hinweis auf die See-Interessen der Ionier enthält I, 170, wo Bias von Priene, einer der „Sieben Weisen", vorschlägt, in einer Bündnisflotte (*koinos stolos*) nach Westen zu segeln, um Sardinien zu besiedeln. *Koinos* heißt „gemeinsam", *stolos* „Stumpf, Spitze" usw., *akrostolion* wurde *pars pro toto* zum Schiff, zur Flotte. *Apostello* oder *naustello*, zu Schiff senden, abfahren, *apostolos*, Aussendung einer Flotte, davon abgeleitet der darauf Fahrende, der Apostel. Während *prora* unverändert ins Lateinische überging, blieben *prymne* (Heck, lateinisch *puppis*) und *stolos* (lateinisch *classis*) auf das Griechische beschränkt. Dem *akrostolion* zieht Herodot den älteren Terminus *akroterion* vor (III, 59; VIII, 121). Zur Wurzel *stello*: Frisk, II 1970, 786–87; zu Bias: RE 3, 1899, 383–89. Sein Vorschlag war nicht mehrheitsfähig. In einer ähnlichen Situation hingegen „schiffte sich die ganze Bevölkerung [der ionischen Stadt Teos] ein und segelte ab nach Thrakien" (I, 168), ein Weg von ca. 220 Seemeilen durch vertraute Gewässer, um zu siedeln. Der politische Hintergrund beider Aktionen ist der wachsende Druck der Perser auf die ionischen Küstenstädte um 546, der später deren Aufstand auslöste und zu den Perserkriegen führte.

Herodot schreibt nicht nur über andere Reisende vor ihm, sondern ist auch selbst einer, dessen Beobachtungen in den ethnografischen *logoi* ihren Niederschlag fanden, deren „nautische" Elemente hier betrachtet werden konnten. Die Fachliteratur hat sich der *logoi* in aller Breite angenommen, ihren Informations- und Wahrheitsgehalt geprüft und in große Zusammenhänge gestellt. Zur Würdigung Herodots als Forscher: H. Beck, *Große Geographen*, Berlin 1982, 11–21. Allgemein zur antiken Ethnografie: *dtv-Lexikon der Antike* I, 2, 1970, 95–99 (mit kurzer Bibliografie). Mit den hier kommentierten nüchternen Sätzen öffnet Herodot das Fenster zu den frühen Entdeckerfahrten nur einen kleinen Spalt. Was sich dahinter an Organisation, Wagemut, Bevölkerungsdruck, ökonomischen Zwängen und geografischem Vor-Wissen, an Neugier nach dem Fremden, an Sehnsucht nach Exotik und Abenteuer verbirgt, ist kaum zu erahnen. Von den meisten Forschern aber berichtet keine Zeile, sie erreichten keine fremden Küsten, gingen verloren, brachten keine Kunde nach Hause. Alle genannten und ungenannten Entdecker sind nur eine der vielen Fazetten des an Farben reichen maritimen Panoramas, das Herodot vor uns ausbreitet.

## 3.3 Piraten und Piraterie

> … piratis etiam, omnium mortalium
> hostibus, transituros fama terrentibus …
> (Plinius, *Naturalis historia*, II, 117)

Auch für eine Gruppe Seefahrer, die weder als Händler oder Entdecker unterwegs waren noch in den Marinen ihren Dienst versahen, war das Schiff ihr Arbeitsplatz: die Piraten. Eine scharfe Trennung ist nur selten möglich, die Übergänge verfließen im gesamten Seewesen des Altertums, wie es Herodots Beispiele zeigen, die von der Vorzeit bis in sein Jahrhundert reichen. Von See auf die Küste getragene Überfälle, die Strandräuberei, hat im Mittelmeer eine so lange Tradition, dass sie sich in der Irrationalität von Mythen niederschlug: Zeus, zum Stier gewandelt, entführt am Meerufer von Tyrus die Prinzessin Europa nach Kreta (I, 2). Herodot setzt bei seinem Publikum diese Menschenraub-Geschichte voraus, wenn er in I, 173, auf sie anspielt: Europa hatte zwei Söhne, von denen sich Minos gegen Sarpedon durchsetzt, König der Insel wird und der „Minoischen Zeit", die die Archäologen in vier Phasen gliedern (etwa von 2600–1100), ihren Namen gab. In IV, 45, bezweifelt der Autor Spekulationen, nach denen der Kontinent Europa nach der phönikischen Prinzessin benannt wurde, also vorher namenlos gewesen sein soll. Der „Raub der Europa" war ein beliebtes Thema der ganzen Kunstgeschichte. Im Halbdunkel des Mythos liegt I, 1: Der Text berichtet von langen Handelsfahrten der Phöniker, die ägyptische und assyrische Waren „in viele Länder gebracht" und in Argos nebenbei einige Frauen geraubt und nach Ägypten verschleppt hätten – eine der Untaten, die zu den Ursachen der Perserkriege führten (Harden 1962, 162). Für den Direktweg der vielleicht schon um 1500 durchgeführten Fahrt von Argos zum Nil dürften die phönikischen Seeleute 5–8 Tage gebraucht haben, falls sie nicht noch im minoischen Kreta ihren Geschäften nachgingen. Zu ihren Schiffen vgl. das Kapitel „The ships of the Syro-Canaanite Littoral" (Wachsmann 1998, 39–60). Einige sind in ägyptischen Gräbern abgebildet (Abb. 7). Landström 1973, 30–31 (mit „gegißten", d.h. zur Hälfte gemutmaßten Rekonstruktionszeichnungen). Ein weiterer Strandraub betraf Medeia, eine kolchische Königstochter (I, 2), eines der Ereignisse aus dem Argonauten-Zyklus. Herodot erzählt alle Piratengeschichten mit sichtlichem Vorbehalt, stellt die Schuldfrage an den Kriegen und wechselt von der mythischen zur historischen Überlieferung; seine Versuche, durch Affekte wie Rache und Liebe heterogene Mythen mit Geschichte zu verknüpfen, überzeugen nicht, müssen aber als Bemühen um logische, um chronologische Weltdeutung verstanden werden. Statt einer hier den Umfang sprengenden Ausweitung der Perspektive auf den trojanischen und andere Sagenkreise verweisen wir auf die *Archaeologia Homerica*, in der die Arbeit von D. Gray zum Seewesen hervorzuheben ist. Für „Seeräuber" benutzt Herodot weder die Worte *peirates* noch *katapontes* (von *kataponto*, etwas versenken, jemanden ertränken), sondern er umschreibt den Vorgang wie etwa in I, 166: „Aber sie [die Phokaier] plünderten und beraubten ihre Nachbarn ..." (Horneffer: „Sie trieben Seeraub rings gegen ..."). Für den so auf See Tätigen kennt er ferner einen Begriff, der seit Homer bekannt, aber ohne nachhaltige sprachliche Wirkung ist: *leistes*, abgeleitet von Raub, Plünderung (nicht nur auf See), zum Beispiel in VI, 17, als „griechische Räuber." Im 4. Jahrhundert wird *leistes* abgelöst durch das folgenreiche *peirates*. Das griech. Wort *pirates* ist von *peiran*, versuchen, unternehmen, etwas wagen, abgeleitet. Das Stammwort ist *peira*, Erfahrung, Wagnis, Überfall, listiger oder feindlicher Anschlag, Angriff, Ausforschung, Verführen, sich im Kampf messen, riskante Unternehmung. Mit *peira* verwandt ist lateinisch *ex-perior*, versuchen (deutsch: Experiment), *peri-culum*, Gefahr, gefährlich (englisch *periculous*) oder *per-itus*, erfahren, davon wiederum gefährlich. Unübersehbar ist in *pirates*/Pirat das Element des Unsicheren, des im Ausgang Offenen, ein Element, das sich kaum auf die See, die Naturgewalten bezog, sondern auf die heftigen Reaktionen derer, denen man ihr Hab und Gut zu entwenden versuchte und oft nach deren Leib (als Sklaven) oder Leben trachtete. Herodot liefert dafür einige Belege. Das Lateinische macht *peirates* zu *pirata*, verwendet aber auch die Begriffe *praedo* (Räuber, Plünderer) und synonym *latro* (Freibeuter, Bandit). Piraterie hieß meistens *latrocinium* (vgl. de Souza 1999, 12–13). Der „Schutz des Landes und der Bürger vor Seeräubern“ war ein Grundgedanke des Asyls (DNP 2, 1997, 143–44), auf das hier nur verwiesen werden kann.

„Sie [die Phokaier] trieben Seeraub rings gegen ihre Nachbarn“ (I, 166), was eine Koalition der Etrusker und Karthager gegen sie mobilisierte. Bei Alalia errangen die Phokaier einen Pyrrhussieg, der sie 40 Schiffe kostete und weitere 20 wegen verbogener Rammsporne außer Gefecht setzte (Loposzko 1992, 56; Morrison/Williams 1968, 133; de Souza 1999, 22, 25). Die bei Alalia eingesetzten Schiffe könnten Pentekonteren gewesen sein. Nachdem in der Seeschlacht von Lade 494 die griechischen Verbündeten der Perser unter „Admiral“ Dionysos von Phokäa von der doppelten Übermacht ihrer Feinde geschlagen worden war, entkam ihr Anführer und übte sich weiterhin in den Seeraub-Traditionen seiner Heimatstadt. Mit drei feindlichen Schiffen fuhr er nach Phönikien. „Als er dort mehrere Handelsschiffe versenkt und viele Schätze erbeutet hatte, fuhr er nach Sizilien. Von diesem Stützpunkt aus zog er auf Seeraub, jedoch nie an einem griechischen Schiff, sondern nur an den Karthagern und Etruskern“ (VI, 17). Was Herodot hier ohne negativen Unterton notiert, war neben der gewerblich-zivilen und der militärischen Seefahrt eines der wichtigsten und – das Zitat zeigt es – ertragreichsten „Gewerbe“ auf See, eine gesellschaftlich akzeptierte und juristisch folgenlose Form des Lebensunterhaltes, wenn er sich nicht gegen das eigene Volk und dessen Verbündete richtete. Dann setzte der Mechanismus der Piratenbekämpfung ein, die im 1. Jahrhundert Pompeius mit großer militärischer Energie und politischem Geschick durchführte. „Mit 120000 Soldaten reinigt er in 3 Monaten erst das westliche, dann das östliche Mittelmeer ... und zwingt die Seeräuber zu fester Ansiedlung“ (Ploetz 1951, 193). Zurück ins 5. Jahrhundert. Herodot VI, 16, zeigt in einer Episode, dass es nicht nur riskant, sondern tödlich gewesen sein konnte, für Piraten gehalten zu werden. „Die [492 in der Schlacht bei Lade] beschädigten Schiffe der Chier, die nicht folgen konnten, flüchteten sich vor den Verfolgern nach Mykale, ließen dort die Schiffe stranden und marschierten zu Lande weiter. Als sie das Gebiet von Ephesos betraten – es war Nacht und die Frauen feierten das Fest der Thesmophorien –, wurden sie von den Ephesiern für Räuber gehalten, die die Frauen wegschleppen wollten. Die Ephesier wußten ja noch nichts vom Schicksal der Chier, sie sahen nur Kriegsvolk in ihrem Lande; ganz Ephesus rückte aus und erschlug die Chier. Das war das traurige Ende der Chier“, die also den Ephesiern nicht hatten klarmachen können, dass sie besiegte Seesoldaten, nicht Piraten waren (How/Wells, II 1970, 69–70). In VI, 132, spricht Miltiades demagogisch von Seeraub, als er von den Athenern Schiffe forderte und bekam: „Er sagte nur, er werde Athen reich machen, wenn man ihm folge; denn er wollte sie in ein Land führen, aus dem sie ohne Mühe Gold in Fülle davonschleppen könnten.“ Es ging um die

Expedition nach Paros, aber nicht nur des Beutemachens wegen, sondern um einen Stützpunkt zu erobern. Das Unternehmen, 490, war ein Fehlschlag. Der Text zeigt deutlich, dass Seeraub und Seekriegsführung oft eng beieinander liegen. – Strasburger 1984, 293 (mit Literatur). – „Sie [die Lesbier] rüsteten acht Trieren aus und segelten mit Histaios nach Byzantion, setzten sich dort fest und kaperten die aus dem Pontos ausfahrenden Schiffe. Nur die, deren Städte sich bereit erklärten, sich Histaios zu fügen, wurden verschont“ (VI, 5). Hier hat die Seeräuberei offenbar auch eine politische Nebenwirkung und macht den Eindruck einer Art Seeblockade. (How/Wells II 1970, 67) „Nun erhielt auch Histaios von Milet, der vor Byzantion lag und die aus dem Pontos [dem Schwarzen Meer] ausfahrenden ionischen Handelsschiffe kaperte, Kunde von den Ereignissen vor Milet“ (VI, 26). Zwischen den Kampfeinsätzen schien Seeraub das angemessene Mittel, Reichtümer zu erwerben und die Besatzungen zu trainieren, gewesen zu sein (How/Wells II 1970, 74. Strasburger 1984, 181–82). Staatlich legalisierter Seeraub ist in VI, 93, bezeugt, als die Aigineten um 488/86 ihre ärgsten Feinde, die Athener, schlugen: „Die Aigineten aber griffen die ungeordnete athenische Flotte mit ihren Schiffen an und besiegten sie. Vier Schiffe samt ihrer Mannschaft fielen ihnen in die Hände“ (Übers. Feix). Zum Hintergrund: How/Wells II 1970, 101–02). Nach VI, 90, heißt es: „Andere Aigineten folgten ihm [Nikodromos], und die Athener siedelten sie [die Aigineten] in Sunion an, von wo aus sie Raubzüge gegen die Aigineten auf der Insel unternahmen.“ Selbst gegen die eigenen Landsleute schienen also derartige Unternehmungen nicht immer verwerflich gewesen zu sein. In einem Spruch des „Orakels der Leto in Buto, der untrüglichsten Orakelstätte Ägyptens“ (II, 152) heißt es, „eherne Männer würden vom Meer her kommen und ihn [Pharaoh Psam(m)etich(os)] rächen“, hatte er doch vor dem äthiopischen König Sabakos fliehen müssen. Es waren Ionier und Karer, „die auf Seeraub ausgezogen waren … und auf den Feldern raubten.“ Psametich sah das Orakel erfüllt, machte die griechischen Piraten zu seinen Söldnern und „stürzte dann die anderen Könige“ (d.h., er beseitigte die Herrschaft der einzelnen Gaukönige, Kommentar Horneffer 1963, 667). Für W. Wolf ist Herodots Text „ein aus Wahrheit und Legende gemischter Bericht“ (Wolf 1962 415; 506/07: Literaturhinweise zur 26./27. Dynastie und Herodot). Der genannte Psametich I. (es folgten zwei weitere des Namens) regierte 663–09. „In seine 54jährige Regierungszeit fällt der Versuch einer sozialen Neuordnung des Landes, durch die die den Thron schützenden griech. Söldner eingeordnet werden sollten“ (Helck/Otto 1970, 280). Zu Buto (Tell el- Fara'in) vgl. v. d.Way, in: Bard 1999, 180–84 (mit Literatur). Kommentar: How/Wells I 1960, 243–44; Lloyd 1975, 35. Der Einsatz ausländischer Truppen hatte in Ägypten Tradition. Unter Huni (3. Dynastie) dienten Nubier und Libyer in der Armee des Pharaos, und Ramses III. setzte Söldner aus mindestens sechs verschiedenen Ethnien ein, um – etwa 1175 – die „Seevölker“ abzuwehren. Eine im 6. Jahrhundert gearbeitete, in Sakkarah gefundene Grabstele eines karischen Söldners (Abb. 6) zeigt oben ägyptische Motive, unten zwei grobe Kriegsschiffsbilder wohl als Symbole der Fahrt an den Nil beziehungsweise der Flottenzugehörigkeit des Verstorbenen (Lloyd 1975, 36). Vielleicht handelt es sich um Trieren. II, 161, wird ergänzt durch eine dorische Inschrift an einer Statue im Tempel Ramses II.: „Als König Psammatichos nach Elephantina gekommen war, schreiben dies die, die zusammen mit Psammatichos, dem Sohn des Theokles auf Schiffen fuhren und bis oberhalb von Kerkis kamen, soweit es der Fluß zuließ. Diejenigen, welche fremder Zunge waren, hatte Potasimoto unter seiner Führung, die Ägypter Amasis. Archon, der Sohn des Amoibichos, und Pelekos, der Sohn des Eudamos, schrieb uns auf.“ (Austin/Vidal-Naquet 1984, 190, mit Kommentar, nach R. Meiggs/D. M. Lewis, *A Selection of Greek Historical Inscriptions*, 2, Oxford 1948); vgl. auch K. Brodersen u. a., *Historische Griechische Inschriften in Übersetzung* I, Darmstadt 1992, Nr. 8; zur griechischen Inschriftenkunde: DNP 14, 2000, 588–614 (mit umfassender Bibliografie). Psametichs Anwerbung und -siedlung der Söldner aus dem Norden hatte weitreichende Folgen. Das Land öffnete sich Neuankömmlingen, besonders Händlern und Militärkolonisten, die schließlich eine eigene Stadt, die Faktorei (Stapelplatz) Naukratis, gründeten. Es begannen ruhige Jahre, in denen Herodot ungehindert reisen und forschen konnte. Mit der Besetzung des Landes durch Alexander wurde es vier Generationen später Teil der hellenistischen Welt. Den Rand unserer Betrachtung von II, 152, berührt die Frage, welche Ideen die Griechen am Nil in ihre alte Heimat transferierten, welche Kultformen sie übertrugen, mit welchen religiösen Vorstellungen sie Hellas bereicherten. Unter Verweis auf J. Boardman (1981) ist das Thema hier nicht zu vertiefen. Seine Abb. 162 könnte als Beleg für die Übernahme der Kultschiff-Praxis gewertet werden, aber sie reicht nicht als schlüssiger Beweis aus. Laut III, 39, besiegt der um 522 am Kreuz gestorbene Polykrates die Lesbier in einer Seeschlacht. Politisch von dem Pharao Amasis (568–26) gestützt, hatte er seine Macht ausgedehnt, ein Heer und eine Flotte aus „hundert Fünfzigruderern“ geschaffen, um seinen Einflußbereich auszudehnen. Dafür verwendet Herodot als Erster den Begriff *thalassokratein*, Thalassokratie (dazu und zur „Urgeschichte“ der Triere bei Thukydides: Hornblower 1983, 42–46). In I, 4, spricht Thukydides von einer „minoischen Thalassokratie“, deren Problematik Thema eines Athener Symposions von 1982 war (R. Hägg/N. Marinatos, *The Minoan Thalassocracy. Myth and Reality*, Stockholm 1984). Polykrates' Aktivitäten scheinen auf eine Art frühen Imperialismus hinzuweisen, nicht so sehr auf materiellen Gewinn, sondern auf Machtzuwachs (de Souza 1999, 25; G. Shipley, *A History of Samos, 800–188 BC*, Oxford 1987, Kapitel 4 und 5; RE XXI, 2, 1952, 1726–34).

Der Begriff „Verbannung“ gehört nicht unmittelbar in den Kontext „Piraterie“, aber erwähnenswert ist die Deportation anonymer persischer Stämme auf Inseln im „Roten Meer“ (III, 93), von wo sie am Feldzug Xerxes’ teilnehmen (VII, 80). Bei den Inseln dürfte sich um solche im Persischen Golf handeln (How/Wells I 1960, 285). Ob dort Seeraub ihr Geschäft war, bleibt jedoch fraglich. Sollte der Verbannungsort die Insel Qeshm gewesen sein, wäre sie als Ausgangspunkt für Seeraubzüge in der Straße von Hormuz optimal. Zur antiken Terminologie „Rotes Meer“: DNP 4, 1998, 106–07 (mit Literatur). Herodot verwendet wiederholt den Begriff *Erythra thalatta*, in II, 11, 102, 158 und IV, 39, 42, auch *Arabios kolpos*, aber nicht den Namen *Indikon pelagos* (Strasburger 1984, 389).

III, 57–58, ist eine typische Geschichte eines Überfalls auf eine wohlhabende Stadt, Siphnos, in der Grauzone von Piraterie und Kriegsführung. Die Exil-Samier plünderten den Kykladen-Ort wegen seiner Gold- und Silberminen (vgl. Schatzhaus der Siphnier in Delphi). Drohungen, Verwüstungen und schließlich Kämpfe folgten einander, bis „die Samier ein Lösegeld von hundert Talenten erzwangen“ (How/Wells I 1960, 271). Den Text I, 70, interpretiert H.-F. Bornitz (1968, 156–57) im Lichte der *aitie*, des staatsrechtlich-moralischen Schuldkomplexes und schließt unter Hinweis auf III, 47: „Die Seeräuber aus Samos hatten mit Kriegsschiffen, also nicht mit privaten Handelsschiffen, die Spartaner gekapert. Das Unternehmen war demnach offenbar eine Staatsaktion“, was die Spartaner, die den von den Samiern erbeuteten Mischkrug gestiftet hatten, zu einem Kriegszug gegen Samos veranlasste. Es ging also nicht um private, sondern öffentliche Piraterie, in der *nesoi makresi*, staatseigene Kriegsschiffe, die juristisch exekutive Rolle spielten.

Den unterschiedlichen Kaperfahrten angemessen waren die Schiffe. Es dürften oft zweckentfremdete kleinere Kriegsschiffe gewesen sein, die mit geringen Mannschaftsstärken auskamen, Furcht erweckten, schnell waren, Überraschungsangriffe ausführten, Beute verfolgen konnten. In den seltenen antiken Piraten-Bildern sind die Schiffe schwer zu identifizieren, aber Typen wie *myoparo* (Belege: Torr 1964, 118–19), *hemiolia*, *dikrotoi* oder sogar *trieres* werden als geeignet angesehen, gehören jedoch vorwiegend den Jahrhunderten nach Herodot an. Falls der Fund richtig interpretiert ist, könnte das 310/00 erbaute Kyrenia-Schiff (Parker 1992, Nr. 563) Opfer eines Piratenüberfalls gewesen sein (Abb. 22). Ob die 404 Amphoren, 100 000 Mandeln, Werkzeuge und Küchengeräte aber eine lohnende Beute waren, ist fraglich; vielleicht waren es die vier Mann Besatzung, die auf dem Skalvenmarkt gutes Geld brachten. Dieser Aspekt aber relativiert die romantisierende, durch Bücher, Filme, Opern, Operetten und Lieder popularisierte Vorstellung vom Piratentum, das noch im 21. Jahrhundert die Meere unsicher macht. Das Klischee von Holzbein und Hakenhand ist aus antiken Quellen nicht abzuleiten. Die Arbeiten von Ormerod, Loposzko, Ziebarth, Casson (1988) und de Souza behandeln in unterschiedlichen Denkansätzen das antike Seeräuberwesen. Knapp, aber etwas veraltet ist das Stichwort „Seeraub" der RE II, 3, 1921, 1036–42. Das Stichwort „Seeraub" (DNP 11, 2001, 331–32) gibt eine verlässliche Übersicht und nützliche Literaturangaben. Zum etruskischen Seeräuberwesen: M. Giufrida, *La pirateria etrusca fino all Battaglia di Cuma,* Kokalos, Palermo 1978; M. Gras, *Les Etrusques et la mer: une piraterie au long cours,* Dossier de l'Archéologie 24, 1977, 45–49; frühe Piratenschiffe: L. Basch, *Aegina pirate ships of c. BC 1700*, MM 72, 1986, 415–37. Mögliche Darstellung eines Piratenüberfalls auf ein Frachtschiff: attische Schale um 510 (Basch 1987, Abb. 461–64). Während Herodot nur verstreute Fakten zur Piraterie referiert, versucht Thukydides (I, 5) eine Deutung: „Die alten Griechen nämlich und die Barbaren auf den Inseln und in den Küstenländern legten sich, nachdem sie auch über See in lebhafteren Verkehr miteinander getreten waren, alsbald auf den Seeraub, wobei die Mächtigsten, teils um eigenen Gewinstes willen, teils um auch den Ärmeren Unterhalt zu verschaffen, die Führung übernahmen. Sie überfielen die unbefestigten, noch aus einzelnen Ortschaften bestehenden Städte und plünderten sie, ja, das bildete gradezu ihren Haupterwerbszweig. Auch galten solche Raubzüge nicht etwa für schimpflich, sondern eher für Heldentaten. Gibt es doch auf dem Festlande auch jetzt noch Gegenden, wo man sich darauf was zugute tut, wie denn auch bei den alten Dichtern an Seefahrer bei ihrer Ankunft regelmäßig die Frage gerichtet wird, ob sie Räuber seien, ohne daß sie selbst daran Anstoß nehmen oder die Fragenden ihnen damit einen Vorwurf machen wollen" (Übers. Th. Braun; Kommentar: Hornblower I, 25). Der oben zitierte Plinius hat Recht, wenn „schon das bloße Gerücht von Seeräubern, den Feinden aller Menschen, die Verbindungsstraßen [Seewege, *transitus*] durch seine Schrecken unterbrach" (*Naturalis historia* II, 117; Übers. R. König) – woran sich bis heute wenig geändert hat.

## 3.4 Notizen zur Nautik im 5. Jahrhundert

Unter Rückgriff auf einige bereits in anderen Zusammenhängen aufgeführte Elemente vor Schiffbau und Seefahrt in Herodots Texten und weiteren Quellen beleuchtet das folgende Kapitel noch einmal aus geänderter Perspektive die Probleme und sucht Antworten auf die Frage, wie sich die Griechen und andere Mittelmeer-Anrainer des 5. Jahrhunderts auf See bewegten und im Zusammenspiel von Schiff und Mannschaft, See und Winden ihre Reise-, Transport- und militärischen Aufgaben erledigten. Vor diesem Hintergrund des praktischen Seewesens ist die antike, schon mit Homer einsetzende Beschäftigung mit der Schifffahrt zu verstehen, die in vielfacher Brechung zur Thematik der griechischen und römischen Literatur gehört und hier exemplarisch anklingen soll. *Nauteia* oder *nautikon* war der Sammelbegriff für das Seewesen, das theoretische wie das praktische. Herodot verwendet dafür in VIII, 1, das Abstraktum *nautike*, die Seemannschaft, aber etwa im Gegensatz zu *nautikos* (66-mal), die Seefahrt betreffend, nur einmal. Es heißt, einige der Schiffe der Athener seien „auch von den tapferen und eifrigen Plataiern bemannt, obwohl sie der Schiffahrt unkundig waren" (VIII, 1). Das Fehlen weiterer Belege für *nautike* ist ein deutlicher Hinweis auf den Mangel kohärenter Äußerungen zum Thema. Als Seefahrer in welcher Stellung auch immer hat er das Beladen und Löschen, das An- und Ablegen, das Loten und Ankern, das Setzen, Reffen und Bergen der Segel, Reparatur- und Wartungsarbeiten, die Wacheinteilung, die Nahrungszubereitung und -aufnahme, die Bordhygiene, die Arbeitsmoral, die Entlohnung und die Formen der Freizeitgestaltung beobachten können, doch er hat sich dazu in seinem Geschichtswerk ausgeschwiegen. Sein Verständnis für die in den Kriegsmarinen geübten und in den Seeschlachten angewendeten taktischen Manöver wie *periplous*, Umfahrt, oder *diekplous*, Durchfahrt (durch eine Ordnung gegnerischer Schiffe) scheint begrenzt gewesen zu sein. Geruderte Schiffe hat er in den Häfen und auf See gesehen, aber sie bleiben ihm historische Funktionsträger, nicht Objekte von Betrachtung und Beschreibung, ganz abgesehen von Handhabung, Befehlsgebung usw. Weitgehend verschlossen war ihm offenbar die Navigation, jene Kunst, ein Schiff von A nach B zu bringen. Wenn E. G. R. Taylor (*The Haven-Finding Art*, New York 1957) ihn zitiert, sind das zum Beispiel Hinweise auf das zur Landansteuerung wichtige Loten (II, 5) oder auf die Winde. Die vier „homerischen" Winde waren Notos, Boreas, Euros und Zephyros, die natürlich auch von Herodot genannt werden, aber nicht auf sie bezogene Grundbegriffe wie Abdrift und Kreuzen, Wenden, Halsen, wie Anluven und Abfallen, Luv und Lee, d. h. die Wirkungen der Winde auf Kurs und Geschwindigkeit eines Schiffes, auf seine Manövrierbarkeit und Stabilität. Sie waren Voraussetzung der Segelschifffahrt, werden aber meist dann gewürdigt, wenn sie ihre destruktive Kraft entfalten und so von Einfluß sind auf den Gang historischer Ereignisse wie Artemision: „... und es brach ein gewaltiger Nordostwind los, den die Bevölkerung jener Gegend ‚Hellespontier' nennt" (VIII, 188). Er wütete vier Tage.

In VII, 42, erwähnt Herodot Kane, „ein häufig bezeugtes Vorgebirge (akroterion) mit Siedlung und Hafen" (DNP 6, 1999, 230), ohne seine Rolle im Seewesen zu vertiefen, aber auch das berüchtigte, dreimal erwähnte Kap Malea an der Südspitze der Peloponnes wird eher beiläufig in geografischem als nautischem Kontext genannt; allenfalls so in VII, 168, wo die Winde eine Fahrt um das Kap verhinderten. Nach *Syllographi Graeci* (1229) rühmt sich ein phrygischer Kaufmann, 72-mal das Kap Maleas umrundet um haben – so wie sich im 19./20. Jahrhundert n. Chr. die Kap Horniers vergleichbarer Taten zu rühmen wussten. – Auch Untiefen bildeten ein navigatorisches Problem: Sesostris scheiterte daran im Roten Meer (II, 102), Sataspes im Atlantik (IV, 43). Indirekt bestätigt das, wie landnah man segelte. An Felsen zerbrach die Flotte des Mardonios (VI, 44). Die in VIII, 76, 77, erwähnte Landzunge Kynosura („Hundeschwanz") von Salamis wird als Ansteuerungspunkt für die Häfen von Piräus wichtig gewesen sein, kommt man aus nördlicher Richtung, etwa von Eleusis. Das attische Kap Sunion, eine „klassische" Landmarke, erwähnt Herodot als Piratennest, Tempel-Ort (Abb. 24) und Marinestützpunkt (VI, 87, 90; VIII, 21), aber nicht in seiner noch heute bedeutenden Seezeichen-Funktion. Die *kyaneia* sind zwei wohl auch als Seezeichen genutzte Klippen am Ausgang des Bosporus ins Schwarze Meer. Dareios betrachtet von dort „den Pontos [*euxeinos*] … das wunderbarste von allen Meeren" (IV, 85), und Herodot spekuliert offenbar nach Seefahrerberichten über dessen Maße und stellt – sehr falsche – Berechnungen an.

Das Setzen von Segeln erwähnt Herodot in VI, 14, und VIII, 56, 94 – das ist wenig in einer Welt, in der die Nutzung der Windenergie wichtigstes Antriebsmittel war. In allen Zitaten ist „Segel hissen" kaum mehr als Metapher für Abfahren, das Schlachtfeld Verlassen, ohne eigene ergologische Aussage. Jede Schiffsbewegung eines Frachters erfolgte unter Segel, abgesehen vom Rudern als „Hilfsmotor" oder durch Verholen mit Pferden oder Maultieren in den Häfen. Bei Windstärken etwa ab 34/37 Knoten (= 19/21 km/h oder Beaufort 8/9) mussten die Segel (beziehungsweise das Rahsegel) gerefft oder geborgen werden, da diese beziehungsweise das Schiff selbst gefährdet waren, weil Material und Schiffsstabilität höheren Anforderungen nicht mehr gewachsen wären. „Und kehr dein Schiff scharf gegen Bö und Wellengang …" Dieser Jambus des Archilochos klingt wie eine Segelanweisung, auch wenn sie ohne Kontext überliefert ist.

Nur unzulänglich würdigt Herodot die Kunst der terrestrischen Navigation mit Beobachtung der Küstenformation, mit Peilung von Landmarken aller Art. Seekarten waren offenbar unbekannt, bis 499 Aristagoras nach Sparta kommt und eine wohl bronzene Tafel vorweist, „in die der ganze Erdkreis, alle Meere und Flüsse eingegraben waren" (V, 49). Sie sollte die Spartaner aber mehr von der Größe des persischen Reiches beeindrucken als wirklich praktischen Zwecken etwa in der Seefahrt dienen. Langjährige Erfahrungen in den markanten Küstengewässern waren noch immer die besten Voraussetzungen für *euploia*, für glückliche Seefahrt. Meist wurde gesegelt, gerudert; galt es, freie Seestrecken außer Landsicht zu überwinden, waren Nachtfahrten unerläßlich. Vielleicht war die in II, 44, genannte eine solche, als Küstenfahrt wäre sie wesentlich länger. Leider verzichtet Herodot auf jegliche Einzelheit. Ob man sich der sphärischen Geometrie bei der Standortbestimmung bediente, ist unklar, obwohl deren Grundlagen bekannt gewesen sein dürften. Ein „geometrisches Verfahren zur Positionsbestimmung eines Schiffes auf See" (Casson 1979, 126) hatte Thales von Milet ein Jahrhundert vor Herodot entwickelt. Dass man die Distanzen von Kap zu Insel, von Wachtturm zu Höhenburg richtig einzuschätzen wusste, war eine der navigatorischen Voraussetzungen. Mental gespeicherte Raum-Relationen, Wind- und Strömungsrichtungen, Wasserfärbungen und andere Gegebenheiten wurden genutzt, den sichersten Seeweg zu finden. Die Unzahl verstreuter Inseln, die lange Küstenlinie, die zerklüftete Landschaftsgestalt und das allgemein günstige Klima hatten schon früh die Seefahrt in der Ägäis und damit den ideellen und materiellen Austausch zwischen den Kulturen gefördert und dem Seewesen jene bei Homer, bei Herodot und anderen sichtbaren Impulse gegeben.

Unterschiedlichen Zwecken diente die Fahrt des Demokedes, der fünf Schiffe ausrüstet: „Als alles bereit war, fuhren sie [von Sidon] hinüber nach Hellas. Sie hielten sich nahe an der hellenischen Küste, betrachteten und zeichneten sie auf" (III, 136). Hier beschreibt Herodot, was für Jahrhunderte als *periplous* wichtige Navigationshilfe war. Kaps, Tempel, Inseln, auffällige Siedlungen, Burgen, Naturphänomene wie Winde und Strömungen, Häfen, Ankergründe und Untiefen, aber auch Angaben zu Waren, Märkten und Handelsniederlassungen spielten dabei die entscheidende Rolle. Nautische Instrumente wie Log, Sextant, Astrolab und Jakobsstab und vor allen unter schwierigen Bedingungen präzise Uhren fehlen in seiner Welt. Das Lot ist bekannt (II, 5). Die Begriffe Länge und Breite waren nicht auf das Gradnetz bezogen, sondern auf das Mittelmeer. Künstliche Seezeichen wie die „steinerne Säule" (VII, 183) waren eine Ausnahme, bis der Pharos von Alexandria ein Weltwunder wurde. Entlang der natürlichen und architektonischen Landmarken wurde gesegelt, gerudert. Wie ein Periplus wirkt IV, 99, wo Landschaftsformationen, Flussmündungen und Häfen der Seefahrt wichtige Orientierungspunkte liefern. Die durch den eustatischen Meeresanstieg bedingten Küstenverlaufsänderungen dürften innerhalb einer Generation nautischer Überlieferungen keine Rolle gespielt haben. Ein von Alexanders Admiral Nearchos (ca. 360–12) verfasstes Journal mit dem Titel *Anaplous*, Küstenfahrt, war wohl mehr ein Logbuch als konkrete Segelanleitung unbekannter Gewässer. Neben den *periploi* gab es die *stadiasmoi*, die Stadien- oder Meilenzeiger, also

Entfernungstabellen, die nach den Distanzen Ortsbestimmungen erleichterten. Die Länge des Stadion wechselte zwischen 149 m (hellenistisches Bematistenstadion) und 213 m, was zu beträchtlichen Unsicherheiten führte. Die heutige Seemeile ist vom Äquatorumfang abgeleitet und auf 1852,01 m festgelegt. Unsicherheiten resultierten auch aus den unterschiedlichen Längen der Stunden, die jahreszeitlich und geografisch wechselten und nicht auf 60 Minuten fixiert waren. Plinius (*Naturalis historia* 19, 3–4) überliefert sieben offenbar schnelle Überseereisen von insgesamt 4755 Seemeilen, die 38 Tage dauerten, wobei eine Durchschnittsgeschwindigkeit von gut 5,4 Knoten (= fast 10 km/h) erreicht wurde. Für Herodots Jahrhundert liegen solche präzisen Daten nicht vor, aber es gibt kaum Gründe für die Annahme, dass die Geschwindigkeiten wesentlich geringer waren. Von Rhodos zum Nildelta hätte man weniger als drei Tage gebraucht, stete Nordwinde und professionelle nächtliche Navigation vorausgesetzt. Die astronomische Navigation nutzt die Beobachtung der wahren und scheinbaren Bewegung der Gestirne zur Schiffsort- beziehungsweise Kursbestimmung, was eine Vorbedingung sicherer Nachtfahrten war. Natürlich hatten die Griechen Grundkenntnisse, die sie durch Übernahme aus dem phönikischen Seewesen erweiterten, das aus der hoch entwickelten babylonischen Astronomie bereichert war. Um die Höhen bekannter Fixsterne, den Standort und die Uhrzeit zu messen, bediente man sich des von Ptolemäus im 2. Jahrhundert beschriebenen, aber älteren Astrolabiums; es war „eine kreisförmige Scheibe oder ein Kreisring mit Gradeinteilung in einem im Mittelpunkt drehbaren Meßarm – der Alhidade – über den der zu messende Himmelkörper angepeilt wurde" (Reich/Pagel 1988, 297). Ein solches Gerät findet sich bei Herodot nicht. Ein weiteres Hilfsmittel war der *gnomon*, „eine Art Sonnenuhr: ein Schattenstab auf einem Tablett mit eingezeichneten Hilfslinien, die die Beobachtung der Schattenlänge und -richtung ermöglichen" (Höckmann 1985, 164). Tageszeit, Nord-Süd-Richtung und geografische Breite ließen sich damit bestimmen. Beide Instrumente waren aber ungenau und wohl auch nicht auf jedem Küstenschiff vorhanden. Man verließ sich auf das Erfahrungswissen, wie es schon Homers Epen reflektieren. Trotz der Fähigkeit astronomischen Navigierens blieben die Seefahrer lieber in Küstennähe, wo sie abends an Land gehen, kochen, schlafen konnten. Aus Wracks geborgene, aber in die Jahrhunderte nach Herodot datierte Gegenstände geben einen Eindruck materieller Aspekte des Seewesens: Ein Gefäß trägt eine Weihinschrift an die Göttin Hygia; „Erste-Hilfe-Kästchen" fanden sich in römerzeitlichen Schiffen, eine ganze Kombüse auf einem byzantinischen Wrack; Fischernetze dienten der Nahrungsbeschaffung; ein mit „Aristonos" beschrifteter Teller wird als Beweis für Privateigentum angesehen (Belege und Abb.: Gianfrotta u. a. 1981, 102–13). Die

„lebendige Tradition" der lokalen Schifffahrt in Ägäis und übrigem Mittelmeer gibt manchen Hinweis, wie sie auch in der Antike geübt wurde und trotz solcher Errungenschaften wie Hilfsmotor, Radar und Kompass hergebrachte Seemannschaft und soziale Strukturen bewahrte. Schiffstypen wie *kajik* oder *tsekirne* (türkisch), *skapho* oder *sakoleva* (griechisch) haben verbesserte Segeleigenschaften und weiter entwickelte Rumpfformen, unterliegen aber den gleichen geografischen und navigatorischen Gesetzen wie ihre Ahnen. Zu Herodots Zeit konnte nicht, wie heute, der Polarstern angepeilt werden, sondern der Schnittpunkt der Hinterachsen des Großen und Kleinen Bären, was eine Nordrichtung mit einer Abweichung von unter 1° ergab. Das Zusammenspiel von terrestrischer und astronomischer Navigation und Erfahrung, von Risikobereitschaft und ökonomischen Anforderungen war Prämisse für ein sich erfolgreich entwickelndes Seewesen, in dessen Gefüge auch Herodots Reisen offenbar ohne Hindernisse und Komplikationen stattfanden und so glatt verliefen, wie aus II, 44, vermutet werden darf. Wie schon Hesiod bestätigt, *Werke und Tage* 618–94, zitiert bei Meijer/Van Nijf, Nr. 4 (englische Übersetzung), kam die mediterrane Schifffahrt zwischen Oktober und April weitgehend zum Erliegen. Regen, Stürme oder tief hängende Wolken behinderten die Navigation oder machten sie unmöglich – ein Manko von erheblicher wirtschaftlicher Bedeutung nicht nur für die Hafenstädte, wo Waren fehlten, nichts im- oder exportiert wurde, arbeitslose Seeleute ein Unruhepotential darstellten, aber wo auch Schiffe gewartet, repariert und modernisiert wurden. Geschäfte wurden vereinbart, Versicherungen abgeschlossen, Streitfälle geschlichtet. Mit Absicht inszenierter Schiffbruch, fingierter Piratenüberfall, betrügerischer Bankrott der Versicherer, Desertionen, Wucherzinsen – das waren verbreitete, aber negative Randerscheinungen, mit denen es auch die antike Seefahrt zu tun hatte. Der Kapitän (*kybernetes*) musste sich vor Gericht verantworten; der Eigner oder Charterer (*naukleros*) verlangte Schadensregulierung. Zeit für diese Angelegenheiten boten die Wintermonate, die wohl nicht immer müßig verliefen. Zu den „Seedarlehen", einem der juristischen Aspekte antiker Seefahrt: DNP 11, 2001, 320–22 (mit Literatur). Auf dem Gebiet des Seerechts beginnt sich seit dem 5. Jahrhundert die „Lex Rhodia" durchzusetzen, die juristische Strukturen und ökonomische Verhältnisse der Seefahrt ordnet. Das aus Einzelnormen entstandene Werk ist nur in römischen und byzantinischen Zitaten überliefert. Es hat auch den Alltag der Seeleute geprägt, aber wohl weniger als Tradition, Erfahrung und Praxis. Unmittelbar das Leben der Besatzungen betraf das Asylrecht. Konnten sie sich bei einem Schiffbruch an Land retten, drohte ihnen der Totschlag oder Verkauf in die Sklaverei. Um hier persönliche und Rechtssicherheit zu schaffen, wurden Vertragssysteme beschlossen, die auch die Seeleute schützen sollten, aber auch andere Betroffene. (Zum Asylwesen: DNP 2, 1997, 143–44 [mit Bibliografien]. Das Stichwort *Seerecht* im *Lexikon des Mittelalters*, VII, 1995, 1687–89 [mit Teilbibliografien] knüpft an die Spätantike an.) Praktische Seemannschaft, die Befriedigung der Ansprüche des Marktes, eine funktionierende Landorganistion und ein zuverlässiges Rechtssystem garantierten, was ein unbekannter Autor (Pseudo-Xenophon) im 5. Jahrhundert in der *Athenaion Politeia* schreibt: „Was immer es an Angenehmem in Sizilien oder Italien, in Zypern oder Ägypten, in Lydien oder am Pontos [Schwarzen Meer], auf der Peloponnes oder wo auch immer sonst gibt, all das wurde dank der Herrschaft über das Meer an einem Orte zusammengebracht" (*Athenaion Politeia* 2,6, zitiert nach Flacelière).

Auch nach Auswertung experimenteller Seefahrten – für Handelsschiffe im Jahrhundert nach Herodot zum Beispiel auf dem Nachbau KYRENIA II – bleiben weite Bereiche antiker Seemannschaft unerforscht. Vom Alltag auf See sind wenig greifbare archäologische Zeugnisse vorhanden; Spuren der Arbeit, der Freizeit gibt es kaum; die literarische Quellenlage ist dürftig. Die auf dem Wrack von Yassi Ada/Türkei (7. Jahrhundert n. Chr.) gefundenen Kochutensilien und persönliche Gegenstände der Mannschaft erlauben Hinweise auf bestimmte materielle Lebensumstände des nachantiken Seewesens, auch wenn uns die ideellen verschlossen bleiben. Allen Vorkehrungen, Erfahrungen und Hilfsmitteln zum Trotz: Antike Seefahrt war gefährlich, unberechenbar; Schiffe zerschellten an Klippen, zerbrachen aus Materialgründen, gingen unter nach mangelnder Wartung oder Unachtsamkeit der Besatzung, verbrannten oder wurden von Piraten versenkt. Hunderte von Wracks zeugen davon; stets war der Seefahrer „Gefährte des Todes." Ohne das Wissen von Schiffbruch und Seenot als ständige Bedrohung der Seefahrt wäre die Staatsschiffmetapher nicht Topos antiker Lyrik geworden, so wie es schon um 600 Alkaios (hier nach Emanuel Geibel) formuliert:

Nicht mehr zu deuten weiß ich der Winde Stand,
Denn bald von dorther wälzt sich die Wog' heran
Und bald von dort, und wir inmitten
Treiben dahin, wie das Schiff uns fortreißt,

Mühselig ringend wider des Sturms Gewalt;
Denn schon des Masts Fußende bespült die Flut
Und vom zerborstnen Segel trostlos
Flattern die mächtigen Fetzen abwärts.

(H. Kleinstück, Hrsg., *Griechisch-römische Lyrik*,
Wiesbaden/Berlin o. J., 26)

Hegel gibt der Metapher eine andere Nuance, wenn er den Staat der Spartaner ein „Sklavenschiff" nennt (G. W. F. Hegel, *Vorlesungen über die*

*Philosophie der Geschichte*, Stuttgart 1961, 368) – das es in der Antike nicht gab. Zur maritimen Literatur im weitesten Sinne gehören auch die unter dem Terminus Propemptikon bekannten Gebete, Gedichte und später auch in Prosa abgefassten Reden, deren ältestes Beispiel schon Sappho im 6. Jahrhundert dichtete. Es sind gute (*euploia*-)Wünsche für einen zur See abreisenden Verwandten oder Freund und oft erstarrte Formeln für „die Gefahren der Seereise, das Lob des Zielortes, die Klage darüber, daß man vom abfahrenden Freund verlassen wird" (Robbins, DNP 10, 2001, 414–15). Herodot nimmt, obwohl er davon Kenntnis gehabt haben mag, keine Notiz von dieser Art Gelegenheitstexte. Erstaunlich viele Gedichte der *Anthologia Graeca* thematisieren den Schiffbruch als eine der existenziellen Grunderfahrungen. Vom Hai zerrissen, von Fischen angefressen, die Glieder verstreut, am Strand beraubt, versunken, verschollen – der Gatte, die Braut, der Sohn, der Kaufmann Opfer der See. Für jeden Seemann war es ein unerträglicher Gedanke, auf See zu bleiben statt an Land bestattet zu werden und ohne den Totenkult als Schatten schweifen zu müssen. Den Jahrzehnten vor Herodot gehört Hesiod an, der aus seiner Abneigung gegen die Seefahrt keinen Hehl macht, wenn er (gut beobachtet) Arbeiten und Gefahren aufführt:

> Falls dich jedoch die Lust hinzieht zu stürmischer Seefahrt:
> Wenn die Pleiaden der machtvollen Kraft des Orion entfliehen
> und in das dunstige Blau des weiten Meeres versinken,
> brausen von überall Böen einher der verschiedenen Winde.
> Da ist nicht länger das Schiff auf dem dunklen Meer zu belassen,
> sondern das Feld zu bebauen, bedenkend, was ich geraten.
> Weit auf das Land ist das Schiff zu ziehn und ringsrum ein Steinwall
> aufzurichten zum Schutz vor der Kraft feuchtwehender Winde,
> wenn du den Spund gelöst, daß der Regen des Zeus es nicht durchfault.
> Alles Gerät verstaue in deinem Haus unter Aufsicht,
> ordentlich falte die Flügel des meerdurchfurchenden Schiffes;
> aber das haltbare Ruder ist über den Rauchfang zu hängen.
> Doch für dich heißt es harren der Stunde der Fahrt, bis sie da ist.
> Dann ist das schnelle Schiff ins Wasser zu lassen und drinnen
> Fracht zu verladen, geeignet, Gewinn nach Hause zu bringen, …
> (Hesiod, *Werke und Tage*, 618–31; Übers. L. und K. Hallof).

Genau der gegenteilige Aspekt des antiken Seewesens findet seinen Ausdruck in dem Wunsch *euploei*, gute Fahrt! Aus der Fülle der literarischen und ikonografischen Belege für die Reise zu den Küsten des Paradieses, zu den Inseln der Seligen, zum himmlischen Hafen, sei ein römisches Grabsteinfragment im Museum von Heraklion, Kreta, erwähnt, auf dem drei Personen in einem typologisch schwer bestimmbaren Schiff sitzen und jene Gefilde ansteuern, die in den Jenseitsvorstellungen Hort ewiger Sehnsucht sind (vgl. TROPIS IV 1991, 261–64). Musizierende Putti, rudernde Eroten, segelnde Pygmäen und fischende Knaben beleben mehr verspielt als tiefsinnig das heitere Szenarium der auf Sarkophagreliefs, in Mosaiken und Fresken überlieferten Jenseitsvorstellungen und -hoffnungen. Alle leicht vermehrbaren Zitate spiegeln das ambivalente Verhältnis der Antike zur Seefahrt, aber kaum den Arbeitsalltag auf See, die Lebensbedingungen der Seeleute, die Umstände ihrer Anwerbung und Ausbildung. Ob ein Vierzeiler des Archilochos reale Verhältnisse an Bord von Schiffen reflektiert, ist unklar: Trunkenheit auf See war gefährlich:

> Trage den Krug durch die Ruderbänke des eilenden Schiffes,
> Nimm den Deckel geschwind weg von dem bauchigen Faß,
> Fülle uns ab den purpurnen Wein bis hinunter zur Hefe!
> Denn wir bleiben nicht gern nüchtern bei unserem Dienst.
> (Übers. H. Rüdiger aus Kleinstück, 14).

Eine kraftvolle Bildsprache findet der Chor in Sophokles' *Antigone* für die Beziehungsproblematik Mensch/Seefahrt:

> Ungeheuer ist viel und nichts
> Ungeheurer als der Mensch
> Er überschreitet auch das graue Meer
> Im Notossturm
> Unter tosenden Wogen hindurch.
> Erde, der Götter höchste,
> Die Unerschöpfliche, Unermüdliche,
> Bedrängt sein Pflug. Auf und ab
> Ackern die Rosse ihm
> Jahr um Jahr.
> (*Antigone* V. 332–41; Übers. W. Kuchenmüller).

Ein Lob der Seefahrt und der frühen Seefahrer singt Horaz 400 Jahre nach Herodot:

> Dreifach wappneten Erz und Holz
> Dem die Brust, der zuerst trotziger Meeresflut
> Den zerbrechlichen Kiel vertraut,
> Ohne Furcht, wenn der Süd brausend geflogen kommt.
>
> Mit den Nordwinden heulend ringt,
> Nicht vor Regengestüm noch vor des Notus Wut,
> Der als Herrscher der Adria
> Bald die Woge erregt, bald sie zur Ruhe zwingt.
>
> Den schreckt nimmer des Todes Schritt.
> Der mit trockenem Aug schaut, wie es wimmelnd kreucht,
> Schaut der tosenden Brandung Schaum
> An dem Unglücksgeklipp Akrokerauniens.

Ganz umsonst hat ein weiser Gott
Des ungastlichen Meers Fluten vom Land getrennt,
Wenn die Barke mit keckem Hohn
Wagt verwegen den Sprung auf dem verbotnen Pfad.

(*Oden*, I. 3, 10–25; Übers. nach Kayser u. a.).

Die in den Mythen gebündelten, in der Literatur reflektierten Belege für den *Weg der Griechen zum Meer* (Untertitel) hat in geistvoller Weise A. Lesky (*Thalatta*, 1947) aufgearbeitet. Es geht ihm nicht um praktizierte Religion, um Kulte, sondern um die grundsätzliche und oft ambivalente Einstellung der Griechen zur See, zur Seefahrt, in die uns auch Herodot einen kleinen Einblick gewährt.

# 4. Arbeitsplatz Schiff 2: Seekriege bei Herodot

Ägyptisch-tyrisches Seegefecht unter Apries, etwa 589/70. *Historien* II, 161. – 589 bestieg Apries (Hophra) den ägyptischen Thron und „regierte etwa 25 Jahre, in denen er einen Feldzug gegen Sidon unternahm und in einer Seeschlacht gegen den König von Tyros [*to Tyrio*] kämpfte“ (II, 161). M. Sommer (*Europas Ahnen. Ursprünge des Politischen bei den Phönikern*, Darmstadt 2000, 149) deutet „die auffällige Personalform [to Tyrio]“ dahingehend, dass es „nur einen König von Tyros gab.“ Auch bei Diodorus (I, 68, 1) wird das Treffen erwähnt: „Er [Apries] unternahm einen Feldzug mit starken Land- und Seestreitkräften gegen Zypern und Phönikien, nahm Sidon im Sturm ein und versetzte die übrigen Städte Phönikiens so sehr in Furcht, dass er ihre Unterwerfung erreichte. Er besiegte die Phöniker und Zyprer auch in einer großen Seeschlacht und kehrte mit zahlreicher Beute nach Ägypten zurück.“ Welche Schiffstypen zum Einsatz kamen, welche Taktiken angewendet wurden, sagen die zitierten Autoren nicht; von einer nur „vagen Notiz“ mit Bezug auf II, 161, spricht R. Bichler (2001, 117). Das Ziel des Unternehmens scheint eher materieller denn politischer Art gewesen zu sein. Zu Apries: T. Schneider, *Lexikon der Pharaonen*, 1994, 81–83; DNP 1, 1996, 914; *Lexikon der Ägyptologie* 1, 356–60; Gardiner 1963, 399–400 (verweist auf die unsichere Quellenlage); Helck/Otto 1970, 45.

Seeschlacht von Alalia, um 535. *Historien* I, 166. Die mit den Etruskern verbündeten Karthager besiegen bei Korsika die griechischen Phokaier in einer Seeschlacht, „in der auf beiden Seiten der Rammsporn als taktische Waffe eingesetzt worden ist“ (Pemsel 1975l), oder es ist ein erster Bericht darüber. Dem Vordringen der Griechen nach Westen wurde ein Ende gesetzt. Bei Alalia beginnt, bei Cumae (474 besiegt Hieron von Syrakus die Etrusker) endet die kurze Episode der etruskischen Seemacht, aber es werden auch die Anfänge der karthagischen Seeheerrschaft deutlich, die erst 389 Jahre später ihr Ende fand und deren wichtigste Sachzeugnisse die Schiffe von Marsala aus der Zeit 250/175 sind (Parker 1992, Nr. 661, 662). Die in I, 166, gegebene Zahlenkombination: 60 punische, 60 etruskische gegen 60 phokaische Schiffe wirkt, wie viele bei Herodot, suspekt, taucht aber auch im 1. Jahrhundert analog bei Diodorus Siculus (XIII, 54, 1) auf; es sind wie Minute oder Schock Zahlen des Hexagesimalsystems und somit akzeptable Werte (Lancel 1995, 126). In I, 166, bezeichnet Herodot die faktische Niederlage der Griechen als „Kadmossieg“, nach dem mythischen Gründer von Theben, in dessen Geschichte „ein Sieg für die Sieger so oft Unheil nach sich zog“ (Howatson 1989, 322); vgl. den auf die Schlacht von Asculum 279 zurückgehenden „Pyrrhussieg.“ Zu Korsika: DNP 3, 1997, 208–10; J. Ducat, *Hérodote et la Corse*, in: *Hommages à F. Ettori*, 1982, 49–82. Zu Aleria: DNP 1, 1992, 450–51 (mit Literatur); RE 1, 1, 1893, 1366–67. V. Krings, *Carthage et les Grecs c. 580–480 av. J.-C.*, Leiden 1998, Kapitel „Les leçons d'Alalia“ (93–160) mit extensiver Analyse der historischen Folgen von I, 165–66.

Polykrates' Seeschlacht gegen die Lesbier, ca 530/20. *Historien* III, 39. Nur Erwähnung bleibt III, 39, die Seeschlacht des Polykrates gegen die unterlegenen Lesbier, „... die mit ihrer ganzen Macht Milet zu Hilfe kommen wollten.“ Mehr als ein Gefecht, bei dem nur einige der 100 Pentekonteren der Samier zum Einsatz kamen, war es kaum. Das als SAMIA oder SAMAINA bekannte Mehrzweckschiff des 6. Jahrhunderts wird von Plutarch (*Perikles* 26, 3–4) charakterisiert und von Photios und Suidas (9. Jahrhundert n. Chr.) s.v. *samion ho desmos* als Schiff mit zwei Ruderbänken (*dikrotos*) bezeichnet (Casson 1971, 63). Herodot nennt sie nicht. Dieser Schiffstyp war eine der materiellen Voraussetzungen der III, 122, genannten Seeherrschaft (*thalassokratia*) des Polykrates. (RE–Suppl. V, 1931, 866).

Seeschlacht vor Salamis, Zypern, 479. *Historien* V, 110–13. V, 110–13, enthält den Bericht über die Revolte der Griechen auf Zypern gegen die Perser aufgrund der Informationen vom Ionischen Aufstand. Onesilos' Hilfegesuch wird von den Ioniern erhört, die Perser schicken ein phönikisches Geschwader. Die kombinierte Land- und Seeschlacht von ca. 479 wird ein hellenischer Scheinerfolg; obwohl die Phöniker bei den „Schlüsseln von Zypern“ geschlagen werden können, bleibt die Insel persisch. Es war Dareios' erste Seeschlacht überhaupt. Besonders die von Herodot stets favorisierten Samier taten sich hervor. Zu Lande aber siegten die Perser und beendeten drei Jahre später den Ionischen Aufstand (DNP 5, 1998, 1083, mit Literatur). Zu Salamis/Zypern: RE II, 1, 1920, 1832–44; Stillwell 1976, 794–96. Nicht mehr bei Herodot: Land- und Seesieg der Griechen 449 bei Salamis und Ende der Perserkriege. 306 fand vor Salamis eine weitere Seeschlacht statt, in der drei Nachfolger von Alexander dem Große um die Macht rangen (G. F. Hill, *A History of Cyprus*, 1, Cambridge 1940, 167f.). Im örtlichen Theater wurden „Seeschlachten“ nachgespielt.

Seeschlacht von Lade, 494. *Historien* VI, 7–17. Vor Milet, nicht weit von der Halbinsel Mykale entfernt, liegt die kleine, heute verlandete Insel Lade. Im Ionischen Aufstand standen sich dort 600 persische und 350 ionische (d.h. griechische) Schiffe gegenüber, befehligt von einem phokäischen Admiral mit nur drei Schiffen, der sich gegen Disziplinlosigkeit und Desertionen (während des Kampfes verließen die Geschwader von Samos und Delos den Schauplatz) nicht durchzusetzen vermochte. Die Perser besiegen die schlecht geführte restliche Koalitionsflotte. Ionien wird persisch; die von Athen und Euböa geleistete Waffenhilfe für Milet ist Anlass für die Perserkriege. Bei Lade setzten die ionischen Griechen 363 Trieren gegen 600 ähnliche Kriegsschiffe der Perser und ihrer Verbündeten ein. Nach VI, 11–12, verloren die Ionier das Gefecht, obwohl sie geschickt zu rammen wussten, da einige desertierten. Ihre Kampftaktik wurde jedoch verbindlich und beherrschte die maritimen Auseinandersetzungen für Jahrhunderte (Papalas 2000, 389). Bei Lade kämpften auch Trieren von der Insel Chios mit: „Wie oben erwähnt, hatten sie hundert Schiffe, auf jedem bildeten vierzig erlesene Bürger die Besatzung“ (VI, 15), von deren traurigem Schicksal – sie wurden erschlagen – VI, 16, berichtet. *Epibatai* ist der Terminus für die Seekampftruppe. Die Ostgriechen (Ionier) hatten davon mehr an Bord als die Westgriechen (10 Hopliten, 4 Bogenschützen; vgl. Morrison/Williams 1968, 131), die an Deck wohl weniger Platz dafür hatten. Die Schiffszahlen bei Lade scheinen einen politischen Wendepunkt anzudeuten: Aus der Tatsache, dass die einst so mächtigen Phokaier nur drei Schiffe stellten, ist zu folgern, dass ihre Bedeutung zu schwinden begann, die der Athener (20 Schiffe) aber zunahm – im Vergleich zu Chios, Milet, Lesbos und Samos, die im Schnitt jedoch 77 Schiffe stellten, war das noch wenig. Erst 483/82 überredete Themistokles mit List und Tücke die zögernden Athener zum Bau einer Trieren-Flotte, die in anderen *poleis* schon eine Generation zuvor im Einsatz war. Über die Trainingsmethoden vor Lade informiert VI, 11–12 (vgl. dazu Morrison/Williams 1968, 136). Historische Einbindung: Bichler 2000, 356–57; DNP 6, 1999, 1052; RE 12, 1, 1924, 381; Immerwahr 1966, 246–48; Podlecki 1975, 126; Thukydides VIII, 17; CAH IV, 226–27. VI, 14: Auf dem Markt von Samos sah Herodot das Denkmal (*stele*) für die elf Kommandanten, die das griechische Geschwader bei Lade in Stich gelassen haben, versäumt aber mitzuteilen, ob es außer epi- auch ikonografisch war (VI, 14; How/Wells II 1970, 69; Evans 1991, 4).

Seeschlacht von Artemision, 480. *Historien* VIII, 1–26. Am Kap Artemision (Euböa) errangen die Griechen die ersten Teilerfolg über die Perser. Den 13 verbündeten griechischen Staaten mit 271 Trieren und 7 Pentekonteren standen 1324 persische Trieren und Hunderte Hilfsschiffe gegenüber. 400 dieser Trieren wurden (nach Herodot) Opfer eines Sturms (aber Rodgers 1964, 66, nimmt nur 200 an). Die Griechen hatten keine Verluste. Die sich erst später entwickelnde Schlacht ging unentschieden aus: Die Griechen waren taktisch und waffentechnisch, die Perser zahlenmäßig überlegen. Die Folge der Ereignisse bei Artemision war, dass die Griechen sich nach Süden zurückzogen und den Persern den Weg öffneten, bis sie sich in den athenischen Häfen versammelten. Etwa 500 Jahre nach der

Schlacht fasst Plutarch die Ereignisse zusammen und zitiert am Schluss Pindar (frg. 77g; Übers. K. Ziegler): „Die Gefechte, welche damals in der Meerenge mit der Perserflotte ausgetragen wurden, vermochten zwar den Krieg nicht entscheidend zu beeinflussen, waren aber als Waffenproben gleichwohl von größter Bedeutung für die Griechen. Aus den Taten nämlich, die sie hier unter Gefahren vollbrachten, wurde es ihnen klar, daß weder die Menge der Schiffe noch ihre prachtvoll verzierten Schnäbel, weder das prahlerische Kriegsgeschrei noch die Schlachtgesänge der Barbaren tapfere Männer, die den Kampf nicht scheuen, zu schrecken vermögen, daß man sich vielmehr auf den Feind stürzen und Auge in Auge mit ihn sich schlagen müsse, unbekümmert um dergleichen Nichtigkeiten. Auch Pindar hat dies klar erkannt, wenn er von der Schlacht bei Artemision singt: Der Athener Söhne legten daselbst den schimmernden Grundstein der Freiheit.“ Zu VIII, 13: „Die Deutung, dass die Gottheit eingreift, um ein Gleichgewicht herzustellen, ist wohl Herodots Eigentum. Man hat nachgerechnet, dass die Gottheit ihr Ziel nicht erreicht habe“, da die persische Flotte bei Salamis noch immer ein zahlenmäßiges Übergewicht hatte (J. Krause, *Allote allos. Untersuchungen zum Motiv des Schicksalswechsels in der griechischen Dichtung bis Euripides*, München 1976, 220). Bibliografische Orientierung: RE 2,2, 1896, 1443; Stillwell 1976, 97; CAH IV, 284–91, DNP 2, 1997, 60. Auf Ereignisse vor Artemision spielt die 1959 in Troizen gefundene Inschrift an, die aber in das 3. Jahrhundert zu datieren ist und die u. a. die Evakuierung der Einwohner Attikas nach Salamis dekretiert, vgl. DNP 12, 1, 2002, 870–71 (mit Literatur).

Seeschlacht von Salamis, 480. *Historien* VIII, 40–129. Nach dem Treffen bei Artemision versammelt Themistokles seine Flotte und weitere Kräfte bei der Insel Salamis; es waren wohl 310 Schiffe, wogegen die Perser 800 hatten (die Zahlenangaben bei Herodot sind ungenau und widersprüchlich), so dass ihre ursprüngliche Flotte von 1300 erheblich reduziert war. Vor den alliierten Admiralen legt Themistokles seine taktischen und strategischen Ziele dar (VIII, 60) und lässt im persischen Lager das Gerücht verbreiten, dass die Griechen abzuziehen gedachten, um einem Angriff zu entgehen. Die Rede der Königin Artemisia (VIII, 69) und die mit Ende September schon späte Jahreszeit bewegen Xerxes zum Angriff. Die Enge der Gewässer erzwingt eine dreifache griechische Kampf- beziehungsweise Dwarslinie, in der weder die klassischen Manöver „Durchbruch“ oder „Umfahrt“ noch in größerem Umfang die Rammtechnik zum Einsatz kommen. Die persischen Schiffe hatten durchgehende Decks mit Platz für 40 Seesoldaten, während die griechischen nur erhöhte Kampfplattformen auf Vor- und Achterschiff besaßen, wo nur Platz war für 14 Kämpfer. Erst zur Zeit der Schlacht am Eurymedon hatten athenische Schiffe durchlaufende Decks, ohne offenbar die Zahl der Soldaten zu vermehren (Morrison/Williams 1968, 281). Unter den Athenern, die eigens genannt wurden, war auch Kleinias, der Sohn des Feldherren Alkibiades (um 450–404): „Auf hellenischer Seite zeichneten sich an diesem Tage besonders die Athener Kleinias, Sohn des Alkibiades, der mit zweihundert Mann und einem auf eigene Kosten gebauten Schiff in den Krieg gezogen war“ (VIII, 17). Üblicherweise stellte der Staat das nicht ausgerüstete Schiff, während der Kapitän (*trierarchos*) die Ausrüstung beschaffte und bezahlte. Zu den Besatzungen vgl. Casson 1971, 300–21. Die *epibatei*, rangmäßig dem Trierarchen (*trierarchos*, Kommandant) folgend, bestanden aus etwa 20–30 Jahre alten „Wehrpflichtigen.“ Vor diesen hielt Themistokles vor der Schlacht seine in VIII, 83 aufgezeichnete „wackere Ansprache“ mit ihrer rhetorisch ausgefeilten Dialektik. Über den Verlauf des Treffens berichtet Herodot mit anekdotischer Fülle, aber wenig sachlicher Präzision, die zu den unterschiedlichsten Interpretationen Stoff gab. Er fasst zusammen: „Die meisten feindlichen Schiffe wurden bei Salamis zerstört, teils von den Athenern, teils von den Aigineten. Weil die Hellenen mit großer Geschicklichkeit und in geschlossener Front kämpften, die Barbaren aber keine Ordnung hielten und nichts mit Verstand taten, mußte es so kommen, wie es kam, und dies, obwohl sich die Barbaren an diesem Tage weit tapferer als bei Euboia zeigten“ (VIII, 86). A. Heuß summiert: „Eine geschlagene und stark dezimierte Flotte fand sich am Abend [nach zwölfstündigem Kampf] im attischen Hafen Phaleron ein. Sie hatte ihre materielle Überlegenheit eingebüßt, noch schlimmer den Verlust der moralischen“ (Heuß 1962, 232). Nach Salamis begann ein halbes Jahrhundert athenischer Macht und Blüte, so wie nach dem Sieg über die spanische Armada 1588 (oder über Napoleon 1805 bei Trafalgar) der Aufstieg Englands begann. Die Verluste waren ähnlich: Von 130 spanischen Schiffen kehrten nur 67 zurück. Die Zusammensetzung der Flotten bei Salamis spiegelt die Seemacht der zentralgriechischen Städte: Athen hatte 200 Schiffe (180 mit Athenern bemannt), führte die Liste an und ist stärker als alle folgenden: Korinth (40), Aegina (30), Megara (20), Sparta, 16 (VIII, 1). Auf persischer Seite stellten die Phöniker, Ägypter und die ionischen (asiatischen) Griechen die Hauptkontingente. Wichtige Quelle für Herodots Salamis-Bericht waren Aischylos' *Persai*, um 472 nach Augenzeugen geschrieben; vgl. H. D. Broadhead, *The Persae*, Cambridge 1960 (mit Salamis-Diskussion im Anhang). *Die Perser* des Timotheos von Milet (etwa 450–360) ist eine „lyrische Schilderung der Seeschlacht bei Salamis, fragmentarisch erhalten auf einer Papyrusrolle ...“ (Nickel 1979, 714, mit weiterer Literatur). Ebenfalls nur teilweise erhalten ist die *Persische Geschichte* des Ktesias aus Knidos (um 400), in der an Herodot Kritik geübt, aber auch der Versuch gemacht wird, „die Kunst seiner Erzählung zu übertrumpfen und zu überbieten“ (Nickel 1979, 715). Zu dem 350/00 geschriebenen Papyrus P

9875 im Ägyptischen Museum Berlin mit einem Textfragment der *Perser*: *dtv-Lexikon der Antike* I, 4, 1970, 286. In einer 415 gehaltenen Rede erinnert Perikles auch an Salamis und schließt mit einer Zitat-gewordenen grundlegenden Aussage: „Wir haben im Seekriege mehr für den Landkrieg gelernt als sie in ihren Festlandskriegen für den Krieg zur See. Und so leicht werden sie es nicht dahinbringen, auch tüchtige Seeleute zu werden. Sind wir doch selbst hier in Athen, wo man sich schon seit den Perserkriegen auf die See geworfen hat, in dieser Beziehung immer noch in den Lehrjahren. Wie sollten denn diese Bauern, diese Landratten, gleich brauchbare Seeleute werden, zumal wenn wir mit unseren vielen Schiffen sie in ihre Häfen einsperren und es ihnen dadurch unmöglich machen, sich im Seedienst zu üben. [...] Das Seemannshandwerk ist eine Kunst wie nur eine, die man nicht nur so gelegentlich nebenher treiben kann, sondern auf die man sich mit ganzer Kraft verlegen muß." (Thukydides 1, 142, 5–9; Kurzkommentar und -bibliografie: Austin/Vidal-Naquet 1984, Nr. 79). Für „Kunst" verwendet Thukydides den bedeutungsgeschichtlich wichtigen Begriff *techne*, vgl. dazu DNP 12, 1, 2002, 66–75 (mit Teilbibliografien zu Techne, Technik, Technologie und Technitai). „Skinnos, ein Sklave des Themistokles ... wurde von seinem Herrn vor der Schlacht bei Salamis heimlich mit der Botschaft zu Xerxes gesandt, die Griechen seien uneins und wollten fliehen; die Perser sollten die griechischen Schiffe nicht auseinanderlaufen lassen" (Hofstetter 1978, Nr. 285 zu VIII, 75). „Nach der Schlacht soll ihn Themistokles noch einmal zu Xerxes gesandt haben mit der Mitteilung, er habe die Verfolgung der persischen Schiffe und den Abbruch der Brücken über den Hellespont verhindert" (Hofstetter 1978, Nr. 285, zu VIII, 110). Auf zwei Fragmenten einer bei der Akropolis in Athen gefundenen, in das Jahr 479 datierten Marmorbasis finden sich zwei in attischer Schrift geschriebene Epigramme:

„(A) Dieser Männer Tapferkeit [–] stets [unvergänglich,
– die Götter gewähren.]
Denn sowohl als Kämpfer zu Lande [als auch auf schnellfahrenden Schiffen] verhinderten sie,
daß ganz Hella[s den Tag der] Knechtschaft [erlebte].
(B) So hatten diese stahl[harten Mut in ihrer Brust], als die den Speer
aufpflanzten vor den Toren an[gesichts –]
die in Brand stecken [wollten] die nahe dem Meer gelegene [–]
Stadt, und brachten mit Gewalt der Perser [Heer] zum Weichen."
(Nach K. Brodersen u. a., *Historische Griechische Inschriften in Übersetzung*, I. Darmstadt 1992, Nr. 41. Die brüchige Textgestalt spiegelt die Schwierigkeiten der Übertragung ins Deutsche.)

Der VIII, 2 und 42, genannte spartanische „Admiral" Eurybiades gilt als erster *nauarchos* beziehungsweise Inhaber der *nauarchie*, des erstmals 480 belegten Amtes eines „Flottenchefs“ (DNP 12, 2, 2002, 1073, mit Kurzbibliografie). „Bei Salamis folgte er gegen heftigen Widerstand der meisten Führer der griechischen Schiffskontingente der Plan des Themistokles, die persische Flotte in der Bucht von Salamis zum Kampf zu stellen, akzeptierte aber nach dem Sieg nicht den Rat des Themistokles, die persische Flotte bis zum Hellespont zu verfolgen und die dortigen Schiffsbrücken zu zerstören“ (Welwei, DNP 4, 1998, 296). Kurzinformationen: RE 1 A 2, 1920, 1826–32; Stillwell 1976, 796–97; CAH IV, 304–14; zu Themistokles: DNP 12, 2002, 306–07 (mit Kurzbibliografie). Zu Artemisia: Hofstetter 1978, Nr. 52 (mit Literaturübersicht); zu Themistokles: Hofstetter 1978, Nr. 305 (S. 171–76, mit umfassender Bibliografie).

Seeschlacht von Mykale, 479. *Historien* IX, 96 f. Mykale an der Mündung des Mäander (Menderes, Türkei) war Schauplatz einer Land- und Seeschlacht zwischen Persern und Griechen, in der die Flotte der Perser und ihrer Alliierten entscheidend geschlagen wurde. Herodot und Diodorus Siculus geben über den Verlauf der Kampagne abweichende Berichte, aus denen Folgendes gefiltert werden kann: Die griechische Flotte lag bei Delos, die persische bei Samos, aber die Perser, ohne Energie und Kampfbereitschaft, schickten die phönikischen Schiffe nach Hause in Sicherheit und zogen die ionischen zur Abrüstung an Land. Die Griechen nutzten den Schwächezustand aus, stürmten das von Palisaden umgebene Lager und verbrannten die Schiffe: Es war eine „Seeschlacht“ zu Lande. Da die Griechen dafür nicht genug ausgerüstet waren, dürften ihnen ihre auf den Inseln und in Kleinasien lebenden Landsleute, die aus der persischen Armee desertiert waren, beigestanden haben. Den Bericht Herodots erweitern wir um eine Parallele, Thukydides VIII, 79: „Angesichts dieser Gärung entschlossen sich Astyochos und die Verbündeten in einem Kriegsrat zu der Schlacht, zumal ihnen auch Botschaft kam von den Wirren in Samos. Mit all ihren 112 Schiffen fuhren sie gegen Mykale, wo auch die Milesier zu Fuß hinbefohlen wurden; die Athener ankerten gerade mit den 82 Schiffen von Samos bei Glauke auf Mykale – dort ist der Abstand von Samos zum Festland bei Mykale gering –, und da sie die peloponnesischen Schiffe heranfahren sahen, wichen sie nach Samos zurück, weil sie sich an Zahl einem Kampf um das Ganze nicht gewachsen fühlten; zudem warteten sie noch (denn sie hatten Vorbericht gehabt von der Kampfstimmung in Milet) auf Strombichides, dem sie einen Boten gesandt hatten, daß er ihnen mit den nun vor Abydos liegenden Schiffen aus Chios zu Hilfe eile. Darum also gingen sie auf Samos zurück, und die Peloponnesier, bei Mykale angelangt, schlugen ein Lager auf, so auch das Fußvolk aus Milet und der Nachbarschaft. Tags darauf wollten sie schon Samos angreifen, da wird ihnen die Ankunft des Strombichides gemeldet; alsbald fuhren sie wieder zurück nach Milet. Nun machten die Athener, mit diesen

Schiffen auf 108 angewachsen, selber eine Fahrt gegen Milet, um die Schlacht zu schlagen, da aber niemand gegen sie auslief, fuhren sie wieder nach Samos zurück." D. Fehling (1971, 143) weist auf F. Jacoby (1913, 409) und Herodots Motivwiederholungen hin: „Bei Mykale verwendet der spartanische Nauarch [Oberkommandierende] die gleiche List, wie Themistokles bei Artemision ... und die ionischen Tyrannen bei Lade" (Jacoby 1913). Der Trick war, die Vorbereitungen einer Seeschlacht vorzutäuschen. M. Pohlenz (1937, 150) fasst aus anderer Perspektive zusammen: „Die Parallele zu den Kämpfen auf dem Lande bringt der Bericht über die Schlacht von Mykale und ihre Folgen (IX, 90–122). Wieweit die beiden Operationen in einem inneren Zusammenhang standen und ein fester Plan für beide zugrunde lag, hat leider die Griechen später viel weniger interessiert als die Legende, daß, wie bei Salamis und Himera, so auch bei Plataeae und Mykale die Entscheidung am selben Tage gefallen und die Kunde von dem Landsiege auf wunderbare Weise sofort bis zum andren Kampfschauplatz gedrungen sei. Herodot bewährt sich auch hier als Forscher, der das Erzählte genau nachprüft; aber diese Prüfung war natürlich von vornherein in eine bestimmte Bahn gelenkt, weil der Inhalt der Legende seinem eigenen Glauben so gelegen kam." Kurzinformationen: RE 16, 1, 1933, 1003–04; CAH IV, 341–44: DNP 8, 2000, 570.

Von wenig substantiellen Lexika-Stichworten bis zu kompakten und zitablen (etwa Eder, Stichwort *Perserkriege*, DNP 9, 2000, 605–10) reicht die Bibliotheken füllende Sekundärliteratur zu Herodot, Thukydides und Aischylos über die Seeschlachten als den maritimen Wendepunkten der Kriege, ganz abgesehen von Marathon, Platää, den Thermopylen usw. Es müßte den Rahmen der vorliegenden, andere Schwerpunkte setzenden Arbeit sprengen, noch einmal die historischen, literatur- und seekriegsgeschichtlichen Aspekte des Themas aufzugreifen und neu zu formulieren. Statt dessen soll eine (durchaus auch subjektiv geprägte) Übersicht des von Altphilologen und -historikern, Marineoffizieren und Laien erarbeiteten Schrifttums folgen, das in ihrer Gründlichkeit unterschiedliche Blickwinkel eröffnete, Widersprüche offen legte, strategische wie taktische Konzepte analysierte, das schwimmende Material wertete, die (oft anekdotisch gekleidete) Arbeit der Besatzungen untersuchte und nicht selten zu dem Ergebnis kam, dass Herodot in vielen Fällen die Übersicht verlor, sich in seinen Darlegungen verfing und als Erzähler größere Qualitäten vorzuweisen hat denn als Informant über seestrategische Pläne und taktische Abläufe. Bei F. Jacoby (1913, 438–67) bilden die Perserkriege einen Schwerpunkt, in dem jedoch literarische Fragen größere Aufmerksamkeit beanspruchen als militärische. Ausschließlich Herodots Zentralthema gewidmet ist G. B. Grundy, *The Great Persian War and its preliminaries; a study of the evidence, literary and topographical*, New York 1901 (ND

1969). Auf 591 Seiten legt G. B. Grundy Hintergründe und Feldzüge dar. Kapitel VIII ist Artemision, IX Salamis und XII Mykale gewidmet, in Kapitel XIV untersucht er die Qualität Herodots als Chronisten der Perserkriege. Für C. F. Lehmann-Haupt (in: A. Gercke/E. Norden, Hrsg., *Einleitung in die Altertumswissenschaft*, III, Leipzig/Berlin 1914, 85) ist Herodot „Hauptquelle für die Geschichte der Perserkriege, ... unschätzbar und doch höchst unvollkommen.“ Er vergleicht einige Angaben Herodots mit anderen Quellen, etwa solchen zu Salamis, Artemision und Mykale, und gibt Literaturhinweise. In den Kapiteln III: *Die Chronologie der Perserkriege*, 46–61; IV: *Die Stärke der Heere und Flotten in den Perserkriegen*, 61–81; IV a: *Rhodos im ionischen Aufstand*, 81–83; V: *Der Zug des Mardonios*, 84–87; VI: *Die Kämpfe beim Artemision*, 87–91; VII: *Die Legende von Leonidas*, 91–105; VIII: *Die Schlacht bei Salamis*, 106–22, befasst sich J. K. Beloch, (*Griechische Geschichte*, II, 1926) mit den wesentlichen Abläufen und Hintergründen der Perserkriege, denen in Kapitel XIII noch eine bei Herodot nicht erwähnte Seeschlacht am Eurymedon folgt. Die Untersuchungen sind scharfsinnig und nah an den Texten; Mängel ergeben sich allenfalls aus den fehlenden archäonautischen Forschungsergebnissen, etwa zur Triere (Abb. 25). Nur 13 Seiten widmet F. Schachermeyr (*Griechische Geschichte. Entwicklung und Zusammenbruch*, München 1960) dem „großen Freiheitskrieg“, ohne auf Details einzugehen. Auf den S. 125–54 untersucht H. Bengtson (*Griechische Geschichte*, München ³1974) den „Angriff der Perser auf Griechenland“, verwendet den Begriff des „nationalen Widerstandes eines Volkes“, zeichnet deutend den Verlauf des Krieges nach und fragt nach den Gründen der persischen Niederlage. An Beispielen wie Artemision und Salamis erörtert G. Gottlieb (*Das Verhältnis der außerherodoteischen Überlieferung zu Herodot, untersucht an historischen Stoffen aus der griechischen Geschichte*, Bonn 1963) Übereinstimmungen und Abweichungen zu Diodorus, Thukydides, Aischylos u.a. C. Hignett (*Xerxes' Invasion of Greece*, Oxford 1963) gehört zu den Standardwerken, ohne die jede Beschäftigung mit dem Thema Fragment bleibt. J. L. Myres (1953, 215–98) gibt eine knappe, aber präzise Darstellung von Xerxes' Kriegsvorbereitungen, der Hellespont-Brücke, der Seeschlachten usw., ergänzt durch Kartenskizzen und eine Kurzbibliografie. E. Meyer (*Geschichte des Altertums*, IV, 1, Darmstadt ⁶1965) diskutiert die „Schöpfung der attischen Flotte“, die Seeschlachten und die Wirkung der Perserkriege. Sein Denkansatz ist historischer, weniger militärgeschichtlicher Art. Das Kapitel „The great battles of the Persian Wars“ (Immerwahr 1966, 238–305) untersucht vorwiegend die literarische Struktur der Kämpfe, in die auch die Seeschlachten integriert sind. Mit nur zwei Kriegsjahren befasst sich eine sehr gründliche Studie von P. Green (*The year of Salamis, 480–479 BC*, London 1970) geht aber zwangsläufig auch auf die

Vorgeschichte ein. Die ausführlichen Analysen werden von Karten begleitet, die Herodots, Thukydides' und Plutarchs Texte anschaulich machen. Auf 100 Seiten betrachtet H. Wood (*The Histories of Herodotus*, Den Haag 1972) die Invasionen Dareios' und die Kampagnen Xerxes' bis Mykale vorwiegend unter formalen und literarischen Gesichtspunkten. Mit sämtlichen Aspekten griechischer Kriegsführung befassen sich die fünf Bände von W. Kendrick Pritchett (*The Greek state at War*, Berkeley 1971–91), Entlohnung der Soldaten, das Beutemachen, Opferhandlungen, Kampflieder, Orakel, Waffeneinsatz, Befehlsstrukturen, Bestattungsbräuche – diese u.v.a. Aspekte werden in dem thematisch, nicht chronologisch gegliederten Werk abgehandelt, in dem Herodot eine wichtige Quelle ist. In seinem Kapitel „Verteidigung und Selbstbehauptung: Das Zeitalter der Perserkriege (546–479)" arbeitet E. Bayer ( *Griechische Geschichte*, Stuttgart [4]1977) auf 76 Seiten die Epoche auf und interpretiert die Quellen aus griechischer Sicht. Manche Angabe Herodots wird relativiert; knappe Literaturverweise. Mit der Thematik „Herodot über die Folgen von Salamis" setzt sich W. Marg (in Marg, Hrsg., 1982, 609–28) auseinander und zitiert ein offenbar „wirkliches Wort des Themistokles" VIII, 109, zum „Überleben in Freiheit, im Gefühl des Wertes" (628). Eine nur untergeordnete Rolle spielen die eigentlichen Seekriegsereignisse in R. Scodel, (*Herodotus*, Boston 1982). Eng an den *Historien* gibt sie eine Analyse der Perserkriege bis Mykale. J. V. A. Fine (*The Ancient Greeks, A critical history*, Cambridge/London 1983) enthält in Kapitel 8 auf 84 Seiten eine Analyse der politischen und militärischen Ereignisse mit karger Bibliografie. Eine umfassende Analyse der Perserkriege bieten die Kapitel 8–11 in J. Boardman, Hrsg., *The Cambridge Ancient History*, IV, Cambridge [2]1988, mit den Kapiteln

8: O. Murray, *The Ionian Revolt*, 461–90;
9: N. G. L. Hammond, *The Expedition of Datis and Artaphernes*, 491–517;
10: N. G. L. Hammond, *The Expedition of Xerxes*, 518–91;
11: J. P. Barron, *The Liberation of Greece*, 592–622.

Gründliche Quellenkritik, politische Interpretation und detaillierte Darstellung sämtlicher militärischer Aktionen machen diese Kapitel zu den wichtigsten über die Perserkriege. Dieses Werk setzt Maßstäbe und ist unverzichtbar bei jeder ernsthaften Beschäftigung mit Herodots Jahrhundert. W. Schuller (*Griechische Geschichte*, München [3]1991) stellt Fragen zu den Perserkriegen und verweist auf die einseitige, nur griechische Quellenlage. Die Nummern 1156–80 der Bibliografie enthalten Sekundärliteratur dazu. Mit Salamis als Wende der Kriege beginnt C. Meier (*Athen*, Berlin 1993) seine Abhandlungen und fragt hypothetisch nach den Folgen einer für die Perser siegreichen Schlacht. M. Clauss (*Einführung in die Alte Geschichte*, München 1993, 185) fasst zusammen: „Bei der Behandlung der

*Perserkriege*, wie bei allen Kriegen, ist zu berücksichtigen, welche Seite die Kämpfe beschreibt. Die Perser ‚verloren' ihre Kriege gegen die Griechen auch deshalb, weil die Griechen die Geschichten über diese Kriege schrieben und es ihre Texte waren, die allein auf uns gekommen sind. In den ‚Persern' des Aischylos, 472, nur acht Jahre nach Salamis, aufgeführt, war die griechische Sicht verbreitet, in der Darstellung des Herodot ist sie als großes Ereignis der europäischen Geschichte bereits fest verankert und ging gerade durch die Schilderungen dieses Autors in die Darstellungen bis heute ein." K. Meister (*Die Interpretation historischer Quellen, Schwerpunkt: Antike*, 1, Paderborn 1997) enthält in der „Einführung in die Geschichte Griechenlands im 5. Jahrhundert v. Chr." auf 20 Seiten eine gedrängte Übersicht, interpretiert dazu u. a. den „Athenerpassus" VII, 138–39 (S. 127–34) und gibt damit ein Lehrstück der Methodik. Schwerpunkt des Kapitels „The Great Wars (490–362)" in V. D. Hanson (*The Wars of the Ancient Greeks*, London 1999, 82–134) sind die Landschlachten. Etwas naive Stiche zeigen eine Schiffsbrücke und ein Trierengefecht. J. D. Montagu (*Battles of the Greek and Roman Worlds*, London 2000) legt eine lexikalisch-chronologische Übersicht der Seechlachten von Alalia, Salamis (Zypern), Lade, Artemision, Insel Salamis und Mykale vor und verweist auf die Quellen. Die neuesten Forschungsansätze finden sich zusammengefasst und gewertet in den Kapiteln

23: S. Forsdyke, *Greek History c. 525–480 BC*, 521–49;
24: Th. Harrison, *The Persian Invasions,* 551–78;
25: H. Sancisi-Weerdenburg, *The Personality of Xerxes, King of Kings*, 579–90;
von *Brill's Companion to Herodotus.*

Es wird keine Kriegsgeschichte referiert, sondern es werden die psychosozialen Motive der Beteiligten sowie Herodots Haltung analysiert. Die ca. 550 Titel zählende Gesamtbibliografie öffnet den Zugang zur aktuellen Diskussion.

Außer den hier exemplarisch vorgestellten Monographien gibt es eine nicht überschaubare Fülle von Einzelartikeln zu den unterschiedlichsten Aspekten der Perserkriege und ihrer maritimen Komponenten, die hier nicht weiter erörtert werden können. Die gute Quellenlage aber ermöglicht eine kritische Auswertung der Texte Herodots und Thukydides' für die spezielle Betrachtungsweise der Seekriegsgeschichte, von denen einige Beispiele folgen sollen. Auch heute noch mit Gewinn zu lesen ist das Perserkriege-Kapitel in A. Stenzel (*Seekriegsgeschichte*, 1, Hannover/Leipzig 1907). Die frei berichteten, Herodot gelegentlich unkritisch verpflichteten, auf die maritimen Auseinandersetzungen orientierten Untersuchungen werden von historischem Seekartenmateriel gestützt, das die Situation von Lade, Artemision und Salamis mehr geografisch als taktisch durchschaubar macht. Schwächen sind deutlich, wenn es um Bau und Einsatz der Trieren geht. A. Stenzel, 157, nennt Herodot einen „wahrheitsliebenden, wohlunterrichteten, verständigen und treuen Berichterstatter“ und basiert seine Darlegungen fast ausschließlich auf dessen Angaben und aus der Perspektive eines wilhelminischen See-Offiziers. Wie A. Stenzel hat auch W. L. Rodgers (*Greek and Roman Naval Warfare*, Annapolis 1937) die konsequente Sicht des Marineoffiziers. Kapitel III betrachtet den Ablauf der Perserkriege, Appendix 1 dazu Aischylos' Bericht über Salamis, und 2 die Stärken der Streitkräfte. Die Schiffszeichnungen spiegeln einen veralteten Forschungsstand. Die Entscheidungsschlacht von 480 nimmt H. Pemsel (*Von Salamis bis Okinawa*, München 1975) in den Titel eines Werkes, das in sehr erweiterter Konzeption ab 2000 in sechs Bänden als *Weltgeschichte der Seefahrt* erscheint. Band V wird den Seekriegen bis 1850 gewidmet sein. Die Fülle des Materials läßt ein Eingehen auf Details nicht zu; neue Denkansätze sind nicht zu erkennen. Ohne wissenschaftlichen Anspruch sind Arbeiten wie W. zu Mondfeld (*Entscheidung bei Salamis*, Würzburg 1976) und C. W. Weber (*Segel und Ruder. Die Welt des Meeres bei den Griechen*, München 1991). L. Casson (1979, 144–69) summiert leicht lesbar den Wissensstand unter der Überschrift „Die ‚hölzernen Mauern'“, geht aber nicht auf Details ein, sondern stellt die Einsatzmöglichkeit der Schiffe in den Vordergrund. Das von E. B. Potter verfasste, von P. Heinsius bearbeitete Kapitel „Die Rolle der Seemacht in der Antike“ (E. B. Potter u. a., *Seemacht. Von der Antike bis zur Gegenwart*, Herrsching 1982, 1–13) betrachtet die antiken Wurzeln von Strategie und Taktik und versucht am Beispiel des „griechisch-persischen Krieges“ eine mit Karten belegte kursorische Analyse seiner maritimen Ereignisse. Die Kapitel 4 und 5 in F. Meijer (*A History of Seafaring in the Classical World*, London/Sydney 1986) sind dem Thema „Greeks versus Persians“, untergliedert in „The Invention of the Trireme“ und „The Decisive Confrontations“ gewidmet. Meijer betont die Wirkung der Triere auf die See-Operationen und diskutiert Ursprung, Konstruktion, Besatzung und Manöver dieses neu entwickelten Schiffstyps und dessen Einsatz in den Schlachten. Ohne Detailanalysen bleiben die Kapitel I und II in A. Guillerm (*La marine de guerre antique*, Paris 1993), die die griechische Seekriegsgeschichte auf 13 Seiten summieren. Die Bibliografien der genannten Arbeiten zur politischen und Seefahrtsgeschichte der Perserkriege und zu Herodots literarischer Auseinandersetzung damit erschließen eine Fülle weiterer, z. T. detaillierter und kontroverser Aspekte, auf die hier nicht eingegangen werden kann.

# 5. Arbeitsplatz Schiff 3: Aspekte der Seefahrer-Religion bei Herodot

In den ersten Abschnitten seines Buches lenkt Herodot den Blick auf eine stark maritim geprägte Welt der Mythen und Ereignisse um den Trojanischen Krieg, um sich davon rational zu distanzieren. Helena in Ägypten, nicht in Troja; Entführung der Europa auf einem Schiff, nicht Stier. Ohne die Vorstellung eines blühenden Seewesens ist eine religionshistorische Spekulation in II, 43, nicht zu verstehen, die von einem theoretischen Transfer von Göttergestalten ausgeht, „... daß sie [die Ägypter] damals schon Schiffahrt trieben und es auch bereits hellenische Seefahrer gab ...“, wofür Herodot sehr vage und vielleicht fiktiv „alte Überlieferungen“ erschlossen haben will. Von Seekontakten in mythischer Zeit ist er überzeugt.

Teil einer Arbeitsplatzbeschreibung, aber hier separat betrachtet, ist alles, was mit den religiösen Praktiken antiker Seefahrer zusammenhängt. Aus der Flut der Werke zur altgriechischen Religionsgeschichte (zum Beispiel von Kern, Nilsson, Pettazoni, Persson, Samter, Schachermeyr, Wissowa u. v. a.) ragt nur eine Arbeit heraus, die sich ausschließlich damit beschäftigt: D. Wachsmuths 1967 in Berlin vorgelegte Dissertation *POMPIMOS HO DAIMON. Untersuchung zu den antiken Sakralhandlungen bei Seereisen*, die auf 483 Seiten und mit 2282 Fußnoten alles Erreichbare auswertet und auch unserer Herodot-spezifischen Sicht Orientierung gibt.

In der letzten Strophe des Gedichtes „In a Boat“ schreibt Hilaire Belloc (1870–1953):

If you will Mother me
Till I grow old,
I will hang in your chapel
A ship of pure gold.

Dieses Versprechen, einer Marienkapelle ein Schiffsmodell zu stiften, verknüpft ähnliche Rituale volkstümlicher Religionspraktiken in 2 oder 3 Jahrtausenden, die durch Ausstellungen in Italien, Portugal, Deutschland und besonders Frankreich in das Bewusstsein der Öffentlichkeit zurückkehrten. Der Katalog der Pariser Ausstellung *Ex-voto marins dans le monde de l'antiquité à nos jours* (1981) enthält Material und wissenschaftliche Aufarbeitung und bezieht auch Herodot VIII, 121, ein. Weitere Literatur: DNP 12, 2002, 419–22 (mit Teilbibliografien); umfassend: F. und

C. Boullet, *Ex-voto Marins*, Paris 1978. Nach dem Sieg bei Salamis weihten die Griechen „den Göttern die Erstlingsgaben“, darunter drei „phoinikische Kriegsschiffe“ (VIII, 121), die man nach Sunion, Salamis und zum Isthmos brachte (Abb. 24). Weiter heißt es, dass aus dem „Götteranteil“ der Beute „ein zwölf Ellen hohes Standbild gemacht wurde, einen Mann mit einem Schiffsschnabel [*embolon*] darstellend“ (VIII, 121). Während die Originale Opfer allerlei zerstörerischer Kräfte wurden, blieben die als Ersatz gedachten Abbilder, die Modelle oder Gemälde, z.T. bis heute erhalten (etwa das Weihemodell von der Akropolis: Göttlicher 1978, Nr. 362). Das Äquivalent für deutsch „Votiv“ (von lateinisch *votum*, Gelübde) ist griechisch *anathema*, dessen Verbform sich 54-mal bei Herodot findet. Das Nomen *agalma* – eine andere Sammelbezeichnung für die Weihegabe – verwendet er 66-mal. Zu *Agalma*: DNP 1, 1962, 227 (mit Literatur). Das Wort ist von *agallein* (eine Gottheit) preisen, ehren, abgeleitet. Zu *Anathema*: DNP 1, 1962, 659–60 (mit Literatur). Das Wort bedeutet „was man (der Gottheit) hinsetzt.“ Da Herodot lange auf Samos gelebt hat, mußte er sich auch in den Schiffen der Insel auskennen, zu denen er in III, 59, eine treffende Beobachtung macht: „Im sechsten Jahre wurden sie [die Siphnier] von den Aigineten unter Mithilfe der Kreter in einer Seeschlacht besiegt und in die Sklaverei verkauft. Ihren Schiffen brachen sie die Schnäbel ab, die die Form eines Ebers haben, und stifteten sie in den Athenatempel in Aigina.“ Der Grund für diesen Rachefeldzug der Leute von Aigina war ein Unternehmen, das die Samier unter König Amphikrates ziemlich verlustreich gegen Aigina unternommen hatten: Daher deren „Zug gegen die Samier auf Kreta“. D. Wachsmuth sucht eine Erklärung dafür, dem Kampfsporn eines Schiffes, der damals wichtigsten Seekriegswaffe, die Form eines Eberkopfes zu geben: „Die beim Schiff zunächst überraschende Bevorzugung der Eberkopf-Protome scheint sich aus dem Zweck der Ramme als Angriffswaffe im Schiffskampf zu erklären, wofür die aggressive Symbolik des Eberkopfes … nahe liegen mußte. Man hätte also dem schon der Form nach wie ein ‚Stoßzahn‘ spitz zulaufenden Balken des Embolon [Rammsporn] durch die Animalisierung zum Eberkopf zusätzlich Kraft verleihen wollen“ (Wachsmuth 1967, 245). Diese Interpretation trifft den Kern, sagt aber nichts über geografische Verbreitung und regionale Bevorzugung aus, so dass damit der Befund nur psychologisch gedeutet wird. Umfangreicher als die Text- sind die Bildzeugnisse für den Eberkopfsteven (Göttlicher 2002 und 2004): Ein wohl im östlichen Mittelmeer gefundenes, grob ins 6./5. Jahrhundert datiertes Modell eines Kriegsschiffes könnte Votivgabe an eine See-Gottheit gewesen sein. Aus der Zeit um 50 stammt ein im Hafen von Genua gefundener bronzener Eberkopfsporn von etwa 68 cm Länge (Torr 1964, Abb. 43), der den Beleg für den Eberkopf als Schiffszier noch in römischer Zeit bildet. Auch die Neuzeit kennt den Eber als Stevenzier: die Prunkbarke VILDSVINET in Statens Sjöhistoriska Museum Stockholm trägt ihn als vergoldete Galionsfigur (G. Costa, *Die hölzernen Engel*, Bielefeld 1980, 53). Eine in Delphi erhaltene 14,3 m lange Inschrift aus dem Jahr 480 lautet: „Die Athener haben die Halle und die Waffen und die Schiffsschnäbel [*t'akroteria*] geweiht, nachdem sie sie den Feinden abgenommen hatten (oder: aus der feindlichen Beute)." Es ist unklar, ob sich die Weihung auf V, 77 (Sieg am Euripos) oder VIII, 122 (Salamis) bezieht. Was G. Pfohl hier mit „Schiffsschnäbel" übersetzt, ist eher als „sternpost" (Casson 1971, 86, *Historien* III, 59; VIII, 121), als Heckzier, zu verstehen. Quelle: G. Pfohl, *Griechische Inschriften,* München 1966, Nr. 52. Im 3. Jahrhundert schreibt Philostratos (II) in den um 214/19 verfassten Dialogen (*Heroikos* III, 2), dass ein *nauarchos* („Admiral") eine Protesilas-Statue habe errichten lassen, deren Fuß die Gestalt einer *prora* (Vorschiff) aufgewiesen habe. Noch ein wertvolles Geschenk wird gemacht: „Daraufhin [auf das Drängen der Verbündeten] stifteten sie goldene Sterne, die an einem ehernen Mast befestigt sind und, drei an der Zahl, in der Ecke des Tempels stehen ..." Diese drei „goldenen Sterne" an einer Stange, die laut VIII, 122, die Aigineten dem Tempel in Delphi dedizierten, sind eine besondere Variante seemännischer Weihegaben, deren Spezifika aber unklar sind. D. Wachsmuth (1967, 135) versteht sie, mit Fragezeichen, als Dioskurensymbol und gibt Belege. Die „Söhne des Zeus galten als Helfer in Not, besonders in Seenot" (*dtv-Lexikon der Antike* I, 1, 1976, 217) und genossen als Kastor und Polydeukes in Griechenland, als Castor und Pollux in Rom große Verehrung. Auch nach A. Gauer (1968, 73–74) sind zwei der Sterne (an den Rahenden?) auf die Dioskuren zu beziehen, während der dritte (auf der Mastspitze?) „nach der wahrscheinlichsten Deutung dem Apollon Delphinios zuzuschreiben ist" (Gauer 1968, 74, mit Belegen). Eine bötische Amphora des 4. Jahrhunderts zeigt ein „Schiffsvorderteil [richtig: Achterschiff] mit drei Männern und zwei Sternen (Symbol der Dioskuren?)", so E. Rehbein zu ihrer Abb. 30, so dass das Schiff unter den Schutz der Zeussöhne gestellt wurde, 76. Ähnlich Wachsmuth (1964, 421) zu seiner Abb. 10. Die 33. Homerische Hymne fasst die Idee von den Dioskuren zusammen:

> ... Sie wurden Retter der Menschen auf Erden und Retter der
> sausenden Schiffe. Wenn Orkane sich türmen im unerbittlichen
> Meere, ruft die Söhne des großen Zeus mit Gebeten das Schiffsvolk,
> schreitet zum Bug des Decks, um weiße Lämmer zu opfern.

Zu Thukydides IV, 110 und dem Dioskurentempel Hornblower 1983, I, 349–50 (mit Literatur).

Ein Dioskuren-Gedicht des Alkaios (geb. um 600) lautet in der Übers. von M. Treu:

Von des Pelops Insel erscheint uns gnäd'gen Sinnes, starke
Söhne des Zeus und Ledas, eilt zu uns, ihr Retter im Sturm,
du, Kastor, und Polydeukes.
Übers weite Land und der Meere Wogen tragen rasch die
Rosse euch hin. Ein Leichtes ist's für euch, vor eisigem Tod
zu retten Menschen in Seenot.
Fernher springt ihr dann wohl auf Mast und Rahen, überm
Reff in bläulichen Flämmchen züngelnd, in der Schreckensnacht
Bringt ein rettend Licht ihr treibenden Schiffen.

Im *Supplementum Epigraphicum Graecum* (28, 1978, 24) stiften die Athener wohl als Dank für eine sichere Fahrt nach Lesbos den Dioskuren eine bronzene Speerspitze. Mit einer Anrufung an die Dioskuren endet auch Catulls Gedicht „Phaselus ille …" mit einer Reminiszenz an die Zeiten auf See:

Doch das war einst … Jetzt ruhet es geborgen
Und altert still, und seine Weihschrift lautet:
Castor und Castors Zwilling, seid bedankt!
(Übers. L. Deubner)

Zu den Dioskuroi: DNP 3, 1997, 673–77 (mit Literatur). 91 Votive sind auch die Taue von Xerxes' Hellespont-Schiffsbrücke, die laut IX, 121, den Tempeln gestiftet wurden; Gauer 1968, 36–37, Votivgabe, aber auch Dokument der eigenen Tüchtigkeit ist das IV, 88, genannte Bild, das mit der Widmung

Über die fischreichen Fluten des Bosporus schlug eine Brücke
Mandrokles, und gab Hera dieses Gemälde zum Dank.
Sich errang er den Kranz und Ruhm seiner Vaterstadt Samos,
weil er getreulich erfüllt König Dareios' Begehr

der Konstrukteur dem Hera-Tempel auf Samos stiftete. Ähnlich verhält es sich mit der nach Salamis nach Delphi gestifteten „Schlangensäule" mit den Namen der am Krieg beteiligten griechischen Stämme. Das Meisterwerk antiker Bronzegusstechnik wird in Istanbul aufbewahrt. Zu IV, 88: J. J. Pollitt, *The Art of Ancient Greece: Sources and Documents*, Cambridge 1990, 125–26. Als Maler wird ein Grieche angenommen. Tölle-Kastenbein 1976, 60–62. In I, 164, werden *graphoi*, gemalte Bilder, genannt, aber offen ist, ob sie sich auf nautische Probleme beziehen. Während Fehling (1971, 100) die Bildstiftung des Mandrokles für fiktiv hält, geht H. Volkmann (*Die Inschriften im Geschichtswerk des Herodot*, in: *Convivium, Festgabe für K. Ziegler*, Stuttgart 1954, 50) davon aus, dass sie auf Tatsachen beruht. M. Rener (*Historie und Theorie als Element der Personendarstellung bei Herodot*, Diss. Göttingen 1973, 139) schließt sich dem an. An eine andere Weihung nach Salamis erinnert Simonides (um 556–468) in einem Distichon der *Anthologia Graeca* VI, 215: „Diese den feindlichen Medern [Persern] im Seekampf entrissenen Waffen weihte dahier Diodors [korinthischer Kommandant] Schiffsvolk der Leto als Mal." Vgl. dazu Plutarch, *De Herodoti malignitate* 39,10. Weihegeschenke waren Gaben des Danks an die Götter, dienten oft aber auch nur der Schaustellung und der Erinnerung an eine bemerkenswerte Tat. In den *Epigrammen der Griechischen Anthologie*, Berlin o. J., findet sich unter Nr. 69 ein Vierzeiler des Macedonius (Übers. J. G. Regis):

> Krantas weihte das Schiff dem Poseidon, der Wogendurchkreuzer
> Stellte es hier auf dem Kiel fest in des Tempels Bezirk,
> Das nun nach Lüften am Lande nicht fragt, auf welches der Länge
> Krantas dahingestreckt ewigen Schlummers genießt.

Es verwundert nicht, dass Herodot so viele Votive erwähnt, spiegeln sie doch die erfolgreichen kriegerischen Ereignisse in anschaulicher Weise wider und künden noch für Generationen von der „alten Zeit."

Lustrationen und Libationen, Gebete, Gesten, die Einhaltung kultischer Ge- und Verbote (auch im Schiffbau), die Errichtung von Schifferaltären und -heiligtümern, die auf das Seewesen übertragenen, den speziellen Anforderungen der Seefahrt angepassten antiken Kulte werden auch in Herodots Werk reflektiert. Ohne Riten, Opfer, ohne Gebete und Votationen verläuft die Reise des Kolaios nach Tartessos, denn „es war der Wille der Götter" (IV, 152), dem der Schiffsherr mehr vertraute als dem religiösen Brauchtum. Hier wird zeitloses Gottvertrauen sichtbar, wie es in der Antike selten ist. Ziel aller Riten zu Beginn und während einer Reise ist es, von den Göttern sicheres Geleit (*euploia*, nicht bei Herodot) zu erbitten und nach ihrem Ende dafür Dank zu sagen, dabei war der an Land übliche Aufwand unter Bordbedingungen auf einfache Formen reduziert. An vielen Orten längs den Küsten, an Kaps und Vorgebirgen, besonders an gefährlichen Wasserwegen, befanden (und befinden sich noch heute) kleine Heiligtümer aller Art, wie es bereits in *Ilias* (8, 238–40) erwähnt werden. Man grüßte sie rituell, verehrte und besang sie und spendete beim Vorbeisegeln Wein; auch waren bei gutem Wetter „sakrale Fahrtunterbrechungen" (Wachsmuth 1964, 408) zu Opfern wünschenswert. VII, 191, enthält Informationen dazu: „Drei Tage hielt das Unwetter [bei Artemision] an. Endlich brachten die Magier [der Perser] dem Winde Opfer und beschwichtigten ihn durch Zaubergesänge. Auch der Thetis und den Nereiden [also den griech. Göttern] opferten sie, und der Sturm legte sich am vierten Tage; vielleicht tat er es auch aus eigenem Willen. Der Thetis opferten sie, [weil sie gehört hatten,] dass das ganze Vorgebirge Sepias ihr und den anderen Nereiden heilig sei (Wachsmuth: ... denen die gesamte Vorgebirgsküste Sepias gehörte)." Opfer und Gesänge sind hier die rituellen Mittel, den Willen der Götter günstig zu stimmen. „Als die Hellenen die Kunde [von dem Sturm und dem Schiffbruch] vernahmen, beteten sie zum Retter Poseidon, brachten ihm Trankopfer dar und kehrten schleunigst nach Artemision zurück, denn sie dachten, es würden nur ganz wenig feindliche Schiffe übrigbleiben", heißt es VII, 192. Wir wissen nicht, welcher Art die rituellen Handlungen in diesem Fall waren und ob sie abwichen von dem, was aus Texten (und einigen Bildquellen) überliefert ist, können sie aber generell betrachten und im Kontext werten. Der Text spricht von zwei verschiedenen Riten in einem einzigen Vorgang: von Gebeten zu Poseidon und von Trankopfern für ihn. Beides sind für das antike Griechenland typische Kulthandlungen, die ebenso an Land wie auf See vollzogen wurden, um sich des Wohlwollens der zuständigen Gottheit zu versichern, für Seeleute also Poseidons, der Nereiden, Dioskuren, der personifizierten Winde. Von Opfern zu Beginn einer Reise lesen wir in IX, 92, ohne Details zu erfahren. Auch sie sollten das Unternehmen sicher und erfolgreich machen, vor Verlusten schützen, die Götter gnädig stimmen. Weinspenden und Räucheropfer dienten als Mittel der „Kommunikation" zwischen Menschen und Göttern. Ein bei Libanios (*Declamationes* 6, 37) [im 4. Jahrhundert n. Chr.] „spät bezeugtes, aber vermutlich althergebrachtes Opfer, das man bei einer Seereise vor Besteigen des Schiffes darbrachte" (*dtv-Lexikon der Antike* II, 1, 1976, 229), war das Epibaterion. Der spartanische König Kleomenes (ca. 520–488) wollte 499 Argos erobern. Auf dem Feldzug opferte er mit ungünstigem Vorzeichen dem Fluss Erisanos, dann dem Meer: „Er ging mit dem Heere nach Thyrea zurück, opferte dem Meer einen Stier und fuhr zu Schiffe hinüber in die Gegend von Tiryns und Nauplia" (VI, 76). Kultvergehen und Kriegsverbrechen bestimmten das weitere Schicksal des Kleomenes, der angeblich in einem rituellen Suizid sein Ende fand (DNP 6, 1999, 579–80, mit Literatur). Der Gott, dem das Opfer galt, dürfte Poseidon gewesen sein. Zu Poseidon: DNP 10, 2001, 201–06 (mit Literatur). Nach IX, 81, weihten die Griechen nach den Siegen über die Perser eine Poseidon-Statue. Zu den Meergottheiten: DNP 7, 1999, 1128–30 (mit Literatur). Allgemein zu Opfern: DNP 8, 2000, 1228–52, zu Menschenopfern: DNP 7, 1999, 1253–58 (beide Stichworte mit Teilbibliografien). Ein anderes religiöses Element in der Seekriegsführung findet sich in VII, 16: Die Athener opferten dem Nordwind (Boreas) und baten ihn, er sei ihr Schwiegersohn, um Hilfe. „Nach dem Krieg stifteten die Athener dem Boreas ein Heiligtum, und Simonides dichtete ein Chorlied, in dem er von der Seeschlacht und Gottes Hilfe erzählte. Leider ist so gut wie nichts davon erhalten" (H. Fränkel, *Dichtung und Philosophie des frühen Griechentums*, München 1962, 364). Nach Artemision 480 „bauten sie [die Athener] dem Boreas ein Heiligtum am Ilissosfluß", um den „in Thrakien brausenden Gott des Nordwindes" (Schauenburg 1965) für die durch ihn bewirkte Niederlage der pers. Flotte zu danken. Ihre Opfer und Gebete waren erhört worden – so mit kritischer Distanz zu dem Naturereignis Herodot. Ob das Heiligtum aus mehr bestand als dem obligaten Altar (*bomos*), ist unklar. Zu Boreas (meteorologisch und mythologisch): DNP 2, 1997, 748–49 (mit Literatur), zum Kult der „Windgötter“: *dtv-Lexikon der Antike* II, 2, 1976, 310–11. Strasburger, 1984, 93. 75-mal erwähnt Herodot Winde aller Art (Powell 1960, 25). Zu Altar: DNP 1, 1962, 550–55 (mit Literatur).

In VII, 54, erfahren wir etwas von einem der seltenen unblutigen Seefahrts-Opfer, als die Perser auf der Hellespont-Brücke „allerhand Räucherwerk verbrannten“ und Xerxes „aus goldener Schale eine Spende ins Meer goß und zur Sonne [gemeint ist Mithra] betete.“ Alles das diente dem Schutz vor Unheil, der Gewährung sicherer Fahrt, dem glückhaften Geleit auf dem Wasser. Die Versenkung (*katapontismos*) ist ein wichtiger Teil des rituellen Vorgangs. In seiner Rede VIII, 109, wirbt Themistokles rhetorisch geschickt außer mit psychologischen und politischen auch mit religiösen Argumenten: Götter und Heroen seien die Sieger gewesen, Xerxes habe Götterbilder zerstört und sogar das Meer gegeißelt – einen solchen Gegner müsse man bekämpfen. Sicher hat Themistokles Xerxes' Tun missverstanden (*interpretatio Graeca*), aber genutzt (Wachsmuth 1967, 229, mit weiteren Angaben). Von einer maritimen Opferhandlung wird in VII, 180, berichtet: „Das troizenische [Schiff], geführt von Prexinos, wurde von den nachsetzenden Barbaren [Perser beziehungsweise Phöniker] alsbald genommen. Sie schleppten den schönsten Mann der Schiffsmannschaft nach dem Vorderdeck und schlachteten ihn; sie nahmen es als ein glückliches Vorzeichen, dass der erste Hellene, den sie gefangen, ein so schöner Mann war.“ Der Gott, dem das Opfer gebracht wurde, war Baal; das Vorschiff (*ikria*) der Ort seines Kultbildes. In seiner Abb. 24 mag A. J. Brody (1998) eine solche Opferszene erkennen (Basch 1987, Abb. 826, hier Abb. 10): Das phönikische Grabbild aus Kef el-Blida gibt ein Kriegsschiff wieder, auf dessen Back sich eine Menschenopfer-Szene zu finden scheint. Weitere Diskussion und mythologische Interpretation: Lancel 1995, 224–26. Auch in II, 119, ist von blutigen, von Menschenopfern die Rede. Als Menelaos Ägypten verlassen will, gelingt es ihm nicht: „Widrige Winde hinderten ihn nämlich an der Abfahrt, und als das gar zu lange währte, verfiel er auf folgenden Frevel: Er ergriff zwei ägyptische Knaben und opferte sie“, was das Volk erzürnte und ihn zur Flucht zwang. Offenbar stießen hier griechische und ägyptische Vorstellungen zur Zeit des Krieges um Troja unversöhnlich aufeinander. Von Menschenopfern ist auch in IV, 103, die Rede. Die skythischen Taurer „opfern die Schiffbrüchigen und die seefahrenden Hellenen, die sie auf hohem Meer abfangen, der Jungfrau.“ Die mit Keulen Getöteten werden von der Steilküste der Krim gestoßen und so dem Meer beziehungsweise einer auch maritime Kompetenzen besitzenden Göttin zurückgegeben. Ob zwischen der auf See gemachten, zum Opfer bestimmten Beute und dem späteren Opfer-Ort ein innerer Zusammenhang besteht, ist dem Text nicht zu entnehmen. Die Opferung von Schiffbrüchigen war Usus und vielleicht sogar Ursprung des Iphigenien-Mythos (How/Wells I 1928, 338–39). Nur in diesem Text wird der Schiffbrüchige, *nauegos*, erwähnt; der Schiffbruch selbst, *nauegie*, findet sich in VII, 190, 192; VIII [8], 8, 12, insgesamt fünf Mal. „Die Bemannung der [in der Schlacht von Alalia] untergegangenen Schiffe aber wurde zum größten Teil von den Karchedoniern [Karthagern] und Tyrsenern [Etruskern] aufgefangen, vorgeführt und gesteinigt" (I, 167), offenbar ein Racheakt, der durch „Kampfspiele, Ringkämpfe und Wagenrennen" (I, 167) gesühnt werden sollte, die einen etruskischen, in Rom fortlebenden funeralkultischen Brauch darstellten. Zu den *„ludi"*: DNP 7, 1999, 477–87 (mit Teilbibliografien). Manche der Riten entzieht sich der ethischen oder moralischen Maßstäbe von heute, aber Herodot überliefert sie wertfrei, kaum reflektiert, lebensnah, fern jeder dogmatischen Starre und mehr als maritimes Brauchtum denn als „Materialisierung religiöser Ideen", unter denen W. Nestle (*Griechische Geistesgeschichte*, Stuttgart 1944, 7) „Gebet, Opfer, Weihegeschenke, Orakel" u. a. versteht. Zur „Ritualtötung von Menschen": Strasburger 1984, 388–89 (mit Literatur). In III, 37, findet man einen der seltenen Hinweise auf nautische Kultpraktiken in nichtgriechischen Flotten: „Dabei blieb er [Kambyses] in Memphis, ließ alte Gräber öffnen und betrachtete die [mumifizierten] Leichname. So kam er auch in das Heiligtum des Hephaistos [Ptah] und spottete über das Götterbild. Dies Hephaistosbild gleicht sehr den Pataikosfiguren der Phoiniker, die die phoinikischen Schiffe vorn am Schnabel tragen. Für alle, die sie nicht gesehen haben, will ich hinzufügen, daß sie die Gestalt eines Zwerges haben." In diesem Text erwähnt Herodot kurz ein Schiffsteil, das die Forschung als *pataikos*, Patäke, bezeichnet. Ohne Belang für Konstruktion und Funktion eines Wasserfahrzeugs waren die Patäken die „Schutzheiligen" der Mannschaft. „Typische Figurationen des Apotropäischen am Schiff [der Phöniker] sind die gnomenhaften Patäken" (Wachsmuth 1967, 95), und Herodot weiß davon, dass sie die „Gestalt eines Zwerges haben" (a. a. O., 242). Die Belege für Patäken auf Schiffen sind aber gering an Zahl und Aussagekraft; gern wüßte man mehr: Wer arbeitete sie? Wer wählte sie aus? Wie wurden sie „in Dienst" gestellt? Gab es Riten dabei? Auf solche Fragen bleiben die phönikischen Münzen stumm, die grob stilisiert und überproportional die Patäken mehr andeuten als abbilden. Sie erscheinen im frühen 5., gehäuft im 4. Jahrhundert, und zwar als Kopf oder als – oft bewaffnete – Ganzfigur. Die Übergröße darf als Bedeutungsmaßstab gesehen werden, an Bord wäre sie hinderlich gewesen. Der Pataikos/die Patäke war „eine Amulettgottheit von zweitrangiger Bedeutung, deren heutiger Name auf die Beschreibung eines zwergengestaltigen Schutzsymbols der Phöniker durch ... Herodot zurückgeht" (Shaw/Nicholson 1998, 226). Die ersten wirklichen Patäken tauchen im Neuen Reich auf, die „schönsten Beispiele stammen aus der 3. Zwischenzeit (1069–747 v.Chr.) und aus späterer Zeit" (Shaw/Nicholson 1998, 226), in der Herodot sie kennen gelernt haben dürfte. Ob Bes und Pataikos theologisch identisch waren, ist umstritten, in ihrer Funktion waren sie es sicher. Die Patäken sind ein Teilaspekt der maritimen kanaanitisch-phönikischen Religionsgeschichte, der A. J. Brody eine lesenswerte, von S. Arenson, IJNA 28, 1999, 395–96, kenntnisreich rezensierte Studie gewidmet hat. Nur mit Vorbehalt möchte er die Bugfiguren als Patäken verstehen. Im *Lexikon der Ägyptologie* IV, 1980, 914/15 fasst J. G. Griffith unter „Patäke" zusammen (hier zitiert ohne Anmerkungen): „A term used (as *Pataikoi*) by Herodotus (III, 37) of the figures with which the Phoenicians adorned the prows of their triremes (cf. coins of Arados and Sidon). He explains the form als an imitation of a pygmy (Zwerg) and says that the statue of Hephaistos (Ptah) in Memphis was very similar. In both Phoenician and Egyptian contexts the motive was probably to repel danger (Apotropaikon, Schutzgott). Egyptian forms show affinities with Bes and more especially with Harpocrates (cf. Horusstele), for the Pataikoi are sometimes shown standing on crocodiles (Krokodil) or strangling snakes (Schlange). The etymology is uncertain." H. Menge definiert: „*Pataikoi* ... Patäken, Bilder des ägyptisch-phönikischen Gottes Ptah, die diesen Gott als unförmiges Kind oder häßlichen Zwerg darstellten und am Vorderbug der phönikischen Schiffe angebracht waren" (H. Menge, *Langenscheidts Großwörterbuch Altgriechisch–Deutsch* $^{28}$1994, 533). Ähnlich Liddell/Scott 1966, 1347, mit Bezug auf *Historien* III, 37. Ägyptische Patäken- oder Bes-Figuren sind in großer Zahl gefunden worden; zu nennen sind exemplarisch die ÄS 2904, 5394 und 1317 der Staatlichen Sammlung Ägyptischer Kunst in München, Figuren von durchschnittlich 6 cm Höhe. Seit dem Mittleren Reich taucht eine „Gruppe zwerghafter Gottheiten auf, in denen sich tierische mit menschlichen Zügen, wilde und heitere seltsam mischen ... Im NR errang ein Gott dieser Gruppe ... besondere Beliebtheit als Schutzgottheit des Frauengemachs und des Bettes ... Auch die kleinen Figürchen eines Krüppelzwerges gehören inhaltlich hierher, sie erscheinen allerdings erst mit Beginn der eigentlichen Spätzeit. Nach Vorgang des Herodot nennen wir sie Patäken" (H. Kees, *Der Götterglaube im alten Ägypten*, Berlin 1977, 385). Aus der Fülle der im ganzen altmediterranen Raum verbreiteten Besch-Patäken seien einige aus der Spätzeit genannt. Zwei bronzene Besch-Figuren sind auf Samos gefunden worden: U. Jantzen, *Ägyptische und orientalische Bronzen aus dem Heraion von Samos*,

Bonn 1972, Nr. B 353 (H. 12 cm), Nr. B 1226 (H. 8,9 cm). Es sind Votivgaben des 7. Jahrhunderts. Das Archäologische Museum Istanbul bewahrt unter der Inv.-Nr. (M) 2429 einen 285 cm großen Holz-Besch aus der sidonischen Königsnekropole von Ayya'a. Auch auf Zypern sind Besch-Figuren gefunden worden, die vermutlich im 6./5. Jahrhundert aus Phönikien importiert wurden (vgl. V. Karageorghis, *Coroplastic Art of Ancient Cyprus*, VI, Nicosia 1996, Nr. D 1–4). Uneinheitliche Fundorte machen eine exakte Funktionsbestimmung schwierig. Funde von Besch-Plastiken in Karthago und Tharros (phönizische Kolonie auf Sardinien) belegen die Volkstümlichkeit des Gottes (Harden 1971, Abb. 17, 18). Um 600/400 wurde der bronzene Sockel einer Besch-Pantheon-Gruppe gearbeitet, die aus acht paarweisen Tieren und einer zentralen Besch-Figur besteht (*Le Don du Nil. Art Égyptien dans les Collections Suisses*, Basel 1978, Nr. 332). Ein aus der Herodot-Zeit stammendes achämenidisches Siegel (Berlin *Vorderasiatisches Museum* 3387) zeigt Besch als Dämonenbezwinger (zu Siegeln: I, 195; zu Siegeln mit Schiffsszenen: Göttlicher 1977). Aus dem 4./3. Jahrhundert stammt das Besch-Amulett einer Schweizer Sammlung (Erstpublikation mit Parallelen: *Ägypten. Augenblicke der Ewigkeit*, Mainz 1997, Nr. 206). Die prachtvolle, im frühen 3. Jahrhundert aus blauer Fritte gearbeitete Besch-Statuette Kairo JE 36833 (G. Daressy, *Statues de Divinités* I, *Catalogue Général,* 1906, Nr. 38738) ist durch die feine Modellierung bemerkenswert. Aus dem kaiserzeitlichen Ägypten stammen die Besch-Statuetten E 377–81, aus Nordafrika die Nrn. 435–37 im Louvre: S. Besques, *Catalogue raisonné des figures et reliefs* ..., Paris 1992 (mit Tafelband). Das Griechisch-Römische Museum in Alexandria besitzt unter den Nrn. 22924–23172 und 24650 149 Besch-Figuren. Die kaiserzeitliche „Votivstele mit Darstellung zeigt [u. a.] den Zwergengott Bes als Kämpfer, der ein Messer schwingt" (Gl. 40; *Staatliche Sammlung Ägyptischer Kunst [ÄS]*, München, 1972, Nr. 98). Weitere Belege aus der 25.–30. Dynastie: ÄS 5675 und 4687: Besgefäßfragmente Gl. W. A. F. 29, ÄS 4279, 5854, 5521: Fragmente von Bes-Statuen/-figuren; ÄS 920 und 1341: Pantheistischer Bes; ÄS 2904, 1317, 5394: Patäken; ÄS 95: Bes auf Papyrusdolde; ÄS 5415, 1766, 3423, 768 und 5419: Besch-Amulette. 7 cm hoch ist der „Flacon in Form eines janusgestaltigen Bes-Gesichtes" in Köln (E. Doetsch-Amberger, *Ägyptische Sammlung Köln* 1987, Nr. 53; ähnlich Nr. 54). Massenprodukte sind die Patäke Nr. 103, die Plakette Nr. 111, die Bes-Lampe Nr. 268, das Siegel mit Bes-Gesicht Nr. 142, der „Bes auf einem Stabaufsatz" Nr. 180 und die Statuetten Nr. 252 und 181 – Objekte, die von der Volkstümlichkeit der Gestalt zeugen. Die in Agrigent gefundene, im 4. Jahrhundert gearbeitete „Statuette des Bes in Form eines Gefäßes" (Moscati 1989, 335) steht für die Fülle der phönikischen und westmediterranen Varianten des Gottes. Vgl. Moscati 1989, 115, 246, 288, 289, 329, 332, 401, 420, 517;

473: Münzem mit Besch. Interpretation an weiteren Beispielen: G. Hölbl, *Ägyptisches Kulturgut im phönikischen und punischen Sardinien*, Leiden 1986. Eine grobe „hellenistische“ Besch-Statue wohl punischer Herkunft ist beim Tempel von Bitia, Sardinien, gefunden worden (A. Parrot u. a., *Die Phönizier*, München 1977, Abb. 237. Vgl. Abb. 51, 52, 127, 187, 188, 330). Die Vielfalt der Besch-Bildträger bereichert ein in die späte 30. Dynastie datierter „Hornscippus“ aus Schiefer mit einem grinsenden Besch-Kopf als Nebenmotiv (H. D. Schneider/M. J. Raven, *De Egyptische Oudheid* [im Rijksmuseum van Oudheden in Leiden], Den Haag 1987, Nr. 134; Inv.-Nr. A 1053). Ins Monumentale gesteigert ist die sonst kleine Besch-Gestalt am Hathor-Tempel in Dendera (J. Leclant u. a., *Ägypten. Spätzeit und Hellenismus*, München 1981, Abb. 70), erbaut im 2. Jahrhundert. An derartige Figuren der Spätzeit mag Herodot bei der Abfassung von III, 37, gedacht haben. Ein Tonmodel in Münster (Pekáry 1999, D-93) zeigt u. a. auf dem Deck „Harpokrates mit Patäke“ und belegt das Fortleben von Schiffspatäken noch in römischer Zeit. Mit diesen leicht vermehrbaren Beispielen ist der Typ des Besch hinlänglich bezeugt – aber nicht zu belegen ist, welchen Herodot gekannt haben mag. Der hier gezeigten Häufigkeit und weiten Verbreitung des Besch, der Patäken im religiösen Bereich steht die geringe Nachweisbarkeit im nautischen gegenüber, worauf Herodot verweist. Zur Identifizierung stehen ausschließlich Schiffsbilder auf phönikischen Siegeln und Münzen zur Verfügung. Die Bugfigur einer Galeere auf einer Münze von Arados, 4. Jahrhundert (Ringel, Nr. 47) ist dabei kaum mehr als 2 mm hoch, aber dennoch überproportioniert bei einer Schiffslänge von kaum 7 mm. Die numisnautische Zusammenstellung bei Basch 1987, Abb. 675–98, erlaubt die beste Orientierung. Er deutet zum Beispiel seine Abb. 69/687–89, in Herodots Sinn. Baschs Abb. 682 und 698 erwecken dagegen den Eindruck, dass die Bugfiguren mehr bewaffneten Kriegern gleichen als den passiven Besch-Gestalten, obwohl es auch solche mit Schwertern gibt. Andere (Abb. 695–97) zeigen Löwenköpfe. Eine um 355 in Sidon geprägte Münze zeigt „Av. Galère à gauche la proue ornée d'un pataikos …“ (J. Döring, Hrsg., *Art antique. Collections privées de Suisse romande*, Mainz 1975, Nr. 488, mit Abb. und Literatur). Herodots Patäken-Vergleich ist somit in einer Zeit, „da die Zahl der Amulette ins Ungemessene wuchs und sich zwerghafte, mißgestaltete Dämonen mit anderen Göttern … in der Abwehr des Bösen verbanden“ (Wolf 1962, 432), leicht eingängig. Tierkulte und obskure magische Praktiken verdrängten die dogmatische Theologie, die Herodot weniger verstand als die volkstümlichen Gestalten, etwa Besch. Das Wort wird mit dem Konsonanten *b* „Fuß“ und *s* „gefaltetes Tuch“ geschrieben, aber wie genannt vokalisiert. Herodot müssen solche Figuren vertraut gewesen sein, er mag auch die letztlich die *euploia* sichernden Schiffspatäken gekannt haben, aber mehr lässt er uns nicht wissen. Eine besondere Deutung enthält das Kapitel „Ptah-Hephaistos, der Zwerg. Beobachtungen zur Frage der interpretatio Graeca in der ägyptischen Religion" in S. Morenz, *Religion und Geschichte des alten Ägypten*, Köln/Wien 1975, 476–509. Vgl. auch Beccati, Stichwort Pataikoi, *Enciclopedia dell'Arte Antica* V, Rom 1963, 966 (mit Literatur).

„Als Kambyses ... gegen Ägypten zog, kamen auch sonst zahlreiche Hellenen nach Ägypten, einige ... des Handels wegen, andere in Kriegsdiensten, einige wenige aber auch, um das Land zu sehen" (III, 139, Übers. Marg). Eindeutig ist hier der „sight-seer" *theetes*, der Tourist, gemeint. Zu den frühesten bekannten zählt Hekataios, aber auch Herodot dürfte ein solcher gewesen sein. Unter dem Titel „New evidence for Greek merchantmen" hat L. Casson, IJNA 25, 1996, 262–64, eine attische schwarzfigurische Keramikscherbe der Zeit um 530/20 vorgestellt, auf der fragmentarisch ein Frachtschiff mit einem hier erstmals belegten Stierkopfsteven und der Eberkopfbug eines Ruderschiffes dargestellt sind. Vier Mann auf dem Frachter sind dabei, das Segel zu bergen, drei sind nackt, ein bekleideter vierter war sicher der *skipper* (Casson 1996), ein fünfter, im Bild verloren, der Rudergänger. Auch wenn das Bild ein Jahrhundert vor Herodot entstand, gibt es eine bemerkenswert realistische Frachtschiffsszene wieder, wie er sie vor Augen gehaben haben könnte, als er II, 44, schrieb: „Ich bin auch nach Tyros in Phoinikien gefahren, um über diese Frage so weit wie möglich ins Klare zu kommen. Ich erfuhr nämlich, daß es auch in Tyros ein Heiligtum des Herakles gäbe. Dies mit Weihegeschenken reich geschmückte und ausgestattete Heiligtum habe ich gesehen. Unter anderem standen zwei Säulen darin, die eine aus lauterem Golde, die andere aus Smaragd, der des Nachts leuchtete." Diese Sätze aus II, 44, enthalten eine gedrängte Informationsfülle mit Querbezügen, die hier nur angedeutet werden können. Der ca. 600 km lange Seeweg von Ägypten nach Tyros war in 4–5 Tagen zu bewältigen. Ob Herodot Passagier, Händler, Diplomat oder Tourist war, teilt er nicht mit, es hätte seine Biografie gestützt. Die Angabe des Schiffstyps (*holkas*?) wäre aufschlußreich gewesen, aber er scheint mehr am Herakles-Kult interessiert gewesen zu sein. Den Terminus *emporos*, das ist jemand, der als Passagier „auf fremdem Schiff mitfährt", verwendet nach *Odyssee* (2, 319 und 24, 300ff.) auch Herodot in II, 39, in der Variante des „Verhandelns von Waren zu Schiff" (DNP 3, 1997, 1021–22, mit Literatur), aber nicht in II, 44. In VIII, 118, nennt er die *epibatai* als Schiffspassagiere, die auf Kriegsschiffen üblicherweise zum Kampfpersonal zählten (DNP 3, 1997, 1091). Über die Art der Weihegaben im Melquart-Tempel schweigt sich Herodot aus, doch wären nautische – Schiffsmodelle oder -bilder, ganze Schiffe – in einer Hafenstadt denkbar. Etwa 120 Jahre nach Herodot kommt Alexander der Große nach Tyros. In Arrians *Anabasis* (2,24) heißt es, dass sich unter den Weihegaben, die der König dem Melquart-Tempel stiftete, auch das heilige, bei der Eroberung der Stadt erbeutete Herakles-(Melquart-)Schiff befand (zu Arrianos: DNP 2, 1997, 28–29, dort Sekundärliteratur). Ein dritter Aspekt von II, 44, sind Elemente der Tempelarchitektur: die Säulen. Solche archaischen Säulenpaare standen an verschiedenen Melquart- beziehungsweise Herakles-Heiligtümern der phönikischen Welt und finden sich auch als *Jachin* und *Boas* am Jerusalemer Tempel, einem Werk tyrischer Architekten. Es handelte sich dabei um bildlose Steinmale (DNP 7, 1999, 1198), die auch am Melquart-Tempel von Gades (Cádiz in Südspanien) standen. In einem nicht voll geklärten Vorgang wurden diese Säulen mit Calpe (Gibraltar) und Abila (Marokko) gleichgesetzt, so dass sich daraus der Topos „Säulen des Herakles" = Ende der Welt bildete. In I, 202; II, 33; IV, 42, 43, 152, 181, 185, 196, in VIII, 132, sind diese Säulen geografische Fixpunkte wie in Pindars 3. Olympischer Ode, in Platons *Timaios* 24 e, in Plinius' *Naturalis Historia* II, 167 usw. Das galt bis 1492, als das Ende der Welt beträchtlich verschoben wurde und Karl V. ein Sinnbild für seinen erweiterten Herrschaftsbereich suchte, den 24 Jahre später seine Gelehrten in Dantes *Divina Commedia* (*Inferno* 26) mit „Più oltre", nicht weiter!, fanden, selbstbewusst ins Gegenteil kehrten, zu PLUS ULTRA, noch weiter!, latinisierten, um die von Kaiser- und Königskrone überhöhten Säulen, die sie der Ikonografie Sevillas entlehnten (sie bezieht sich auf die 10. Arbeit des Herakles im nahe gelegenen Tartessos, wo er ebenfalls zwei Säulen auf zwei Kontinenten aufgestellt haben soll), wanden, und so ein noch heute gültiges imperial-habsburgisches Symbol schufen, dessen häufige Verwendung auf lateinamerikanischen Münzen sogar das Symbol für den Dollar (und den Euro?) beeinflusst hat und die das spanische Staatswappen flankieren. In Pindars 3. Nemeischer Ode heißt es in der Übersetzung von O. Werner:

> Während des Allkampfs. Ermattend schwerer Schläge Balsam,
> den heilenden, bringt, der in Nemeas Tiefebne erfochten ward:
> der herrlichste Sieg!
> Wenn – von schöner Gestalt und durch Tat, die ihr gleich ist, –
> Auf zu der Mannheit Gipfel stieg Aristophanes' Sohn,
> dann noch weiter aufs Meer hin, das Ungangbare,
> zu dringen noch über Herakles' Säulen hin, ist nicht leicht.

Plutarch, *Aratos* 14, überliefert den Text einer Bronzestatue des Aratos von Sikyon (3. Jahrhundert) mit den ersten zwei von sechs Versen (Übers. K. Ziegler):

> Rat und kraftvolle Tat dieses Mannes kam Hellas zugute
> Bis zu des Herakles Säulen erstrahlet sein Ruhm.

Ein Vierzeiler des Ammiasos (2. Jahrhundert n. Chr.) greift das Säulenmotiv auf und definiert damit einen ungeheuren Reichtum, der aber dem Angesprochenen ebensowenig nützt wie Iros, dem Bettler aus *Odyssee* 18, 239:

> Wenn du auch deinen Besitz bis zu Herakles' Säulen erweiterst,
> dir wie den Irdischen all bleibt nur von Erde ein Stück.
> Liegen dann wirst du wie Iros, hast einen Groschen und lösest
> langsam in Erde dich auf, die nicht die deine mehr ist.
> (*Anthologia Graeca* XI, 209).

Ein mittelalterliches Beispiel enthält das 1494 in Basel erschienene *Narrenschiff* von Sebastian Brant, wo im 66. Kapitel die Kenntnis der Stelen vorausgesetzt wird (hier zitiert in der neuhochdeutschen Fassung von H. A. Jungclaus):

> Herkules soll haben ins Meer
> Gesetzt zwei eherne Säulen schwer,
> Die eine, wo Afrika begann,
> Die andre fängt Europa an;
> Er hatte wohl acht auf das Ende der Erd
> Und wußte nicht, was ihm für ein Ende beschert, ...

Reisen ohne sich selbst erkannt zu haben ist eine der von Brant gegeißelten menschlichen Schwächen. In *Pisan Cantos* 74 zitiert Ezra Pound (1885–1972) eine Fülle von Motiven, darunter die Säulen:

> You who have passed the pillars and outward from Herakles
> When Lucifer fell in N. Carolina.

Angesprochen wird Odysseus auf dem Weg zu den Grenzen der Erfahrbarkeit.

Zu II, 44: Lloyd 1976, 205–12, Göttlicher, 2003. Zu Melquart: DNP 7, 1999, 1198–99 (mit Literatur).

Herakles' Säulen sind mehr literarisches als ikonografisches Thema. In den 1696 Darstellungen im *Lexikon Iconographicum Mythologiae Classicae* IV, 1, 1988, findet sich kein Beispiel dazu. Die Säulen des Herakles als Thema der europäischen Kunst: J. D. Reid, *Classical Mythology in the Arts, 1300–1990s*, New York/Oxford 1993, 531–32 (12 Titel, es fehlt darin u. a. eine Bildfolge mit Herkules-Taten von Lukas Cranach dem Älteren (1472–1553); eine Tafel zeigt Herkules und Atlas mit den Säulen (Herzog Anton Ulrich-Museum Braunschweig, Nr. 715). Geografiehistorisches zu den *„Pylai Gadeirides"*, der Meerenge von Gibraltar: DNP 10, 2001, 612 (mit Literatur). Mit den Säulen versperrten die Phöniker symbolisch zur Sicherung ihres Machtanspruchs das Mittelmeer.

„Frauen von Kolias werden mit Ruderholz [*eretmoisi*] kochen und braten" (*Anthologia Graeca* IX, 509). Dieser Vers des um 480 geborenen

Atheners Lysistratos findet sich in VIII, 96, als: „Kolias' Weiber rösten dereinst mit Rudern [persischer Schiffe] die Gerste" und verweist auf einen Komplex antiker Religionspraxis: die Orakel, von denen einige auch das herodoteische Seewesen betreffen. Er ist eine Voraussage der persischen Niederlage von 490. In der Grauzone von geschickt formulierten Orakelworten und deren Einfluss auf das politische Leben, auf die Manipulation des öffentlichen Bewusstseins findet sich der Spruch von den „hölzernen Mauern" (VII, 140f.). Die vom strategischen Denken gelenkte Interpretation eines in seiner Aussage offenen, in seiner Authentizität zweifelhaften Spruches durch Themistokles instrumentalisierte die athenische Flotte letztlich zu einem Ausdruck göttlichen Wirkens zum Wohl der Stadt, mit dem Flottengesetz und dem Sieg bei Salamis als Folge. In der spätlateinischen Literatur wurde das Salamis-Orakel von Eusebios, Clemens Alexandrinus und Polyainos gedeutet (Belege: Ehrhardt 1988, 861). Das Orakel in III, 57, 58, warnt die Siphnier vor einem „hölzernen Feind und dem roten Herold", der in Gestalt der so gestrichenen Schiffe der Samier erschien, die die Siphnier besiegten und erpressten. In I, 174, führt ein Spruch der delphischen Pythia zur Einstellung der Bauarbeiten an einem Durchstich, der aus Knidos eine vermeintlich sichere Inselstadt gemacht hätte. Zu Orakeln: DNP 9, 2000, 2–7 (mit Literatur). Wenig Beachtung fanden unter Religionshistorikern einige Sätze in I, 167: „Die Bemannung der [um 540 in der Seeschlacht von Alalia] untergegangenen Schiffe aber wurde von den Karchedoniern [Karthagern] und Tyrsenern [Etruskern] aufgefangen, vorgeführt und gesteinigt …" Das schuldhafte Verhalten der siegreichen Agyllaier (Bewohner des späteren Caere) gegen die unterlegenen Phokaier ließ das delphische Orakel sie durch „große Totenopfer …, Kampfspiele, Ringkämpfe und Wagenrennen" büßen, Veranstaltungen ganz in etruskischer Tradition, die die Römer bis in das Ende der Kaiserzeit in profanisierter Form weiter pflegten.

Die Freude Herodots an wundersamen Visionen ist u. a. in der gespensterhaften Erscheinung einer Frau zu Beginn der Seeschlacht bei Salamis zu erkennen, nach der „den Hellenen eine Frau erschienen sei und mit lauter Stimme, so dass das ganze Heer es hörte, sie angefeuert habe. Sie habe mit den schmähenden Worten begonnen: „‚Feiglinge, wie weit wollt ihr denn rückwärts rudern!'" (VIII, 84). Herodot aber klärt nichts auf, die Sache bleibt rätselhaft und irrational.

Typisch für Herodots religiöses Denken ist VII, 190: „Einem Magneter Ameinokles hat dieses Schiffsunglück [der Perser am Kap Sepias] viel Glück gebracht. Er sammelte nachher eine Menge an Land getriebener Gold- und Silberbecher und eignete sich noch andere wertvolle Gegenstände an." Das machte ihn reich, aber „auch er hatte ein schweres Schicksal, den Tod seiner Söhne, zu tragen". Großem Glück steht bei Herodot oft großes Unglück gegenüber, das Schicksal, der Wechsel des Geschicks, schafft ausgleichende Gerechtigkeit.

Zum Verständnis Herodots unter dem Aspekt dieses Kapitels ist unerlässlich: G. Lachenaud, *Mythologies, religion et philosophie de l'histoire dans Hérodote*, Lille/Paris 1978. „Le géographe, le moraliste, le penseur, l'homme religieux" sind im Werk Herodots nicht zu trennen (Dewald/Marincola 1987, 22). Zusammenfassende Interpretation der Religion Herodots: M. P. Nilsson, *Geschichte der griechischen Religion*, I, München, ³1967, 759–67. Auf den „gepeitschten Hellespont" spielt K. Krolow, *Herodot oder der Beginn der Geschichte*, Waldbrunn 1983, im 9. Gedicht an.

# Abbildungen

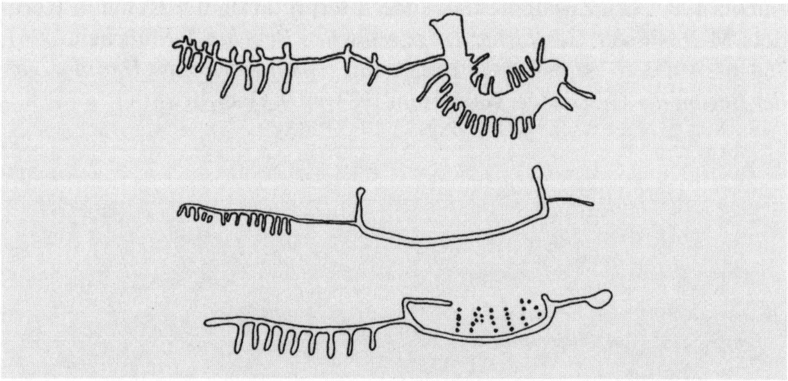

Abb. 1: Drei Treidelszenen von vorgeschichtlichen nubischen Felsbildern; Länge der Schiffe 32, 40 und 28 cm.

Nach R. Engelmayer, *Felsgravierungen im Distrikt Sayala-Nubien, I,* 1965.

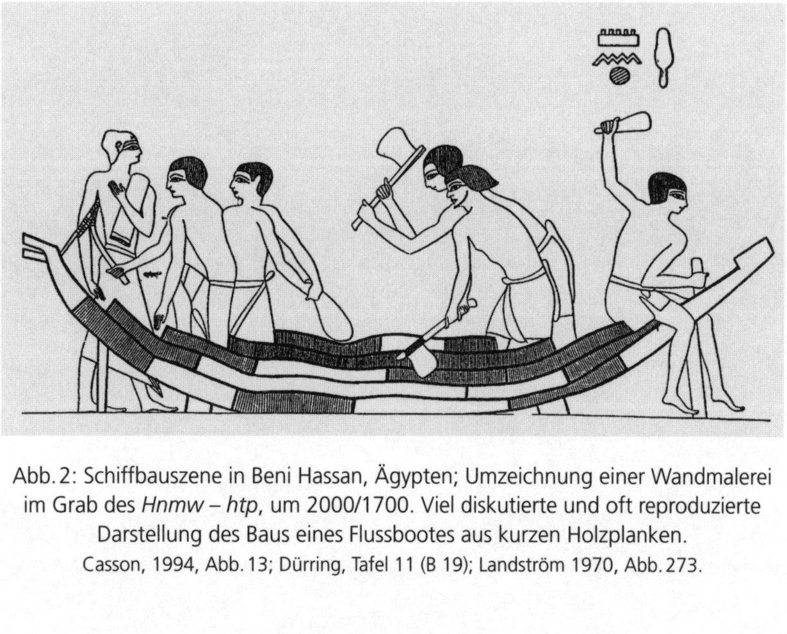

Abb. 2: Schiffbauszene in Beni Hassan, Ägypten; Umzeichnung einer Wandmalerei im Grab des *Hnmw – htp*, um 2000/1700. Viel diskutierte und oft reproduzierte Darstellung des Baus eines Flussbootes aus kurzen Holzplanken.

Casson, 1994, Abb. 13; Dürring, Tafel 11 (B 19); Landström 1970, Abb. 273.

Abb. 3: Aus der Zeit um 1200/700 stammt das 12,3 cm lange Fragment eines Modellbettes mit erotisch-magischer Darstellung der Göttin Qadesch im Papyrusnachen; l. eine Besch-Figur.
Ägyptisches Museum Kairo. – Nach MDAK 41, 1985.

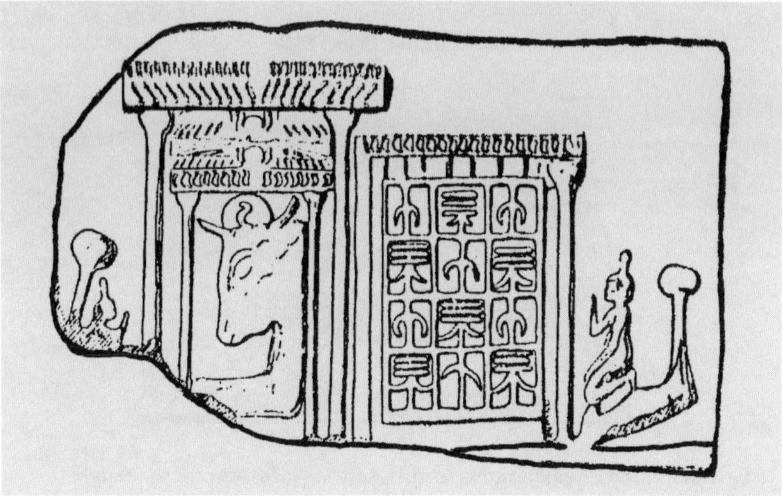

Abb. 4: Kalksteinrelief mit Wiedergabe der Bestattungsbarke des Apis-Stieres.
Ägyptisches Museum Berlin, Nr. 7494. – Nach A. Erman, *Die Religion der Ägypter*, 1934.

Abb. 5: Die Fahrt des Verstorbenen
in der Sonnenbarke;
Vignetten aus Totenbüchern.
Nach A. Champdor,
*Das Ägyptische Totenbuch*, 1980.

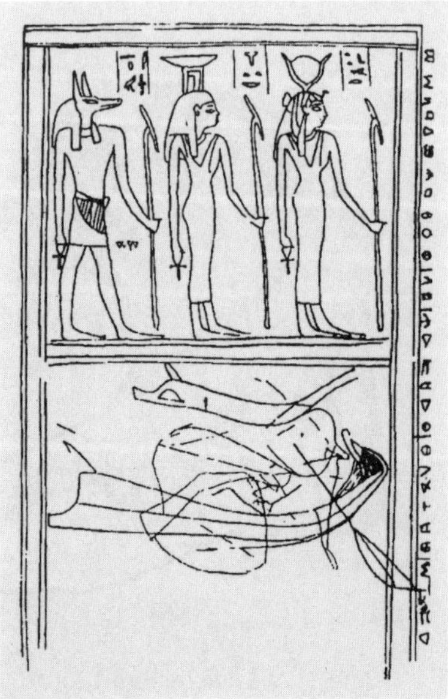

Abb. 6: Detail von einer 59 cm hohen und 35,5 cm breiten Grabstele unsicherer Herkunft mit sorgfältigem ägyptischen Relief, rohen (später zugefügten?) Graffiti von zwei Kriegsschiffen und einer Hieroglyphen- und einer karischen Inschrift; um 589/70. Die Stele könnte Hinweis sein auf karische Seeleute in Diensten des Apries. – Musée historique cantonal Lausanne, Nr. 4727.
Nach Lloyd, in: Oliver, 2000.

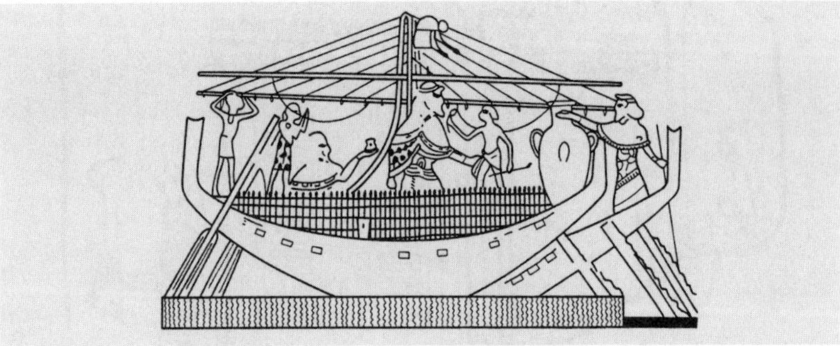

Abb. 7: Syrisch-phönikische Frachtschiffe in einem ägyptischen Hafen; um 1560/1300.
Nachzeichnung einer heute zerstörten Szene im Grab des Ken-Amun in Theben.
Dürring, Abb. 58; Landström 1970, Abb. 406.

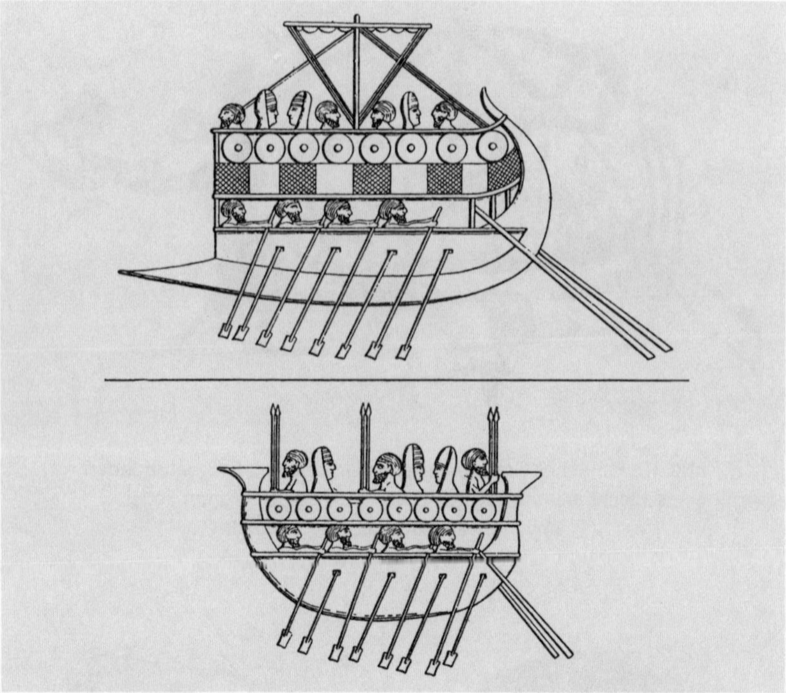

Abb. 8: Assyrische Kriegsschiffe, Reliefbilder. Um 705/681 gearbeitete Darstellungen im Palast des Sanherib in Kujundschik mit Wiedergabe eines asymmetrisch gebauten Kriegsschiffes mit Sporn, doppeltem Lateralruder und gerefftem Hilfssegel; unten ein unter Riemen fahrender Truppentransporter.
Nach Torr 1964; Hausen, Bild 19; Vocino, Abb. 29 oben.

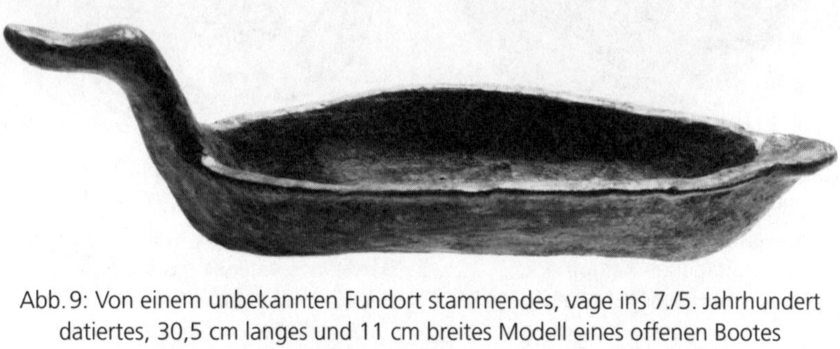

Abb. 9: Von einem unbekannten Fundort stammendes, vage ins 7./5. Jahrhundert datiertes, 30,5 cm langes und 11 cm breites Modell eines offenen Bootes (Einbaums?) mit elegant stilisiertem Entenkopfsteven, wie sie im alteuropäisch-ostmediterranem Kulturraum weit verbreitet waren.
National Maritime Museum Haifa, Nr. 4271.

Abb. 10: Punisches Graffito aus el-Blida, Tunesien; 6./5. Jahrhundert, schlecht identifizierbare Szene mit Kriegsschiff unter Segel.
Brody, Abb. 24; Höckmann 1985, Abb. 88.

Abb. 11: Um 340 gearbeitete Münze aus Byblos mit überproportional großen Bewaffneten auf dem von Stützen getragenen Kampfdeck; Löwenkopfgalion, Eberkopfsteven, Dreifachramsporn.
Nationalmuseum Beirut.
Morrison/Coates 1996, 195; Morrison 1996, Nr. 4 b.

Abb. 12: Spätphönikisch-hellenistisches Schiffssiegel aus Sidon, 2. Jahrhundert, gefunden in Kedesh, Israel; symbolische Darstellung einer Kriegsschiffsprora, auf der eine nicht eindeutig identifizierbare Gestalt (Personifikation von Stadt und Hafen Sidon?) sitzt.
Hebräische Universität Jerusalem.
Nach Ariel/Naveh, BASOR 329, 2003.

Abb. 13: Guffas (*quffât*), irakische Rund- oder Korbboote in einem Aquarell von Trevor Haddon (1864–1941).
Victoria and Albert Museum London, P 335.

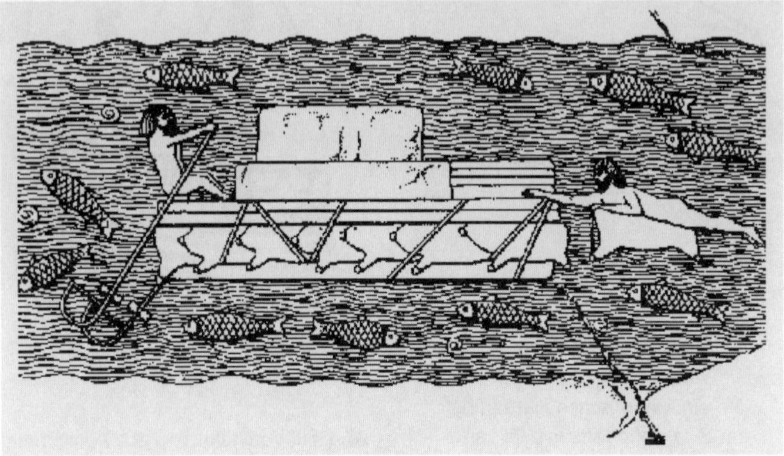

Abb. 14: Kellek, assyrisches Relief aus Kujundschik (Ninive), um 705/681. Bekannte Darstellung eines großen, schwer beladenen, verschnürten Hautbalgfloßes. Der Mann r. hat einen Balg als Schwimmhilfe.
British Museum London, OD I. 55. – De Graeve, Abb. 54; Dürring, Abb. 30.

Abb. 15: Indische Segel- und Ruderkatamarane der Koromandel-Küste; 20. Jahrhundert.
Nach Dudszus/Henriot.

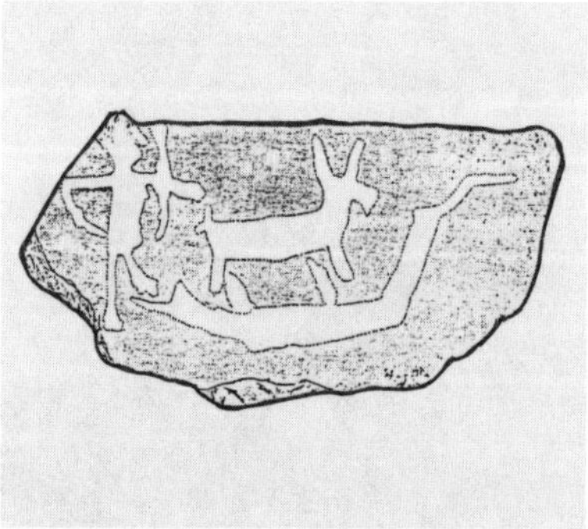

Abb. 16: Frühbronzezeitliches Felsbild von Korphi t'Aroniou, Naxos, mit Darstellung eines Ruderbootes mit steilem Vorsteven, auf das offenbar ein Tier getrieben wird.
Museio Apeiranthos, Naxos. – Walker, Abb. 68; Wedde 2000, Abb. 413.

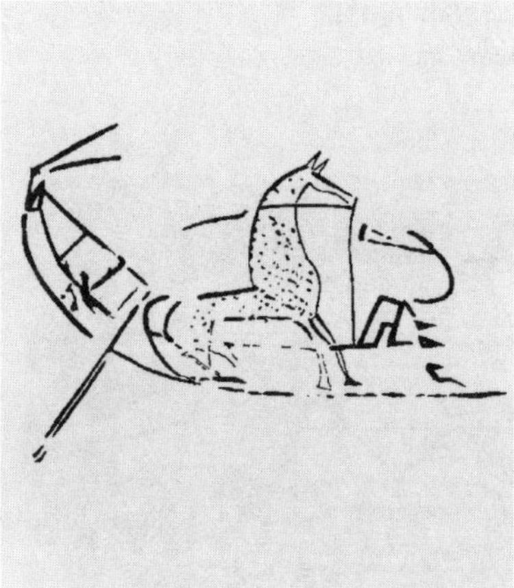

Abb. 17: Pferdetransport auf einer böotischen Plattenfibel des 8. Jahrhunderts mit stilisierter Wiedergabe eines *hippagogos* auf der Basis eines „geometrischen" Kriegsschiffes.
Antikenmuseum Berlin, Nr. 31013.
Nach Basch/Artzy.

Abb. 18: Votivtäfelchen aus Korinth mit Wiedergabe eines Handelsschiffshecks mit Mast und Takelage, 7. Jahrhundert.
Nach O. Raquet/M. Collignon, *Histoire de la ceramique grecque*, 1888; Casson 1971, Abb. 98.

Abb. 19: Für die „maritime" Bildkunst des 6. Jahrhunderts typische schematisierte Darstellung eines Kriegsschiffes mit Eberkopfbug, Brustwehr, Mannschaftsköpfen und Rudergänger.

Muzeum Narodowe, Warschau, Nr. 198561.

Abb. 20: Bootsmodell, Ton, 4. Jahrhundert n. Chr., Länge 18,5 cm, Breite 6 cm. Wiedergabe eines ägyptischen Flussbootes mit Deckshaus und hohem Achterschiff.

Museum Benaki, Athen, Nr. 12846.

Abb. 21: Spätkorinthischer Aryballos
mit Ruderschiff, eine Arbeit der Zeit um 575/50
mit lebhafter Darstellung eines schnellen sportlichen
oder militärischen Einsatzes eines offenen Schiffes
unter Riemen.
Die zentrale Gestalt ist der *keleustes*,
der Kommandant.
Nationalmuseum Athen, 281.
Morrison/Williams, Arch. 50; Casson 1971, Abb. 83;
Gray, J 6.

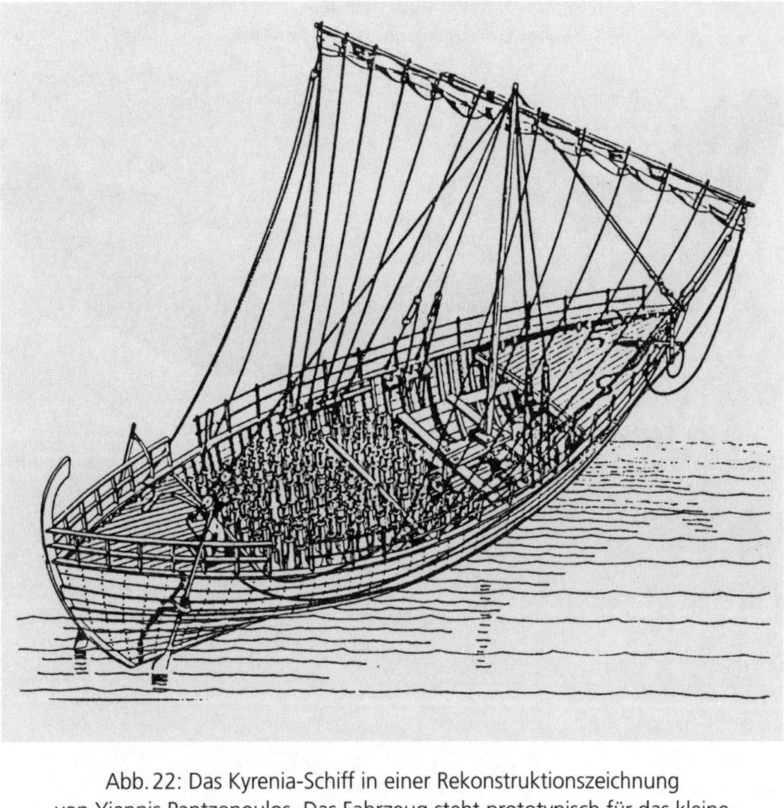

Abb. 22: Das Kyrenia-Schiff in einer Rekonstruktionszeichnung von Yiannis Pantzopoulos. Das Fahrzeug steht prototypisch für das kleine Frachtschiff des 5./4. Jahrhunderts. Sein Vorbild, der 4,40 m breite und 14,30 m lange Nachbau von 1985, entstand nach dem Wrackfund von 1967/72.

Abb. 23: Attisches Grabgefäß (*lekythos*) der Zeit um 460 mit Abschiedsszene: Links erwartet Charon mit seinem Kahn (*kymba*) den Schatten der Verstorbenen zur Fahrt über den See der Unterwelt.

Nationalmuseum Athen, ∑T 2.

Abb. 24: Der Rekonstruktionsversuch gibt den Poseidontempel von Kap Sunion sowie ein persisches Beuteschiff wieder, wie es nach Salamis dem Heiligtum geweiht wurde.

Zeichnung: Walter Werner.

Abb. 25: Die OLYMPIAS unter Segeln und Rudern bei Experimentalfahrten im Mittelmeer, um 1990. Das unter griechischer Flagge fahrende Schiff ist der Nachbau einer attischen Triere des 4. Jahrhunderts.
Foto: The Trireme Trust.

Abb. 26: Aus Artimino stammende Bucchero-Vase des späten 7. Jahrhunderts mit Weihrauchbehälter in Gestalt eines wohl etruskischen Kriegsschiffes mit niedrigem Vor- und hohem Achterschiff; Länge ca. 17 cm.
Museo Archeologico, Artimino, Nr. 96813.

Abb. 27: Schiffsbild von einer Elfenbeinsitula aus Chiusi, spätes 7. Jahrhundert. Wiedergabe eines etruskischen Frachtschiffes (Amphore und Rudergänger hier fortgelassen) mit „Ramm"-Bug, abgestagtem Mast, gerefftem Segel und an Backbord geführtem Lateralruder.
Nach Hagy 1986.

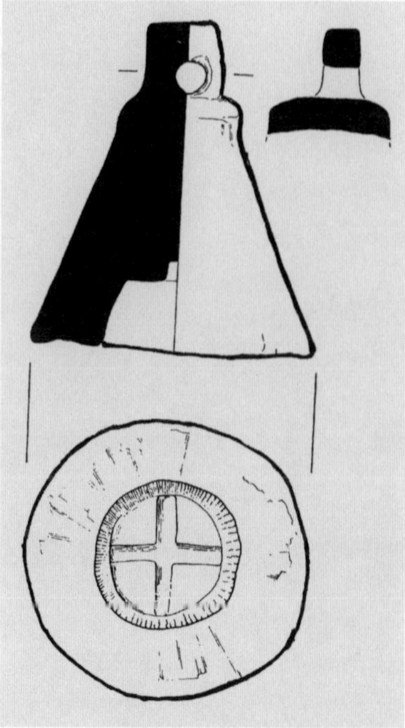

Abb. 28: Senklot aus dem Wrack von Plemmirio, um 200 n. Chr. Höhe 17,4 cm, Durchmesser 15,3 cm.
Nach IJNA 15, 1986, 300; Parker 1992, Nr. 834.

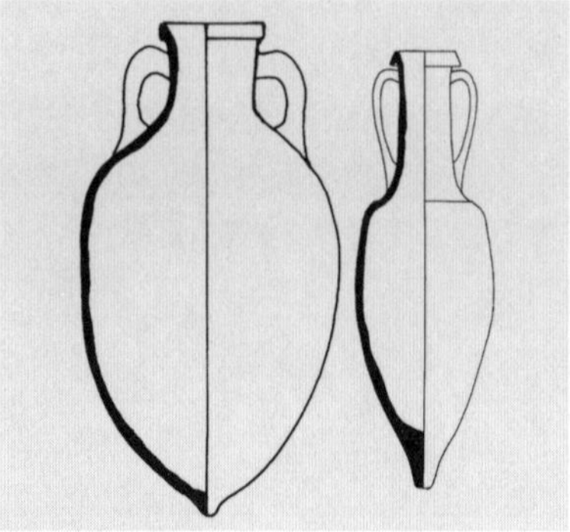

Abb. 29: Gräco-italische Transportamphoren aus dem Wrack von Punta Scaletta, um 140/30. Links Öl-Amphore, Höhe 100 cm; rechts Wein-Amphore, Höhe 87 cm.
Nach Lamboglia, Revue d'Etudes Ligures 30, 1964; Parker 1992, Nr. 960.

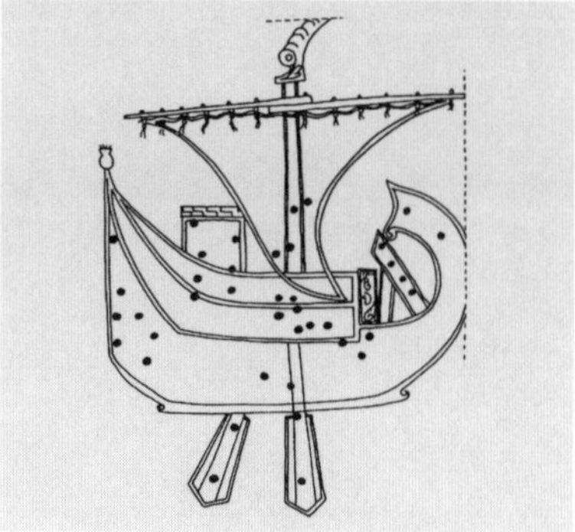

Abb. 30: Die ARGO als Sternbild aus dem Manuskript *Suwar al Kawakib (Buch der Sterne)* der Biblioteca Vaticana, Manuskript Ross 1033; 1224 n. Chr.
Nach D. Nicolle, The American Neptune 49, 1989, Nr. 19.

# Bibliografische Orientierung: Die maritime Infrastruktur im Spiegel der *Historien*

Zu den materiellen Aspekten des antiken Seewesens gehören auch jene Einrichtungen, die an Land der Verwaltung, dem Umschlag, der Instandsetzung, der Lagerung der Waren dienten: Kaianlagen oder befestigte Ufer, Werften, Reparaturbetriebe, Liegeplätze, Schuppen, Zollamt, Gewerbeaufsicht, Reederei- und Versicherungsbüros – um moderne Ausdrücke für das zu verwenden, was es in ähnlicher Form auch im Altertum gegeben hat. Sie waren so alltäglich, dass Herodot nur wenig davon erwähnt. In II, 154, und 159, ist von schiefen Ebenen die Rede, auf denen Schiffe hochgezogen werden konnten. „Landing engines“ übersetzt die *Loeb Classical Library* den Begriff *ton eti hoi holkoi epideloi* (II, 159), es könnten auch „fixed capstans“ (feste Winschen, Gangspills) oder „‚the slips‘, on which ships were built or repaired“ (How/Wells I 1928, 244), also Schlipp-Hellinge, sein, sicher nicht feste Bauten wie Schiffshäuser, für die der Bedarf in Ägypten auch nicht groß gewesen sein dürfte. Nach Thurii/Sybaris, dem vermutlichen Ort der letzten Lebensphase Herodots, ist seit 1879 gesucht worden, aber erst 1968 wurde er identifiziert (F. G. Rainey/C. M. Lerici, *The Search for Sybaris*, 1967). Sybaris war um 720 gegründet, aber 510 zerstört worden, um 443 in einer athenischen Neugründung wieder zu erstehen. Zu den ersten Baumaßnahmen gehörte eine Schleppbahn, die bis ca. 300 in Betrieb und offenbar Teil einer Reparaturwerft war. Die 2° geneigte, gepflasterte Bahn war 24,80 m breit und 7–8 m länger und bot Platz für zwei Schiffe von 4 m Breite, die mit Winschen hochgezogen wurden (P. Zancani Montuoro/G. Pugliese Carratelli, Hrsg., *Sibari; Thurii*, Atti e Memorie della Società Magna Grecia NS 13–14, 1972/73; IJNA 6, 1977, 357–58). Lloyd (1975, 58–59) hält Herodots Angaben über die Schleppbahnen für historisch, weil sie die Stationierung griechischer Trieren in Ägypten um 570 bezeugen und damit einen Beleg für die Herkunft dieses Schiffstyps aus Griechenland (Korinth), nicht Phönikien, darstellen.

Während sich *Naustathmos* (Hafen) nicht bei Herodot findet, kommt das Wort *limen* (der künstlich angelegte, erweiterte Hafen) insgesamt zehn Mal (z. Bsp. III, 60; VII, 49) vor, gelegentlich mit einem Ortsnamen gekoppelt: *hyper Panormon limenos*, „landeinwärts vom Hafen Panormos“ (I, 157). Zur Etymologie von *limen/leimon*, zu der auch „Leim“ zählt, vgl. Frisk II 1970, 97–99. Das Wort leitet sich von Feuchtigkeit ab. Die Insel Kythera trug das Attribut *eulimenos*, mit guten Häfen versehen. Die Paiones (DNP 9, 2000, 153–54) im heutigen Makedonien wohnten um und auf dem *Prasias limne* genannten See u. a. auf Pfahlbauten (V, 15, 16) und bedienten sich vermutlich des Einbaums als Verkehrsmittel und Fischereifahrzeug (DNP 10, 2001, 273), denn Fische gab es im Überfluss. Anlagen zum Bootsverkehr müssen als Hafen-Frühformen verstanden werden. How/Wells II

1928, 5–7 (mit Literaturhinweisen). Neben *hormos* (VII, 188; VIII, 18) gibt es *hormon poieesthai* (VII, 193) – erstaunlich wenige Belege für den Ankerplatz. Das Wort ist „ohne sichere Etymologie" (Frisk II 1970, 420–421) und findet sich in Ortsnamen wie *pan-ormos* = allen (Schiffen) Ankerplatz bietend, heute Palermo. Der Übergang vom einfach hergerichteten Uferplatz zum permanenten Hafen ist ein noch wenig untersuchter Prozess. Bei Herodot wird ein *porthmos* (Fährplatz) an der Meerenge von Salamis genannt (VIII, 76); den gleichen Namen trug ein „Küstenort am südl. Golf von Euboia" (DNP 10, 2001, 184). [Zu VIII, 76: How/Wells II 1928, 261.] Das Wort *porthmeion* (Fährboot) ist nur einmal in Buch VII, 25 belegt; *porthmeus* ist ein seltenes Wort für Seemann (I, 24). Eine andere landfeste Einrichtung der Seefahrt ist die Pier oder Hafenmole. Herodot würdigt die Kunstbauten auf Samos, darunter auch eine Mole: „Das zweite ist ein Damm im Meere, der um den Hafen herumgeführt ist. Er ist zwanzig Klafter tief und hat eine Länge von über drei Stadien." (III, 60). *Limena choma* bedeutet soviel wie Damm, Wall, Aufschüttung oder Schutt. „The mole extended from the western horn of the Old Harbour and more than half closed it. Its remains can still be seen abot six feet [1,80 m] below the surface. Herodot is right as to its length, but the sea at present is only ten fathoms [5,64 m] deep" (How/Wells I 1928, 273). Es muss ein eindrucksvolles Werk der Wasserbaukunst gewesen sein. Nicht weniger imposant dürften die klassischen Hafenarchitekturen gewesen sein. Man unterschied bei Flottenstützpunkten (*neorion* Plural *neoria*) die *neosoikoi* für die Schiffe und die *skeuothekai* oder *haplothekai* für deren Segel und Takelage. Reste der in Zea (Piräus) gebauten Schiffshäuser (Casson 1971, Abb. 197) belegen die Maße der dort stationierten Trieren mit 35–36 m Länge, Breite samt Ausleger ca. 4,90, am Boden 3 und von Bord zu Bord 3,70 m (Casson 1971, 363–65). Die eindrucksvollsten Bauten antiker Häfen waren die Schiffshäuser, die Herodot als *tous neosoikous* (III, 45) bezeichnet und die *Loeb Classical Library* mit „arsenal", A. Horneffer zutreffender mit „Schiffshäuser" übersetzt: „Und um sich der übrigen Samier zu versichern, hatte Polykrates deren [der Lakedaimonier] Kinder und Weiber in die Schiffshäuser eingesperrt, die er in Brand zu stecken entschlossen war, wenn die Männer zu den Heimgekehrten übergingen" (III, 45). Diese Schiffshäuser waren wohl die ersten im alten Griechenland. Sie wurden für die starke Flotte des Polykrates gebaut; andere folgten in großer Zahl, zum Beispiel auf dem attischen Kap Sunion. Nach der Seeschlacht von Salamis wurden drei phönikische Kriegsschiffe den Göttern geweiht, „das zweite kam nach Sunion" (VIII, 121) zum dortigen Poseidon-Tempel, der für Seefahrer von besonderer Wichtigkeit war (Abb. 24). Neben dessen Ruinen finden sich auf dem Kap Reste eines Schiffshauses der Zeit um 410, die zwei kleinen Fahrzeugen der Küstenwache Platz boten. Vgl. W. Werner, *Das antike Schiffshaus von Kap Sunion*, Das Logbuch 8, 1972, 21–25 (mit Zeichnungen und Literatur). Modelle der im 4. Jahrhundert in Piräus erbauten Skeuothek befinden sich im Schifffahrtsmuseum des Ortes (Anon 1984, Abb. 5). Es war ein beeindruckendes Bauwerk für die Ausrüstung der athenischen Flotte, ein arsenalartiges Ensemble. Ausrüstungsgegenstände aller Art wie Rahen, Segel, Leinen, Riemen, Waffen und Anker wurden dort gelagert und gewartet. Der Bau war 133 m lang, 18 m breit und 10 m hoch. Eine doppelte Säulenreihe teilte das Gebäude. Schiffshäuser aber waren die *neosoikoi*. Das Modell im genannten Museum basiert auf den Ausgrabungen am Ort

(Anon 1984, Abb. 4). Grundriss und Schnitt der Bootshäuser von Zea vgl Meijer 1986, Abb. 6.1; des Hafens von Piräus zur Zeit der „langen Mauern" Abb. 6.2. Zu den in die Zeit Herodots datierten Schiffshäusern von Kition vgl. Yon u. a., *Neosoikoi in Kition, Cyprus*, in: TROPIS IV, 1996, 597–607. Die gedeckten Rampen wurden von 11 auf 15, dann auf 17/18 m verlängert, waren aber aus unbekannten Gründen erheblich kürzer als die von Zea (30/35 m). Eine Diskussion antiker landfester Einrichtungen für die Seefahrt ginge weit über den durch Herodot abgesteckten Rahmen dieses Buches hinaus. Einen hervorragenden Einstieg in das Thema bietet D. J. Blackmann, *Ancient harbours in the Mediterranean*, IJNA 11, 1982, 79–104 beziehungsweise 185–211 (mit einer ca. 330 Titel zählenden Bibliografie). Speziell zu Piräus vgl. R. Garland, *The Pireus*, London 1987 (Rez.: Blackmann, 23, 1994, 65–67). Zu III, 45, 60: G. Shipley, *A History of Samos 800–188 BC*, Oxford 1987, 74–77; Tölle-Kastenbein 1976, 72–81. Zu Schiffshäusern auf Rhodos vgl. D. Blackmann, *New evidence for ancient ship dimensions*, in: TROPIS IV, 1996, 113–25. Im Lateinischen hießen die Schiffshäuser *navalia*, dazu Besnier DS 4, 1907, 17–19 (mit Belegen). Zu „griechischen und römischen Hafenanlagen": Shaw, in: Bass u. a., Hrsg. 1972, 87–112 (mit Bibliografie). Zu Werftanlagen: DNP 12, 2, 2002, 480–81 (mit Kurzbibliografie). Zu Skeuothek: DNP 11, 2001, 612–13 (mit Bibliografie und hypothetischer Rekonstruktion der Skeuothek des Philon in Piräus, um 330).

In Buch II, 97, 135 und 178f. nennt Herodot die ägyptische Hafenstadt und wichtige griechische Kolonie Naukratis und bezeichnet die dortigen „Hetären" (das sind die in jedem Hafen tätigen Prostituierten) als „meist sehr schön" (II, 135). Das Wort ist wie Naulochos („Schiffe bergend"), Nauplia (VI, 76), Naupaktos und Naustathemos von *naus* (Schiff) abgeleitet. „Nauportus" („Schiffsträger") war der antike Name für das heutige Laibach. Zu Naukratis und 276 weiteren antiken Häfen vgl. den Katalog bei Braemer 1990, 204–26; Etymologisches: Kurt 1975, 189 (*naulochos*), 27–31 (*naus* und Ableitungen). Kulturgeschichtliches zu Naukratis: Leonard, in: Bard 1999, 561–64 (mit Bibliografie). Zu Naukratis unter archäologischen Aspekten vgl. Bianchi, in: *The Dictionary of Art* 22, 1996, 689–99 (mit kurzer Bibliografie); zu den Angaben Herodots über Häfen und Handelsplätzen an der Nordküste des Schwarzen Meeres vgl. Hind 1982; zu Hetären: Geffcken/Ziebarth 1914, 464; Hartmann, DNP 5, 1998, 518–19 (m.Literatur). Knappe Übersicht und Kurzbibliografie zu antiken Häfen und Leuchttürmen auch bei H. Schneider 1992, 178–81. Bibliografien zu „Ports & Harbour Installations: History & Archaeology" bei Illsley 1996, 239–52 (665 Titel) sowie bei Raban/Gertwagen 1980, 37–45 (139 Titel). Speziell zu römischen Häfen: Viereck 1975, 260–73. Zu den Fluss- und Seehäfen in den römischen Donauprovinzen: Bounegru/Zahariade, 73–90. Das Stichwort „Harbour Studies" in: Delgado 1997, 187–89, vermittelt eine gute Übersicht über Fakten und Literatur, weite Informationen unter „Cosa", „Caesarea Maritima" und „Kenchreai" (Konrinth).

Herodot berichtet von der Aufstellung eines Seezeichens bei Artemision (VII, 183). Ein gewißer Pammon aus Skyros hatte den Persern eine Klippe in der Fahrrinne verraten, worauf sie drei ihrer zehn Schiffe detachierten, die vor der Myrmex genannten Klippe ankerten. Dort wurde eine mitgebrachte Steinsäule (*stele*) aufgestellt, die die Fahrrinne markieren und den folgenden Schiffen den Weg weisen sollten. Einzelheiten erfahren wir nicht. Als Schifffahrtszeichen im Fahrwasser dienen heute Baken, Dalben, Stangen, Pricken und Tonnen, aber keine Stelen, die in den Perserkriegen wohl auch eine gewisse Denkmalfunktion hatten.

33-mal verwendet Herodot für natürliche oder künstliche Kanäle die Termini *dioryx* oder *diorychos*. Er bezieht sich u. a. auf zwei von ihm genannte, bemerkenswerte Kanalbauten: den des Dareios in Ägypten und den seines Sohnes Xerxes am Athos in Griechenland. Der Bau von Bewässerungsgräben und Kanälen hatte im alten Zweistromland eine lange Tradition. Auf einer 1951 in seiner neuen Hauptstadt gefundenen Stele preist Assurnasirpal II. (883–859) auch den Bau eines Kanals: „Die Kanäle ergießen sich von oben in die Gärten. Düfte durchströmen die Wege. Ströme von Wasser (so zahlreich) wie Sterne am Himmel fließen in den Lustgarten ..." (nach: A. Kuhrt, *The Ancient Near East c. 3000–330 BC*, 2, London/New York 1995, 486–87, deutsch vom Verfasser). Auch Sargon II. (721–05) berichtet in einem Kriegszug von 714 von einem Kanalbau: „Er ließ einen Kanal bauen, der frisches Wasser brachte, ... er machte, dass das Wasser so reich floss wie der Euphrat" (Kuhrt 1975, 561). Das ist wohl propagandistisch übertrieben, bezeugt aber den Stolz auf das Werk. Schon ein um 1500 in Ton geritzter Stadtplan von Nippur (Jürss 1982, Abb. 5) zeigt neben Stadttoren und -park den innerörtlichen Kanal, der mit 25 m der Breite des heutigen Shatt-en-Nil entspricht. [Zu assyrischen Kanälen vgl. Nissen, Stichwort *Kanal(isation)*, im *Reallexikon der Assyriologie* 5, 1976/80, 365–68.] Ob Necho II. oder Dareios, deren Kanal wir uns nachfolgend zuwenden, sich auch der Erfahrungen babylonischer Wasserbauingenieure bedienten, ist unklar. Sesostris III. ließ von Kriegsgefangenen „sämtliche Kanäle [*diorychas*] graben, die man jetzt in Ägypten findet" (II, 108) was ebenso falsch ist wie die Angabe, diese hätten der Trinkwasserversorgung (nicht der Bewässerung) gedient. Größere waren auch schiffbar. Einen Unterschied zwischen Gräben und Kanälen macht Herodot nicht [How/Wells I 1928, 221]. Das englische Stichwort *Necho II.* im *Lexikon der Ägyptologie* IV, 1982, 370, enthält zu dem Sohn und Nachfolger Psametichs I. eine kurze Übersicht mit brauchbarer Bibliografie, die aber die maritimen Aktivitäten Nechos unzulänglich würdigt. – Nur 15 Jahre hatte Necho II. Zeit, seine großen Vorhaben zu realisieren, Nachbarländer zu erwerben und zu erschließen. Am Roten Meer ließ er Werften errichten und Schiffe bauen, und durch die Wiederherstellung des alten Kanals vom Nil zum Roten Meer sicherte er den Nachschub, den Wassertransport und bequemen Verkehrsweg. Im Jahre 610 starb Psametich, einer der Könige der 26. Dynastie, nach einer Regierung von 54 Jahren; ihm folgte sein Sohn Necho II., auch Neko oder (so bei Africanus und Eusebius) Nechao genannt, der nach Herodot (II, 157 ff.) 16 Jahre das Land beherrschte. Er gilt als „fast so wagemutig wie sein Vater, aber weniger vom Glück begünstigt" (Gardiner 1965, 395; Helck/Otto 1970, 245). Zwei seiner Leistungen hat Herodot überliefert, den „kühnen Versuch, den Nil mit dem Roten Meer zu verbinden" (Gardiner 1965, 395) und den Auftrag an phönikische Seeleute, Afrika zu umfahren. Auf Grund eines Orakels – vgl. II, 158, und IV, 39 – gab Necho jedoch den Kanalbau auf und überließ dessen Vollendung dem Perserkönig Dareios, der das Wâdi Tummilât und den Timsah-See nutzte, um einen Wasserweg zwischen Nil und Rotem Meer zu schaffen. Vermutlich waren die Schwierigkeiten zu groß geworden. Am Tempel von Karnak befindet sich ein Relief mit dem „Suezkanal" Sethos I. (etwa 1305–1290), das den Feldzügen des Pharaos gewidmet ist. Einer führt ihn siegreich an einen aus der Vogelperspektive erfassten Kanal, an dessen jenseitigem Ufer ihn eine Menge freudig begrüßt. Eine offenbar durch Tore gesicherte Brücke führt hinüber. War sie zum Klappen eingerichtet, um kein Schifffahrtshindernis zu sein? Die das Bild begleitenden Texte kommentieren die triumphale Rückkehr Sethos I. nach Ägypten und erwähnen den Grenz-Kanal (*Ta-denit*, das „teilende Wasser“) sowie Sile und andere Festungen. Der Brückenbau war seit der Zeit um 2700 bekannt, spielte aber keine nennenswerte Rolle: Man benutzte Fähren, so dass der Satz „Ich setzte den Schifflosen über“ zu den ethischen Kernaussagen in Autobiografien (und später zur leeren Formel) wurde. Dieser erste Kanal war in Nechos Zeit längst versandet. Dareios berichtet in einem Keilschrifttext von der Wiederaufnahme der Arbeiten: „Ich befahl, diesen Kanal vom Nil, der in Ägypten fließt, bis zu dem Meer zu graben, das in Persien beginnt. Der Kanal wurde gegraben“ (How/Wells I 1928, 246; deutsch vom Verfasser). Unter den Ptolemäern wurde der Kanal schiffbar gehalten, vielleicht auch noch unter Trajan, bis er im 8. Jahrhundert n. Chr. geschlossen wurde. Reste des Kanals bei Belbes zeigen, dass er etwa 45 m breit und 4,90 bis 5,20 m tief war (Zustand um 1912). Der 84 km lange Kanal, für den ca. 12 Millionen Kubikmeter Erde ausgehoben worden waren, führte Süßwasser vom Nil. 498 wurde er fertig gestellt und ein Jahr später unter ebenso großem Pomp eingeweiht wie 2366 Jahre später sein Nachfolger, der Suezkanal. Nach Ausweis seiner Stelen hatte Dareios „alle Fürsten und Würdenträger eingeladen“ (Hinz 1975, 117). Eine Stele drückt den Stolz des Persers auf seine Tat aus: „Etwas Derartiges hat es niemals je gegeben.“ Von den vier Stelen, die Dareios am Kanal hatte setzen lassen, befinden sich heute zwei in Kairo und Ismailia; die 1886 an den Louvre, Paris, geschickte, ist unauffindbar; eine Stele blieb *in situ* 6 km nördlich von Suez. Die sehr fragmentarischen Stelen haben Texte in Keilschrift und Hieroglyphen, die u. a. besagen, dass „Schiffe aus Ägypten durch den Kanal nach Persien fuhren, wie es mein Wunsch war.“ Was die Schiffe transportiert haben (Tribut? Handelswaren?), wird nicht mitgeteilt. Die Vollendung des von Necho II. begonnenen Kanalbaus durch Dareios zeigt, wie fest das Land unter persischer Kontrolle war. Insgesamt aber bleibt das Ziel des Kanalbaus unklar. Wollte Dareios einen Handelsweg vom Mittelmeer zum Persischen Golf schaffen? Die technischen und navigatorischen Probleme dabei waren jedoch immens, der Weg insgesamt für einen regelmäßigen Handelsverkehr ungeeignet. Die alten Karawanenstraßen vom Mittelmeer ins Zweistromland dürften für diese Zwecke ausreichend sichere Kapazitäten gehabt haben. Eine andere Theorie besagt, dass Dareios sich mit einem so aufwändigen Werk wie dem Kanal in die Tradition pharaonischer Großbauten stellen wollte, um seine Herrschaft zu legitimieren und ein Zeichen zu hinterlassen. Die Stelen, die der Perser an seinem Kanal hat aufstellen lassen, sind publiziert bei G. Posener (*La première domination Perse en Egypte. Recueil d'inscriptions hiéroglyphiques*, Kairo 1936, 48–87.) Zu den ägyptischen Kanälen vgl. die Artikel von Butzer 1980 und Vandersleyen 1980 (beide mit umfassenden Bibliografien). Keller 1972, 259–61. In II, 158, wird die Zahl von 120000 Menschen, die beim Bau des Kanals den Tod gefunden haben sollen, genannt. Es ist sicher eine Phantasiezahl, vergleichbar mit der von 5 Millionen Soldaten im Heer des Xerxes (VII, 103) oder der Flotte von über 4200 Schiffen bei Doriskos (VII, 89f.). Bei Mengenangaben ist Herodot unzuverlässiger als bei Längenangaben. Sie beruhten auf Rechen- und Schreibfehlern, falschen Berichten und dienten wohl auch der Überhöhung des betreffenden Unternehmens. [Zu Nechos Kanal u.a.: Vandenberg 1979, 105; Huß 2001, 25; Rennell II 1830, 55–97; Carpenter 1966, 20–21; How/Wells I 1928, 246–47.]

480 entstand im Verlauf des Feldzugs Xerxes' gegen Athen und Sparta ein anderer Kanal, den Herodot ausführlich, aber nicht ohne Skepsis würdigt: der Durchstich der Halbinsel Athos. Dem Bau dieses Kanals war eine Katastophe vorausgegangen, die Herodot schildert: „Von Thasos fuhr die Flotte nach dem Festland hinüber und an der Küste entlang bis Akanthos, von Akanthos weiter um den Athos herum. Während dieser Herumfahrt erhob sich ein gewaltiger Nordostwind, der die Flotte hart mitnahm und eine große Zahl Schiffe an die Felsen des Athos warf. Dreihundert Schiffe, heißt es, sind dabei zugrunde gegangen und über zwanzigtausend Mann. Das Meer ist am Athos nämlich reich an Meertieren, von denen viele Menschen gepackt und verschlungen wurden; andere wurden gegen die Felsen geschleudert, andere wieder konnten nicht schwimmen und ertranken, und andere erlagen der Kälte. So übel erging es der Flotte.

Mardonios wurde mit dem in Makedonien lagernden Landheer bei Nacht von dem thrakischen Stamme der Bryger angegriffen. Viele Perser wurden getötet, Mardonios selber verwundet. Trotzdem entgingen auch sie nicht dem persischen Joch. Mardonios zog nicht eher aus dieser Gegend fort, als bis er ihrer Herr geworden war.

Aber nach ihrer Unterwerfung führte er das Heer zurück. Das Landheer hatte durch die Bryger, die Flotte hatte am Athos zu große Verluste erlitten. So war dieser Zug ein gänzlicher Mißerfolg, und das Heer kehrte wieder nach Asien zurück" (VI, 44f.).

Später kommt er noch einmal auf das Unglück zu sprechen: „Von dort aus [Ionien] ging aber die Fahrt nicht wieder an die Küste Thrakiens entlang, sondern von Samos aus fuhren sie [die Flottenführer Datis und Artaphrenes] an Ikaros [westlich Samos] vorüber mitten durch die Inseln. Sie fürchteten, glaube ich, vornehmlich die Umfahrt um den Athos, bei der sie im vergangen Jahre so große Verluste erlitten hatten" (VI, 95). [Zur Topografie vgl. Müller 1987, 152–56.] Die Texte über den Kanal geben wir in seiner Übersetzung wieder: „Da die ersten, die den Athos umfahren wollten, Schiffbruch erlitten hatten, wurden seit etwa drei Jahren Vorbereitungen am Athos getroffen; in Elaius auf der Chersones lagen Trieren, und von dort aus kommend mußten alle möglichen Angehörigen des Heeres unter Peitschenhieben Erde ausheben, und ständig kamen Ablösungen heran; auch die Einwohner im Gebiet des Athos gruben mit. Zwei Perser, Bubares, der Sohn des Megabazos, und Artachaies, der Sohn des Artaios, führten die Aufsicht bei der Arbeit. Der Athos ist ein großer und bekannter Berg, der ins Meer hinausragt, bewohnt ist er halbinselartig und ein Isthmos von ungefähr zwölf Stadien; eine Ebene ist das und nicht sehr hohe Hügel zwischen dem Meer der Atanthier und dem Meer jenseits von Torone. Auf diesem Isthmos, in den der Athos ausläuft, liegt die griechische Stadt Sane ..." (VII, 22). „Bei der Stadt Sane zogen sie eine schnurgerade Linie ..." (VII, 23). „Wie ich durch Überlegung finde, ließ Xerxes den Kanal aus Großspurigkeit ausheben; obwohl es möglich war, ohne jede Mühe die Schiffe über dem Isthmos zu ziehen, befahl er, einen Kanal für das Meer zu graben von einer

Breite, daß zwei Trieren zugleich fahren konnten mit Benutzung der Ruder. Den gleichen Leuten, die den Kanal graben mußten, war auch befohlen worden, eine Brücke über den Strymon zu errichten“ (VII, 24). Als die Vorbereitungen an den Brücken und am Athos beendet waren, als auch die Aufschüttungen an den Kanalausgängen fertig waren, die man der Brandung wegen angelegt hatte, damit die Kanaleingänge nicht versandeten, und als die Nachricht kam, daß dieser Kanal ganz fertig sei, da brach das Heer nach der Überwinterung ausgerüstet zu Frühlingsanfang von Sardes nach Abydos auf“ (VII, 37). „Während sich Xerxes in Akanthos aufhielt, starb der Aufseher über den Kanal, Artachaies, infolge einer Krankheit … Xerxes hielt seinen Tod für ein großes Unglück und ließ ihm eine prächtige Begräbnisfeier ausrichten; das ganze Heer schüttete den Grabhügel auf“ (VII, 117). „Als die Flotte von Xerxes entlassen worden war, segelte sie durch den Kanal, der am Athos gegraben worden war, bis zum Meerbusen, an dem Asse, Piloros, Singos und Sarte liegen …“ (VII, 122). Auch in der Beschreibung folgen wir D. Müller. Noch heute ist der Verlauf des 2,5 km langen Kanals (VII, 22: 12 Stadien) im Gelände zu erkennen. Der aus lockerem Aufschüttungsmaterial bestehende Boden war leicht auszuschachten, rutschte aber leicht an den Böschungen ab. Der Kanal begann bei Nea Roda (früher Provelax, „vor dem Kanal“), zog sich bis auf 15 m ü.M. hin und lief mit leichtem Knotenick zur Nutzung der Senke, bis er bei Tripiti („die Durchbohrte“) den Singitischen Golf erreichte. Müller beendet seine Ausführungen mit Literaturangaben. Er geht nicht auf die Breite des Kanals ein und auf die Vermutung, dass er kein Neubau, sondern nur eine Wiederherstellung war. Die Breite ist nach den beiden „zugleich fahrenden“ Trieren zu berechnen. Die Gesamtbreite einer geruderten Triere beträgt ca. 11 m, dazu kommen ein Sicherheitsfahrabstand vom Ufer von 2,50–3 m und ein gleicher zwischen den Schiffen, also etwa 7,50–9 m, und somit ergibt sich eine Kanalbreite von 29–31 m. Wozu aber auf der kurzen Wegstrecke zwei Kriegsschiffe „zugleich“, also wohl neben einander, fahren mussten, bleibt unerklärt. Musste der Kanal am Athos so breit sein, weil der Nil-Kanal so breit war (II, 158)? Ersteren aber durchfuhr man, etwa mit 3 Knoten (= 5,55 km/h) in knapp 30 Minuten, letzteren jedoch in vier Tagen. Bei 40 Tonnen hatte das Schiff einen Tiefgang von 1,10 Metern, etwas tiefer muss der Kanal gewesen sein. Die Reserve war aber wohl größer. Auf stattlichere Maße kommt W. Ekschmitt: „Die erhaltenen Spuren lassen auf eine Kanaltiefe von 2,50 bis 3 m schließen und auf eine Breite der Sohle von 30 bis 40 m“ (Ekschmitt 1978, 107). „Nach Demetrios (bei Strabo) war der Kanal 1 Plethron (ca. 30,80 m) breit, er wurde durch einen Höhenzug von 14,60 m über WL gegraben“ (Werner 1993, 26). [Allgemein zum Athos vgl. auch RE II, 1896, 2066–70, mit umfassenden antiken Belegen zum Kanal und zu den Zweifeln „an der Thatsächlichkeit des Canalbaus“ und ob „der Canal jemals schiffbar gewesen sei“ (2067). Speziell zu topografischen Fragen des Kanals vgl. Isserlin u. a., 1994 (mit Karten, Längsschnitt und Bibliografie). Die Verfasser erörtern, warum Xerxes den kostenintensiven Kanal dem preiswerten Schleppweg über den niedrigen Isthmus vorgezogen hat. Ein 1791 gezeichneter, in Wien aufbewahrter Plan des Athos-Isthmus hält den Verlauf des Kanals korrekt fest. Faksimile, Kommentar und Zitate: P. Huber, *Athos*, Zürich/Freiburg 1969, zu Abb. 8. Ein „Höhenprofil des … Kanals“ in 20-facher Überhöhung enthält Glaser, Stichwort Kanal, Kanalbau, DNP 6, 1999, 232–37. Danach war der Kanal „2200 m lang und wies eine Wassertiefe von 1,5–2 m auf." Maximale Einschnitttiefe 15,7 m. Eine genaue Breite gibt er unter Hinweis auf die zwei „Triremen" (Trieren) nicht an. Karte 10 bei Boardman u.a., 1988, zeigt Thrazien und Nordgriechenland mit den Athos-Kanal, aber ohne genaue geografische Angaben. Luftaufnahmen bei G. A. Christopoulos, Hrsg., *The Archaic Period*, London 1975, 335. Zu Maßen, Bautechnik, Verlauf und heutigem Zustand des Kanals vgl. Isserlin, 1991. Er weist auch auf die bisher noch völlig unerforschte Infrastruktur der Kanalbauarbeit hin. Es gab Märkte (VII, 23), es muss Zeltlager für die Arbeiter und feste Unterkünfte für die Bauleitung gegeben haben, Abfallgruben und Gräber wären nachzuweisen, Zufahrtswege zu lokalisieren. Es müssen auch Anlagen für das Löschen, Verproviantieren und Reparieren von Frachtschiffen vorhanden gewesen sein, denn die VII, 23, genannten Nahrungsmittel dürfte man über die See zugeführt haben. Offenbar war die Organisation des Kanalbaus mangelhaft, denn manches deutet auf ein Defizit an straffer Führung und ein fehlendes einheitliches Konzept hin. Der Kanal war Machtdemonstration und Arbeitsprogramm für die nicht ausgelasteten Pioniere und Hilftstruppen, aber ohne kriegsentscheidende Wirkung. Er mag auch weniger der Wegeverkürzung denn als Schutzhafen an der sonst kaum vor dem Sirocco (vgl. VI, 44) Schutz bietenden Küsten zwischen Saloniki und dem Hellespont gedient haben. Auch der Wunsch des Xerxes, dem ägyptischen Kanal seines Vaters Dareios Ähnliches zur Seite zu stellen, mag mitgespielt haben. Wenn Boardman schreibt: „Xerxes' canal was far superior to the Corinthian *diolkos* [von Korinth]" (Boardman 1988, 526) trifft das kaum zu. Xerxes' Kanal versandete und wurde wertlos, der Diolkos war eine weitsichtige Einrichtung der Seefahrt. In VII, 117, berichtet Herodot davon, wer für den Bau des Athos-Kanals verantwortlich war: der „Aufseher des Kanalbaus, Artachaies", ein Mann von auffälliger Größe und mit mächtiger Stimme, dem ein überaus ehrenvolles Begräbnis zuteil wurde. Vielleicht ist ein Tumulus an einem Kanalausgang der Grabhügel (Müller 1987, 158; Strasburger 1984, 64).

In VII, 24–25 kommt Herodot noch einmal auf die Erbauer des Athos-Kanals zurück, die nun zum Bau einer Flussbrücke eingesetzt wurden und so ihre Vielseitigkeit bewiesen: „Dieselben Mannschaften, die den Kanal gruben, hatten auch die Brücke über den Strymon zu schlagen. 25 Taue aus Byblos und einer Hanfart für die Brücken lagen bereit. Die Phoiniker und die Ägypter hatten sie beschaffen müssen, die auch Lebensmittel für das Heer aufspeichern mussten, damit Menschen und Vieh auf dem Zuge gegen Hellas keine Not litten. Vorher waren die geeignetsten Stapelplätze ausgesucht worden, und aus allen Teilen Asiens wurden auf Frachtschiffen und Fähren die Vorräte hierhin und dorthin geschafft. Die einen brachten sie nach der sogenannten Leuke-Akte in Thrakien, andere nach Tyrodiza bei Perinthos, andere nach Doriskos, nach Eion am Strymon und nach Makedonien." In VII, 114, wird diese Brücke als in Benutzung erwähnt. Topografisches bei Müller 1987, 57. Anders als der Kanal seines Vaters war Xerxes' Athos-Durchstich stets Ziel skeptischer oder satirischer Bemerkungen, so schon Herodot VII, 24, wo er auf den heute durch einen 6 km langen Kanal ersetzten korinthischen Schleppweg anspielt (umfassend: Werner 1993, 1993/94, 1997; Knapp: Braemer 1990, 141–42). Thukydides IV, 109, erwähnt den Kanal als Werk eines Königs: „Das ist vom Durchstich des Großkönigs der Vorsprung herwärts, und das hohe Athos-Gebirge ist darauf, das ins Ägäische Meer ausläuft" (Übers. G. P. Landmann). Der Geograf Strabon (63 v.Chr.–20 n.Chr.) zweifelt an dem Kanal: „Demetrius der Skeptiker aber glaubt, dieser Kanal sei nie schiffbar gewesen. Denn die Landenge habe zwar 10 Stadien [ca. 2000 m] weit hohes Erdreich und sei zum Graben geeignet ..., dann aber folge eine hohe, fast ein Stadion lange Felsenfläche, so daß es nicht möglich gewesen sei, in der ganzen Strecke bis zum Meere den Felsen zu durchbrechen" (VII, 35, nach P. Huber). In *Satura* (X, 173) zählt Juvenal den Athos-Kanal zu den Ammenmärchen: „Wir haben gehört, wie einst Schiffe durch den Athos-Berg fuhren, und alle die Lügengeschichten der Griechen ..." (lateinisch: *Creditur olim velificatus Athos* ...). Ein barocker Autor spricht, ohne Herodot zu nennen, von *Graecia mendax,* vom verlogenen Griechenland: „Davon der *Author*, der dieses klagt/Muster beybringet/den zu einem schiffreichen Meer gemachten Berg *Athos*, die Brücken über das Mediterranean, ..." (G. Heidegger, *Mythoscopia Romantica*, Zürich 1698, 18. Kapitel). Der *Author* ist Juvenal. Aller antiken und barocken Skepsis zum Trotz: Noch in den heute sichtbaren Spuren erkennt man im Athos-Kanal ein wichtiges Dokument alter Ingenieurskunst und eines der raren Zeugnisse der kurzen persischen Herrschaft in Europa.

Der größte der babylonischen Kanäle ist wie ein Fluß und schiffbar (I, 193). Andere Kanäle oder künstliche Gräben, die Herodot in I, 75, 185, 189, 191, 202, II, 108, 124, 127, 137, 138, 149, III, 146, IV, 47, V, 52, nennt, sind nur von nachrangiger seefahrts-, kriegs- oder kulturgeschichtlicher Bedeutung. Laut I, 190, hat Kyros den Fluß Gyndes (Dijala) „bestraft", indem er ihn durch 360 Gräben ableiten ließ. Die wahre Absicht war wohl, den Fluss durch Absenken passierbar zu machen; eine Parallele zur Bestrafung des Hellespont (VII, 35) ist aber unverkennbar (Drexler 1972, 113).

Von einem um 545 aus religiösen Gründen nicht gebauten Kanal, den die Knidier, um die Halbinsel, auf der Knidos lag, zur Insel zu machen, geplant hatten und in Angriff nahmen, heißt es nach einem Apollon-Orakel in I, 174: „Als die Arbeit dort in vollem Gange war, wurden die Arbeiter, wie es schien, heftiger als sonst und auf seltsam unnatürliche Weise an allen Körperteilen verletzt, besonders aber durch Steinsplitter an den Augen. Sie sandten Boten nach Delphi und ließen nach der Ursache dieses Unheils fragen. Die Knidier erzählen selbst, die Pythia habe ihnen in einem Trimeter folgende Antwort gegeben: ‚Ihr sollt am Isthmos Turmwerk nicht noch Graben baun! Zeus schuf ihn ja zur Insel, hätt' er's nur gewollt'. Als die Knidier diesen Orakelspruch der Pythia hörten, stellten sie den Grabenbau ein und ergaben sich kampflos dem Harpagos, als er mit dem Heer heranzog" (Übers. J. Feix). Zeus' hier physikalisch gedeutete Weltordnung wird durch den Kanalbau so gestört, dass er aufgegeben wurde. Mögliche sachliche Hintergründe, etwa Geldmangel oder die Einsicht in die militärische Sinnlosigkeit des Unternehmens, nennt Herodot nicht. Vogel 1965, 87. Zu Knidos: DNP 6, 1999, 613–14 (m. Literatur). Zu römischen Schifffahrtskanälen (*fossa*) vgl. DNP 6, 1998, 524–26 (mit Teilbibliografien); zur *fossa Carolina*, dem Kanal Karls des Großen, der in Resten erkennbar ist, vgl. Hausen, in: Litwin, Hrsg., 2000, 21–26.

# Abkürzungsverzeichnis

| | |
|---|---|
| AJA | *American Journal of Archaeology* |
| AJPh | *American Journal of Philology* |
| AM | *Mitteilungen des Deutschen Archäologischen Instituts, Athenische Abteilung* |
| ÄS | *Staatliche Sammlung Ägyptischer Kunst*, München |
| BAR | *British Archaeology Reports* |
| BASOR | *Bulletin of the American Schools (ab 1921: School) of Oriental Research …*, 1, 1919 ff. |
| Backbord | Backbord, die (in Fahrtrichtung) linke Schiffsseite |
| BCH | *Bulletin de Correspondance Hellénique* |
| CAH IV | Bury, J. B. u. a., Hrsg., *The Cambridge Ancient History, IV, The Persian Empire and the West*, Cambridge 1953 |
| CP | *Classical Philology* |
| DHA | *Dialogues d'Histoire Ancienne*, Paris 1975 |
| DKP | *Der Kleine Pauly* |
| DNP | *Der Neue Pauly* |
| DS | Ch. Daremberg/E. Saglio, *Dictionnaire des Antiquités Grecques et Romaines*, Paris 1877 f. |
| IJNA | *International Journal of Nautical Archaeology* (ab 1972) |
| JEA | *Journal of Egyptian Archaeology* |
| JHS | *Journal of Hellenic Studies* |
| Literatur | (weiterführende) Literaturangaben |
| MDAK | *Mitteilungen des Deutschen Archäologischen Instituts, Abteilung Kairo* |
| MM | *The Mariner's Mirror* |
| Pauly/Wissowa (RE) | *Paulys Real-Encyclopädie der classischen Altertumswissenschaft.* Neue Bearbeitung, 68 Halbbände, 15 + 1 Suppl.-Bände, Stuttgart 1894 ff. |
| RE | vgl. Pauly/Wissowa |
| RGVV | *Religionsgeschichtliche Versuche und Vorarbeiten*, 6 Bände, Gießen 1909–13, 1957–63 |
| RM | *Mitteilungen des* (1886–1918: Kaiserl.) *Deutschen Archäologischen Instituts, Röm. Abtlg.* Ab 1886 |
| S Stor | *Studi storici* |
| s.v. | *sub verbo*, unter dem Stichwort |
| TA Ph A | Transactions and Proceedings of the American Philological Association, 1869 ff. |

# Literaturverzeichnis


Adcock, F. E., *The Greek and Macedonian Art of War*, Berkeley 1957 (Neudruck 1962).

Aghion, J. u. a., *Reclams Lexikon der antiken Götter und Heroen in der Kunst*, Stuttgart 2000.

Agouridis, Chr., *Sea routes and navigation in the third millenium Aegean*, Oxford Journal of Archaeology 16, 1997, 1–24.

Ahlberg, G., *Fighting on Land and Sea in Greek Geometric Art*, Stockholm 1971 (Rez. Hampe, Göttingische Gelehrte Anzeigen 227, 1–2, 1975, 1–8).

Aksamit, J., *Representations of Boats in Predynastic Egypt*, Fontes Archaeologici Posnanienes 32, 1981, 156–68.

Alexandopoulos, J., Stichwort *Navigation*, in: Lipinski, 310.

Alfieri, N. u. a., Stichwort *Nave*, in: *Enciclopedia dell'Arte Antica*, 5, Rom 1963, 369–83.

Alonso, F., *Prehistoric Boats in the Rock Paintings of Cádiz and in the Rock-Carvings of Northwestern Spain*, in: Westerdahl, 1994, 11–19.

Alonso-Núñez, J. M., Stichwort *Seeraub*, in: DNP 11, 2001, 331–32.

Aly, W., *Volksmärchen, Sage und Novelle bei Herodot und seinen Zeitgenossen*, Göttingen 1969.

Anderson, R. C., *The Sailing ship. 6000 years of History*, New York 1947.

Anderson, R. C., *Oared Fighting ships*, Kings Langley 1962.

Anon., Stichwort *Herodotos*, in: *Meyers Handbuch über die Literatur*, Mannheim ²1969, 408–09.

Anon., *Hellenic Maritime Museum*, Piräus 1984.

Anon., *A voyage into time and legend aboard the Kyrenia ship*, Ausst.-Kat. Athen 1987.

Anon., Stichwort *Herodotus*, in: M. C. Howatson, Hrsg., *The Oxford Companion to Classical Literature*, Oxford/New York ²1989, 274–75.

Arias, P. E., Stichwort *Argonauti,* in*: Enciclopedia dell'Arte Antica*, 1, 1958, 627–30.

Artzy, M., *Unusual ship representations from Tell Akko*, MM 70, 1984, 59–64.

Artzy, M., *On Boats and Sea Peoples*, BASOR 266, 1987, 75–84.

Assmann, E., *Nautika*, Hermes 31, 1896, 174–84.

Aubet, M. E., *The Phoenicians and the West*, London 2001.

Austin, M./P. Vidal-Naquet, *Gesellschaft und Wirtschaft im alten Griechenland*, München 1984.

Baatz, D./R. Bockius, *VEGETIUS und die römische Flotte*, Mainz 1997.

Bachmaier, H., *Herodot*, in: O. Schütze, Hrsg., *Metzler Lexikon Antiker Autoren*, Stuttgart/Weimar 1997, 305–07.

Balcer, J. M., *The Persian Wars against Greece: A. Reassessment*, Historia 38 (1989), 127–143.

Baramki, D., *Die Phönizier*, Stuttgart 1965.

Bard, K. A., Hrsg., *Encyclopedia of the Archaeology of Ancient Egypt*, London 1999.

Barker, F., *Entdeckungsfahrten im Altertum*, in: *Aufbruch ins Unbekannte. Von der Antike bis zur ersten Weltumseglung*, Gütersloh 1977, 9–161.

Barnett, R. D., *Early Shipping in the Near East*, Antiquity 32, 1958, 220–30.

Bartoloni, P., *Le figurazioni di carattere marino rappresentate sulle più tarte stele di Cartagine. I. Le navi*, Rivista di Studi Fenici 5, 1977, 147–63.

Bartoloni, P., *Le navi e la navegazione: I Fenici*, Ausst.-Kat. Mailand 1988, 72–77 (deutsche Ausgabe: Hamburg 1988).

Basch, L., *De la survivance de traditions navales Phéniciennes dans la Méditerranée de nos jours*, MM 61, 1975, 229–53.

Basch, L., *Radeaux minoens*, Cahiers d'Archéologie Subaquatique 5, 1976, 85–97.

Basch, L., *Piroques du Proche–Orient*, Sefunim V, 1976, 10–14.

Basch, L., *M. le Professeur Lloyd et les trières. Quelques remarques*, JHS 100, 1980, 198–99.

Basch, L., *Bow and stern appendages in the ancient Mediterranean*, MM 69, 1983, 395–412.

Basch, L., *The Aegina pirate ships of c. BC 1700*, MM 72, 1986, 415–37.

Basch, L., *Le musée imaginaire de la marine antique*, Athen 1987.

Basch, L., *The Eleusis Museum trireme and the Greek trireme*, MM 74, 1988, 163–97.

Basch, L., *Un navire grec en Egypte à l'époque d'Ulysse*, Neptunia 195, 1994, 19–26.

Basch, L., *La Rentrée des Coques dans L'Antiquité. Exemples à Chypre à l'Epoche Archaïque*, in: Karageorghis/Michaelides, 99–118.

Basch, L., *Notes sur l'éperon*, TROPIS IV, Athen 1996, 31–101.

Basch, L., *Un modèle de navire chypriote du VIe siècle av. J.–C. trouvé en mer au large d'Amathonte*, BCH 123, 1999, 43–64.

Basch, L./M. Artzy, *Ship graffiti at Kition, in: Kition V. The Prephoenician Levels*, Nikosia 1986, 322–36.

Bass, G. F., Hrsg., *Taucher in die Vergangenheit. Unterwasser-Archäologen schreiben die Geschichte der Seefahrt*, Luzern/Frankfurt a. M. 1972.

Bass, G. F., *Die ersten Seefahrer im Mittelmeergebiet und im Nahen Osten*, in: Bass, Hrsg., 1972, 12–24.

Bass, G. F., *Sea and River Craft in the Ancient Near East*, in: Sasson, 1421–31.

Bass, G. F., Stichwort *Underwater Archaeology*, in: Meyers, Band 5, 1997, 283–84.

Bass, G. F./Sh. Wachsmann, Stichwort *Ships and Boats*, in: Meyers, Band 5, 1997, 30–34.

Baumgarten, W., *Herodots babylonische und assyrische Nachrichten*, Archiv Orientální 18, 1, 2, 1950, 69–106.

Behn, Fr., *Die Schiffe der Etrusker*, RM 34, 1919, 1–16.

Beister, H., Stichwort *Herodot*, in: vom Bruch, R./R. A. Müller, Hrsg., *Historikerlexikon*, München 1991, 133–34.

Belli, C. M., Stichwort *nave*, in: *Enciclopedia Italiana* 24, Rom 1934, 341–435.

Beloch, K. J., *Griechische Geschichte*, Berlin/Leipzig 1922.

Benardete, S., *Herodotian Inquiries*, Den Haag 1969.

Bengtson, H., Hrsg., *Griechen und Perser. Die Mittelmeerwelt im Altertum*, I, Fischer Weltgeschichte Band 5, Frankfurt 1965.

Bengtson, H., *Griechische Geschichte*, München [5]1977.

Berckenhagen, E., *Schiffe, Häfen, Kontinente. Eine Kulturgeschichte der Seefahrt*, Berlin 1983.

Berckenhagen, E., *Argonautika und Homers Odysee*, Schiff und Zeit 36, 1992, 12–24.

Berckenhagen, E., *Schiffahrt in der Weltliteratur*, Bremerhaven/Hamburg 1995 (Rezension: Göttlicher, IJNA 26, 1997, 95–96).

Bergson, L., *Herodot 1937–1960*, Lustrum 11, 1966, 71–143.

Betts, J. H., *Ships on Minoan seals*, Marine Archaeology, Colston Papers 23, 1973, 325–36.

Beyer, E., *Griechische Geschichte*, Stuttgart 1968.

Bichler, R., *Herodots Welt. Der Aufbau der Historie am Bild der fremden Länder und Völker, ihrer Zivilisation und Geschichte*, Berlin 2000.

Bichler, R./R. Rollinger, *Herodot*, Hildesheim 2000 ([2]2001).

Bienkowski, P./A. Millard, *Dictionary of the Ancient Near East*, Philadelphia 2000.

Biers, J. C./S. Humphreys, *Eleven ships from Etruria*, IJNA 6, 1977, 153–56.

Boardman, J., *Kolonien und Handel der Griechen*, München 1981.

Boardman, J., u. a., Hrsg., *Persia, Greece and the Western Mediteranean c. 525 to 479 B.C. The Cambridge Ancient History* Band IV, 1988.

Boner, H., Hrsg., *Herodotus der allerhöchstberümptest Griechische Geschicht-Schreyber …*, Augsburg 1535.

Bonera, C. M., *Höhepunkte griechischer Literatur*, Stuttgart 1968.

Bonino, M., *Un modello di nave cipriota del secolo VI–V a.C.*, Rivista di Studi Liguri 31, 1965, 301–10.

Bonino, M., *The Picene ships of the 7th century BC engraved at Novilara (Pesaro, Italy)*, IJNA 4, 1975, 11–20.

Bonino, M., *Archeologia e tradizione navale tra la Romagna e il Po*, Ravenna 1979.

Bonino, M., *Rafts and dugouts in central Italy. The primitive phase of local inland boatbuilding*, MM 67, 1981, 125–48.

Bonino, M., *Sewn boats in Italy: Sutiles naves and barche cucite*, in: McGrail/Kentley, Hrsg., 87–104.

Bonino, M., *A neolithic boat in the Adriatic*, MM 76, 1986, 113–15.

Bonino, M., *Imbarcazioni arcaiche in Italia: Il problema delle navi usate degli Etruschi*, Atti II Congress of Etruscology Band III, 1989, (Studi etruschi 56, 1989, suppl. 1517–36).

Bonino, M., *A proposito di navi Villanoviane*, Archeologia Viva 30, 1992, 2–3.

Bornitz, H. F., *Herodot-Studien*, Berlin 1968.

Braemer, H., *Studien und Experimente zur Schiffsarchäologie im mediterranen Raum vor der Zeitenwende*, Diss. Hamburg 1990.

Braudel, F., *The Mediterranean in the Ancient World*, London 2001.

Braun, Th., *Das Geschichtswerk des Herodotos von Halikarnassos* (übertragen von Th. B.), Leipzig 1927.

Brett, A. B., *The aphlaston, symbol of naval victory or supremacy on Greek and Roman coins*, Transactions of the Int. Numismatic Congress 1936, London, 1938, 23–32.

Breusing, A., *Die Nautik der Alten*, Bremen 1886.

*Brill's companion to Herodotus*, Hrsg. E. J. Bakker, I. J. F. de Jong, H. van Wees, Leiden/Boston/Köln 2002.

Briquel, D./J. L.Desnier, *Le passage de l'Hellespont par Xerxès*, Bulletin de l'Association Guilleaume Budé, Paris 1983, 22–30.

Brock, R., Stichwort *Herodotus*, in: G. Speake, Hrsg., *A Dictionary of Ancient History*, Oxford 1994, 310–11.

Brodersen, K., Stichwort *Forschungsreisen*, in: DNP 4, 1998, 593–94.

Brodersen, K., Stichwort *Kolaios*, in: DNP 6, 1999, 638.

Brody, A. J., *„Each man cried out to his God". The specialised Religion of Canaanite and Phoenician Seafarers*. Harvard Semitic Museum Monographs 58, Atlanta 1998.

Broodbank, C., *Ulysses without sails; Trade, distance, knowledge and power in the early Cyclades*, World Archaeology 24, 3, 1993, 315–31.

Brown, T. S., *Herodotus Speculates about Egypt*, American Journal of Philology 86, 1965, 60–76.

Bruli, P., *La piraterie crétoise hellénistique*, Paris 1978.

Brunner, H., u. a., Hrsg., *Lexikon alte Kulturen*, 3 Bände, Mannheim 1990, 1993.

Brunner-Traut, E., *Die Alten Ägypter*, Stuttgart [4]1987.

Brunt, P. A., *The Hellenic League against Persia*, Historia 2 (1953), 135–163.

Bubel, F., *Herodot-Bibliographie 1980–1988*, Hildesheim/Zürich/New York 1991 (Altertumswissenschaftliche Texte und Studien Band 20).

Buckley, T., *Aspects of Greek History 750–323 BC*, London 1996.

Burckhardt, J., *Griechische Kulturgeschichte*, Band III, Nachdruck München 1977.

Burckhardt, L., Stichwort *Hippegos*, in: DNP 5, 1998, 574.

Burg, J. B., *Aristides at Salamis*, Classical Review 10, 1896.

Burkert, W., Stichwort *Herodot*, in: *Lexikon der Antiken Welt*, 1277–82.

Burkert, W., u. a., *Hérodote et les peuples non grecs*, Genf 1990.

Burn, A. R., *Persia and the Greeks; the defence of the West, c. 546–478 B.C.*, London 1962.

Bury, J. B., *History of Greece*, London [3]1951.

Bury, J. B. u. a., Hrsg., *The Cambridge Ancient History, IV, The Persian Empire and the West*, Cambridge 1953.

Busolt, G., *Griechische Geschichte*, Band II, Gotha 1895.

Butzer, K.W., Stichwort *Kanal, Nil – Rotes Meer*, im *Lexikon der Ägyptologie* III, 1980, 312–13.

Camera, C., *Il mare nei documenti micenei*, Kadmos 20, 1981, 26–37.

Canfora, L., *Histoire de la Littérature grecque*, Paris 1994.

Carpenter, R., *Beyond the Pillars of Heracles*, London 1966.

Carpentier, J./F. Lebrun, *Histoire de la Méditerranée*, Paris 1998.

Carratelli, G. P., Hrsg., *I Greci in occidente*, Mailand 1996.

Cartledge, P., Hrsg., *Kulturgeschichte Griechenlands in der Antike*, Stuttgart/Weimar 2000.

Cary, M./E. Warmington, *The Ancient Explorers*, New York 1929.

Casson, L., *River Boats of Mesopotamia*, MM 53, 1967, 286–88.

Casson, L., *Ships and seamanship in the Ancient World*, Princeton 1971 ([2]London 1994).

Casson, L., *Bronze Age ships. The evidence of the Thera wall paintings*, IJNA 4, 1975, 3–11.

Casson, L., *Reisen in der Alten Welt*, München 1976 (Rez. von *Travel in the ancient world*, IJNA 4, 1975, 400–01).

Casson, L., *The Thera ships*, IJNA 7, 1978, 232–33.

Casson, L., *Die Seefahrer der Antike*, München 1979.
Casson, L., *Transportation*, in: Grant/Kitzinger, Hrsg., Band I, 353–65.
Casson, L., *Piracy*, in: Grant/Kitzinger, Hrsg., Band II, 837–44.
Casson, L., *The Ancient Mariners*, Princeton ²1991.
Casson, L., *Ships and seafaring in ancient times*, Austin 1994.
Casson, L., *Sailing ships of the ancient Mediterranean*, in: Gardiner, 1996, 39–51.
Casson, L., *New evidence for Greek merchantmen*, IJNA 25, 1996, 262–64.
Casson, L./J. R. Steffy, Hrsg., *The Athlit Ram*, College Station 1991.
Chantraine, P., *Dictionnaire étymologique de la Langue Grecque. Histoire des mots*. Paris 1968.
Chollot, M., *Etude de deux modèles de barques en terre cuite pêchées en mer*, Cahiers d'Archéologie subaquatique IV, 1975, 83–89.
Chrysos, E. u. a., Hrsg., *Griechenland und das Meer. Beiträge eines Symposions in Frankfurt im Dezember* 1996, PELEUS Band 4, Mannheim/Möhnesee 1999.
Clarke, S., *Nile boats and other matters*, Ancient Egypt I, 1920, 40–51.
Clauss, M., *Einführung in die Alte Geschichte*, München 1993.
Coates, J. F., *The Greek Trireme of the 5th century B.C.*, in: Crumlin-Pedersen/Vinner, 60–67.
Coates, J. F., *Pentekontors and Triereis Compared*, TROPIS II, 1987, 111–16.
Coates, J. F., *Power and Speed of Oared Warships*, in: Westerdahl, 1994, 249–55.
Coates, J. F., *Long ships, shipways and beaches*, TROPIS V, Athen 1999, 103–18.
Coates J. F./S. McGrail, Hrsg., *The Greek trireme of the 5th Century B.C. Discussion of a projected reconstruction*, London (1985).
Cobet, J., *Herodots Exkurse und die Frage der Einheit seines Werkes*, Wiesbaden 1971.
Cobet, J., *Wann wurde Herodots Darstellung der Perserkriege publiziert*? Hermes 105, 1977, 2 ff.
Cobet, J., *Herodotus and Thucydides on war, in*: S.Moxon u. a., Hrsg., *Studies in Greek and Roman Historical Writing*, Cambridge 1986, 1–18.
Cobet, J., Herodot, in: V. Reinhardt, Hrsg., *Hauptwerke der Geschichtsschreibung*, Stuttgart 1997, 281–84.
Cole, E. E., *The Samos of Herodotus*, Diss. New Haven 1910.
Coleman, J. E., *„Frying Pans" of the Early Bronze Age*, AJA 89, 1985, 191–219.
Compernolle, R. van, *La date de la bataille navale de Ladè*, L'Antiquité Classique 27, 1958, 383–89.
Cook, A. B., *Triremes*, The Classical Review 19, 1905, 371–76.
Couissin, P., *Les institutions militaires et navales. La vie publique et privée des anciens Grecs*, Band 8, Paris 1932.
Courbaud, E., *La navigation d'Hercule*, Mélanges d'archéologie et d'histoire 12, 1892, 274–88.
Crumlin-Pedersen, O., *Problems of Reconstruction and the Estimation of Performance*, in: Gardiner, 1996, 110–19.
Crumlin-Pedersen, O./M. Vinner, Hrsg., *Sailing into the Past*. The International Ship Replica Seminar Roskilde 1984, 1986.
Dahlheim, W., *Die griechisch-römische Antike*, Band 1, Griechenland, Paderborn 1992.
Dahlheim, W., *Die Antike*, Paderborn 1994.

Daremberg, Ch./E. Saglio, *Dictionnaire des Antiquités Grecques et Romaines*, Paris 1877f.

Davison, J., *The First Greek Triremes*, Classical Quaterly 41, 1947, 18–24.

Debergh, J., Stichwort *Navires*, in: Lipinski, 310–11.

Delgado, J. P., Hrsg., *Encyclopaedia of Underwater and Maritime Archaeology*, London 1997.

Delorme, J., *Deux notes sur la bataille de Salamine*, BCH 102, 1978, 87–95.

De Thierry, G., *Schiffahrt der Phöniker*, Technik-Geschichte 27, 1938, 123–28.

Detienne, M., *Le navire d'Athéna*, Revue de l'Histoire des Religions 4, 1970, 133–177.

Deutsche Gesellschaft zur Förderung der Unterwasserarchäologie e.V., Hrsg., *In Poseidons Reich. Archäologie unter Wasser*, Mainz 1995.

Dewald, C./J. Marincola, *Herodotus and the Invention of History*, Buffalo 1987.

Diehle, A., *Zur nautischen Fachsprache der Griechen*, Glotta. Zeitschrift für griechische und lateinische Sprache 51, 1973, 268–80.

Diels, H., *Antike Technik*, Osnabrück 1965 (Neudruck der 2./3. Auflage Stuttgart 1920/24).

Diesner, H.-J., *Kriege des Altertums*, Berlin 1985.

Dihle, A., *Aus Herodots Gedankenwelt*, Gymnasium 69, 1962, 22–32.

Dihle, A., *Die Griechen und die Fremden*. München 1994.

Dillon, M./L. Garland, *Ancient Greece. Social and Historical Documents from Archaic Times to the Death of Socrates (ca. 800–399 BC)*, London/New York 1994.

Diolé, Ph., *Promenades d'Archéologie Sous-marine*, Paris 1952.

Ditten, H., Artikel *Schiffahrt*, in: *Lexikon der Antike*, Leipzig 1971, 499.

Docter, R. F., Stichwort *Transportamphoren*, in: DNP 12, 1, 2002, 756–60.

Dombrowski, G., *Boote aus Westasien*, in: Koch, 1984, 95–115.

Dondelinger, E., *Die Treibtafel des Herodot am Bug des ägyptischen Nilschiffes*, Graz 1976.

Doran, E., *Nao, Junk and Vaka: Boats and culture history*, University Lecture Series Texas A & M University, College Station 1973.

Doumas, Chr. G., *La talassocrazia nel mar Egeo*, in: Carratelli, 25–28.

Dovatur, A. J., u. a. *Narody našej strany v „Istorii" Gerodota*, Moskau 1982.

Drachmann, A. G., *Antikens teknik*, Solna 1965.

Dräger, P., Stichwort *Argonautai*, in: DNP 1, 1996, 1066–69.

Drexler, H., *Herodot-Studien*, Hildesheim 1972.

Ducas, B., *Die griechische Seeschiffahrt*, Diss. Berlin 1926.

Ducrey, P., *Guerres et guerriers dans la Grèce antique*, Fribourg 1985.

Dürring, N., *Materialien zum Schiffbau im Alten Ägypten*. Abhandlungen des Deutschen Archäologischen Instituts Kairo, Ägyptologische Reihe Band 11, Berlin 1995.

Easterling, P. E./B. M. W. Knotenox, *The Cambridge History of Classical Literature, I, Greek Literature*, Cambridge 1985.

Ebert, J. u. a., *Die Arbeitswelt der Antike*, Leipzig 1983.

Ebert, M., Hrsg., *Reallexikon der Vorgeschichte*, Berlin 1927/28.

Eck, O., *Seeräuberei im Mittelmeer*, München/Berlin 1940.

Edakov, A., *The Egyptian canal of Darius I* [bei Herodot], VDI 159, 1980, 105–20.

Eder, W., Stichwort *Perserkriege*, in: DNP 9, 2000, 605–10.

Edgerton, W. F., *Ancient Egyptian ships and shipping*, The American Journal of Semitic Languages and Literatures 39, 1922, 109–35.

Ehrhardt, Chr., St. *Herodot*, in: *Reallexikon für Antike und Christentum* 14, 1988, 849–61.

Ekschmitt, W., *Der Aufstieg Athens, Die Perserkriege*, München 1978.

Ekschmitt, W., *Die Kykladen*, Mainz 1993.

Elayi, J./A. G. Elayi, *The first coinage of Sidon with a galley bearing the so-called triangular sail*, American Journal of Numismatics, Second Series 3–4, 1991/92, 1–9.

Elliger, W., *Karthago*, Stuttgart 1990.

Ellmers, D., *Frühmittelalterliche Handelsschiffahrt in Mittel- und Nordeuropa*, Neumünster 1972.

Ellmers, D., *The Beginnings of Boatbuilding in Central Europe*, in: Gardiner, 1996, 11–23.

Emery, W. B., *Ägypten. Geschichte und Kultur der Frühzeit 3200–2800 v. Chr.*, München 1961.

Erbse, H., *Studien zum Verständnis Herodots*, Berlin 1992.

Ericsson, Chr. E., *Navis oneraria*, Åbo 1984.

Ermann, A., *Aegypten und aegyptisches Leben im Altertum*, Tübingen 1923 (ND Hildesheim 1977).

Ermeti, A. L., *L'Agorà di Cirene, III, 1, Il monumento navale*, 2 Bände, Rom 1981

Estienne, H., *Apologie pour Hérodote*, Genf 1566.

Evans, J. A. S., *Notes on Thermopylae and Artemision*, Historia 18, 1969, 389–406.

Evans, J. A. S., *Herodotus*, Boston 1982 (Rezensionen unter Bubel, Nr. 12).

Evans, J. A. S., *Herodotus. Explorer of the Past*, Princeton 1991 (Rez. GNOMON 72, 2000, 452–53.

Fabre, D., *Seafaring in Ancient Egypt*, London 2004.

Fagan, B. M., Hrsg., *The Oxford Companion to Archaeology*, New York/Oxford 1996.

Farjeon, E., *The wonders of Herodotus*, London 1948.

Faulker, R., *Egyptian seagoing ships*, Journal of Egyptian Archaeology 26, 1940, 3–9.

Faure, P., *Die griechische Welt im Zeitalter der Kolonisation*, Stuttgart 1981.

Fehling, D., *Die Quellenangaben bei Herodot: Studien zur Erzählkunst Herodots*, Berlin 1971.

Feix, J., Hrsg., *Herodot. Historien. Griechisch-deutsch*, 2 Bände, München 1963.

Filgueiras, O. L., *The Xavega boat. A case study in the integration of archaeological and ethnological data*, in: S. McGrail, Hrsg., *Sources and techniques in boat archaeology*, BAR Supplementary Series 29, 1977, 77–114.

Filgueiras, O. L., *The ‚Barco do Mar' and the Thera boats breed*, in: TROPIS II, Delphi 1987, 143–73.

Filgueiras, O. L., Hrsg., *Local Boats. Fourth International Symposium on Boat and Ship Archaeology* Porto 1985, BAR International Series 438 (1), 1988.

Fincati, L., *Le pugne navali antiche*, Rivista Maritima III, 1898.

Flacelière, R., *Literaturgeschichte Griechenlands*, München 1966.

Flacelière, R., *Griechenland*, Stuttgart 1977.

Flory, S., *The Archaic Smile of Herodotus*, Detroit 1987.

Flory, S., *Herodotus*, in: W. W.Briggs, Hrsg., *Ancient Greek Authors*, Detroit 1997, 182–90.

Focke, F., *Herodot als Historiker*, Stuttgart 1927.

Forbes, R., *Studies in Ancient Technology*, II, Leiden 1965.

Fornara, Ch. W., *Herodotus: An Interpretative Essay*, Oxford 1971.

Fornara, Ch. W., Stichwort *Herodotus*, in: *Academic American Encyclopedia* 10, 1987, 144–45.

Forster, H. A., *Die Literatur des klassischen Altertums*, Zürich 1961.

Fowler, R. L., *Herodotus and his contemporaries*, JHS 116, 1996, 62–87.

Frediani, G., *L'enigma delle triremi*, Rivista Marittima 114, 12, 1981, 51–61.

Frere-Cook, G. Hrsg., *The Decorative Arts of the Mariner*, London 1966.

Frey, O.-H., *Zur Seefahrt im Mittelmeer während der Früheisenzeit (10. bis 8. Jahrhundert v. Chr.)*, in: Müller-Karpe, Hrsg., 21–43.

Friedell, E., *Kulturgeschichte Griechenlands*, Zürich 1949.

Frisk, H., *Griechisches etymologisches Wörterbuch*, I, Heidelberg 1960; II, 1970.

Fritz, K. v., *Herodotus and the Growth of Greek Historiography*, in: TAPhA 67 (1936), 315–40.

Fritz, K. v., *Die griechische Geschichtsschreibung. Band I: Von den Anfängen bis Thukydides*, Berlin 1967.

Frost, F. F., *Plutarch's Themistocles. A Historical Commentary*, Princeton 1980.

Frost, H., *Where did Bronze Age ships keep their stone anchors*? TROPIS III, 1995, 167–75.

Fuller, J., *The Decisive Battles of the Western World and their Influence upon History*, I, London 1962.

Furuhagen, H., *Politikens verdens historie 4: Hellenernes verden*, Kopenhagen 1983.

Galiano, M. F., *Heródoto*, Madrid 1951.

Galili, E./J. Sharvit, *Symbolic engravings on Byzantine sounding leads from the Carmel coast of Israel*, IJNA 29, 2000, 143–50.

Garbini, G., *Iscrizioni fenice a Tharros – III*, Rivista di Studi Fenici 22, 1994, 215–21.

Gardiner, Sir Alan H., *Geschichte des Alten Ägypten*, Stuttgart 1963.

Gardiner, R., Hrsg., *The Age of the Galley. Mediterranean Oared. Vessels since preclassical times*, London 1995.

Gardiner, R., Hrsg., *The earliest ships. The evolution of boats into ships*, London 1996.

Garnsey, P. u. a., Hrsg., *Trade in the Ancient Economy*, London 1983.

Gauer, W., *Weihegeschenke aus den Perserkriegen*, Istanbuler Mitteilungen Beiheft 2, Tübingen 1968.

Gauger, J.-D., Stichwort *Die Flotte*, in Schmitt/Vogt, 477–82.

Geffcken, J., *Griechische Literaturgeschichte*, I, Heidelberg 1926.

Geffcken, J./E. Ziebarth, *Friedrich Lübkers Reallexikon des Klassischen Altertums*, Berlin [8]1914.

Gehrke, H.–J./H.Schneider, *Geschichte der Antike. Ein Studienbuch*, Stuttgart/ Weimar 2000.

Georgescu, C., Stichwort *Herodotus*, in: L. Boia, Hrsg., *Great Historians from Antiquity to 1800*, New York 1989, 189–91.

Gianelli, G., *La spedizione di Serse da Terma a Salamina*, Mailand 1924.

Gianfrotta, P. A., *Navi mitologiche a Roma*, in: *IV rassegna di archeologia subacquea IV premio Franco Papò, Atti*, Messina 1989, 85–91.

Gianfrotta, P. A./P. Pomey, *Archéologie sous la mer*, Paris 1981.

Gianfrotta, P. A. u. a., *La navigation dans l'Antiquité*, Aix-en-Provence 1997.

Giebel, M., *Reisen in der Antike*, Düsseldorf/Zürich 1999.

Gifford, E. und J., *Middle Minoan Aegean Sailing Ships*, in: Litwin, Hrsg., 2000, 127–30.

Gille, P., *Les navires à rames de l'Antiquité: Trières grecques et liburnes romaines*, Journal des Savants, Paris 1965, 36–72.

Gillmer, Th. C., *The Thera ship*, MM 61, 1975, 321–29.

Gillmer, Th. C., *A History of Working Watercraft of the Western World*, Blue Ridge Summit [2]1994.

Gillmer, Th. C., *Further identification of functional parts of Thera fresco's ships*, in: TROPIS III, Athen 1997, 177–92.

Glanville, S. R. K., *Catalogue of the Egyptian Antiquities in the British Museum II, Wooden Model Boats*, London 1972.

Glower, T. R., *Herodotus*, Cambridge 1924 (1977).

Göttlicher, A., *Anmerkungen zum Modell einer phönikischen Bireme*, Das Logbuch 7, 1971, 29–30.

Göttlicher, A., *Ein akkadisches Schiffssiegel*, Das Logbuch 11, 1975, 59.

Göttlicher, A., *Schiffe im Rollsiegel des Alten Orients*, Schiff und Zeit 6, 1977, 71–78.

Göttlicher, A., *Navis oneraria*, Antike Welt 8, 1977, 41–54.

Göttlicher, A., *Die Schiffe der „Kykladenpfannen"*, Das Logbuch 13, 1977, 113–15.

Göttlicher, A., *Materialien für ein Corpus der Schiffsmodelle im Altertum*, Mainz 1978.

Göttlicher, A., *Nautische Attribute römischer Gottheiten*, Bremen 1981.

Göttlicher, A., *Die Schiffe der Antike*, Berlin 1985.

Göttlicher, A., *Ein altzyprisches Schiffsmodell*, Das Logbuch 22, 1986, 141–42.

Göttlicher A., *Seefahrt*, in: Pleticha/Schönberger, 403–13.

Göttlicher, A., *Kultschiffe und Schiffskulte im Altertum*, Berlin 1992.

Göttlicher, A. u. a., Stichwort *Schiffswesen*, in: *Lexikon alte Kulturen* 3, Mannheim 1993, 342–45.

Göttlicher, A., *Die Schiffe im Alten Testament*, Berlin 1997.

Göttlicher, A., *Die Schiffe im Neuen Testament*, Berlin 1999.

Göttlicher, A., Stichwort *ships*, in: Bard, 728–31.

Göttlicher, A., *Zwei neu erworbene antike Schiffsmodelle in Kassel*, Schiff und Zeit 55, 2002, 1–5.

Göttlicher, A., *Sailing with Herodotus. Some remarks on II, 44*. Proceedings of the Symposion „The World of Herodotus", Nicosia 2003, 113–19.

Göttlicher, A., *A Newly Acquired Ship–model in Kassel, Germany*, IJNA 33, 2004, 154–57.

Goldhagen, J. E., Hrsg., *Herodotus. Neun Bücher der Geschichte*, Leipzig 1911.

Gondicas, D., *Le monde de la trière*, in: P.Brun, Hg., *Guerre et société dans le monde grec 490–322*, Paris 1999, 29–54.

Goodwin, W. W., *The Battle of Salamis*, Papers of the American School of Athens 1, 1885.

Gould, J. P. A., *Herodotus*, London 1989.

Gould, J. P. A., Stichwort *Herodotus*, in Hornblower/Spawforth, 338–41.

Gould, R. A., *Archaeology and the social history of ships*, Oxford 2000.

Gradmann, S., Stichwort *Herodot(os)*, in: *Harenbergs Lexikon der Weltliteratur*, 3, Dortmund 1989, 1322.

Graeve, M.-Chr. de, *The Ships of the Ancient Near East (c. 2000–500 B.C.)*, Orientalia Lovaniensia Analecta 7, Löwen/Leuven 1981.

Grant, M., Hrsg., *Die Welt der Antike*, Mannheim/Zürich 1964.

Grant, M., Stichwort *Herodotus*, in: *Greek and Latin Authors 800 B.C.–A.D. 1000*, New York 1980, 195–99.

Grant, M., *Die klassischen Griechen*, Bergisch Gladbach 1991.

Grant, M./J. Hazel, *Lexikon der antiken Mythen und Gestalten*, München 1973.

Grant, M./R. Kitzinger, Hrsg., *Civilisation of the Ancient Mediterranean. Greece and Rome*, New York 1988.

Gras, M., *Marseille, La bataille d'Alalia et Delphes*, DHA 13, 1987, 161–81.

Graser, B., *De veterum re navali*, Berlin 1864.

Grashof, K. H. F., *Das Schiff bei Homer und Hesiod*, Düsseldorf 1834.

Gray, D., *Seewesen. Archaeologia Homerica* Band I, G, Göttingen 1974.

Green, P., *The Greco–Persian wars*, Berkeley 1996.

Green, P., *Ancient Greece*, London 1997.

Greenhill, B., *Archaeology of the Boat*, London 1976.

Grimal, P., *Dictionnaire de la Mythologie grecque et romaine*, Paris 1951.

Groningen, B. A.van, *Herodotus' Historiën met inleiding en commentar*, Leiden 1945/46.

Grossmann, E., *Sounding–Leads from Apollonia, Israel*, IJNA 23, 1994, 247–49.

Grundy, G. B., *The Great Persian War*, London 1901.

Gschnitzer, F., *Griechische Geschichtsschreibung*, in: *Propyläen Geschichte der Literatur. Die Welt der Antike*, Berlin 1981, 232–53.

Güthling, O., Hrsg., *Die Geschichten des Herodotus*. Nach der Übersetzung von F. Lange, Leipzig 1939.

Guglielmi, M., *Sulla navigazione in età micena*, La Parola del Passato 26, 1971, 418–35.

Guillerm, A., *La marine de guerre antique*, Paris 1993.

Gundel, H. G., *Der alte Orient und die griechische Antike*, Stuttgart 1981.

Hadas, M., *Utopian Sources in Herodotus*, CP 30, 1935, 113–21.

Hadjisavvas, S., *Cyprus and the Sea: the Archaic and Classical Periods*, in: Karageorghis/Michaelides, 89–97.

Hägg, R./N. Marinatos, Hrsg., *The Minoan Thalassocracy. Myth and Reality*. Acta Instituti Atheniensis Regni Sueciae, Series in 4°, XXXII, Stockholm 1984.

Haehling, R.von, *Herodot*, in: K.Brodersen, Hrsg., *Große Gestalten der griechischen Antike*, Münchwen 1999, 165–74.

Hafner, G., *Prominente der Antike*, Düsseldorf/Wien 1981.

Haldane, Ch., *Egyptian hulls and the evidence for caulking*, IJNA 19, 1990, 135–37.

Haldane, Ch., *Ancient Egyptian Hull Construction*, TROPIS IV, 1996, 235–44.

Haldane, Ch./C. W. Shelmerdine, *Herodotus 2.96.1–2 again*, Classical Quarterly 40, 1990, 535 ff.

Hall, H. R., *The Ancient History of the Near East. From the Earliest Times to the Battle of Salamis*, London $^{11}$1950.

Hammond, N. G. L., *The Battle of Salamis*, JHS 76, 1956, 53–54.

Hansen, M. H., Stichwort *Herodot*, in: *Den Store Danske Encyclopaedi*, 8, 1997, 409–10.

Hanson, V. D., *The Wars of the Ancient Greeks*, London ²2000.
Harden, D. B., *The Phoenicians on the West Coast of Africa*, Antiquity 22, 1948, 141–50.
Harden, D. B., *The Phoenicians*, Harmondsworth 1971.
Harrison, Th., Stichwort *Herodotus*, in: G. Speake, Hrsg., *Encyclopedia of Greece and the Hellenic Tradition*, I, London/Chicago 2000, 741–42.
Harrison, Th., *Divinity and history. The religion of Herodotus*, Oxford 2000.
Hart, J., *Herodotus and Greek History*, London/New York 1982.
Hartog, F., *Le miroir d'Hérodote: essai sur la représentation de l'autre*, Paris 1980.
Hartog, J., *Herodot*, in: J. Brunschwig/G. Lloyd, Hrsg., *Das Wissen der Griechen*, München 2000, 592–97.
Hausen, J., *Schiffbau in der Antike*, Herford 1979.
Hauvette, A., *Hérodote, historien des guerres médiques*, Paris 1894.
Hazel, J., *Who's Who in the Greek World*, London/New York 2000.
Helck, W./E. Otto, *Kleines Wörterbuch der Aegyptologie*, Wiesbaden ²1970.
*Hellada kai thalassa/Greece and the Sea*, Ausst.-Kat. Athen 1985.
Hennig, R., *Terrae incognitae*, 1, Leiden 1944.
Henze, D., *Enzyklopädie der Entdecker und Erforscher der Erde*, Graz 1993ff.
Hermann, Z., *Peoples, Seas and Ships*, London 1966.
Herrmann, P., *Sieben vorbei und acht verweht. Das Abenteuer der frühen Entdeckungen*, Berlin/Darmstadt 1954.
Herz, P., Stichwort *Flottenwesen*, in: DNP 4, 1998, 568–72.
Heuß, A., *Hellas*, in: G. Mann/A. Heuß, Hrsg., *Propyläen-Weltgeschichte*, Bd 3, Berlin 1962, 71–400.
Hignett, C., *Xerxes' invasion of Greece*, Oxford 1963.
Hiltbrunner, O., Stichwort *Herodotos (Herodot)*, in: *Kleines Literarisches Lexikon*, I, Bern/München ⁴1969, 369.
Hind, J. G. F., *Colonies and ports of trade on the northern shores of the Black Sea – the cases of Olbiopolis and Kremnoi in Herodotus*, Thracia Pontica II, 1982, 105–19.
Hinz, W., *Darius und der Suezkanal*, Archäologische Mitteilungen aus Iran 8, 1975, II, 5–21.
Hodges, H., *Technology in the Ancient World*, Harmondsworth 1970.
Höcker, Chr., Stichwort *Werftanlagen*, in: DNP 12, 2, 2002, 480–81.
Höckmann, O., *Frühe Schiffahrt im Adriatischen Meer*, Atti e Memorie del Io Congresso Int. di Micenologia III, Rom 1968, 1176–78.
Höckmann, O., *Antike Seefahrt*, München 1985.
Höckmann, O., *Some thoughts on the Greek pentekonter*, TROPIS III, 1995, 207–20.
Höckmann, O., *Schiffsbilder auf antiken Münzen*, in: *Rom und Rhein – Macht und Münzen*, Speyer 1996, 61–82.
Höckmann, O., Stichwort *Hafen, Hafenanlagen*, in: DNP 5, 1998, 69–74.
Höckmann, O., *Stern rams in Antiquity*, IJNA 29, 2000, 136–42.
Hölscher, T., *Actium und Salamis*, Jahrbuch des Deutschen Archäologischen Instituts 99, 1984, 187–214.
Hofstetter, J., *Die Griechen in Persien*, Berlin 1978.
Hohti, P., *The Interrelation of Speech and Action in the Histories of Herodotus*, 1976.
Holzapfel, O., *Lexikon der abendländischen Mythologie*, Freiburg/Basel/Wien 1993.

Hopper, R. J., *Handel und Industrie im klassischen Griechenland*, München 1982.
Hornblower, S., *The Greek World 479–323 BC*, London/New York 1983.
Hornblower, S./A. Spawforth, Hrsg., *The Oxford Companion to Classical Civilisation*, Oxford/New York 1998.
Horneffer, A., *Herodot, Historien*, Übersetzung A. Horneffer, neu herausgegeben und erläutert von H. W. Haussig, Einleitung W. F. Otto, Suttgart ³1963.
Hornell, J., *The coracles of the Tigris and Euphrates*, MM 24, 1938, 153–59.
Hornell, J., *Water Transport*,ND Newton Abbot 1970.
Hornig, K., *Großtiertransporte zu Wasser im antiken Vorderasien und Nordafrika*, Skyllis 2, 1999, 16–26.
How, W./J. Wells, *A Commentary on Herodotos*, Oxford 1912 (²1928).
Howald, E., *Vom Geist antiker Geschichtsschreibung*, München/Berlin 1944.
Howatson, M. C., *The Oxford Companion to Classical Literature*, Oxford ²1989.
Hrouda, B., *Der alte Orient*, Gütersloh 1991.
Hude, K., Stichwort *Herodotos*, in: *Salomonsens Konversationsleksikon* XI, Kopenhagen 1921, 338–39.
Humphrey, J. W./J. P. Oleson/A. N. Sherwood, *Greek and Roman Technology: A Sourcebook*, London/NewYork 1998.
Hunger, H., *Lexikon der griechischen und römischen Mythologie*, Wien ⁸1988.
Hurschmann, R., Stichwort *Pataikoi*, in: DNP 9, 2000, 391–92.
Huß, W., *Ägypten in hellenistischer Zeit 332–30 v.Chr.*, München 2001.
Hutchinson, R. W., *Prehistoric Crete* Harmondsworth 1962.
Illsley, J. Sh., *An Indexed Bibliography of Underwater Archaeology and Related Topics*, International Maritime Archaeology Series 3, Oxford 1996.
Immerwahr, H. H., *Form and Thought in Herodotus*, Cleveland 1966.
Isserlin, B. S. J., *The canal of Xerxes: facts and problems*, Annual of the British School at Athens 86, 1991, 85–91.
Isserlin, B. S. J./R. E. Jones u. a. *The canal of Xerxes an the Mount Athos Peninsula*, Annual of the British School at Athens 89, 1994.
Jackson, St., *Argo: The First Ship*? Rheinisches Museum 140, 1997, 249–56.
Jacoby, F., Stichwort *Herodotos*, RE Suppl. 2, 1913, 205–520.
Jal, A., *Nouveau glossaire nautique* (Révision de l'édition publiée en 1848), Paris 1978.
Jenkins, N., *Das Schiff in der Wüste*, Frankfurt a.M. 1980.
Johnston, P. F., *Ship and Boat Models in Ancient Greece*, Annapolis 1985.
Johnstone, P., *The Archaeology of Ships*, London 1974.
Johnstone, P., *The Sea-craft of Prehistory*, London/Henley 1980.
Jones, D., *Model Boats from the Tomb of Tut'Ankhamun, Tut–Ankhamun's Tomb Series IX*, Oxford 1990.
Jones, D., *Boats*, London 1995.
Jürss, F., Hrsg., *Geschichte des wissenschaftlichen Denkens im Altertum*, Berlin 1982.
Kaiser, M., *Herodots Begegnung mit Ägypten*, in: S.Morenz, Hrsg., *Die Begegnung Europas mit Ägypten*, Zürich 1969, 243–304.
Kapitän, G., *Ancient anchors and lead plummets*, Sefunim III, 1969/71, 51–61.
Kapitän, G., *The origin of the early Mediterranean plank boat. Additions*, in: TROPIS III, 1995, 221–41.
Karageorghis, V., *Cyprus and the Sea*, in: Chrysos, 1999, 15–26.

Karageorghis, V./D. Michaelides, Hrsg., *Cyprus and the Sea*, Nicosia 1995.

Keil, J., *Die Seeschlacht bei Salamis*, Hermes 73, 1938, 329–40.

Keller, W., *Da aber staunte Herodot*, Zürich 1972.

Kelly, Th., *The Assyrians, the Persians, and the Sea*, Mediterranean Historical Review 7, 1992.

Kelm, A., *Kajaks, Dschunken und Pirogen. Boote und Bootsmodelle aus aller Welt*, Hamburg 1989.

Kemp, P., Hrsg., *The Oxford Companion to ships and the sea*, Oxford 1976.

Kemp, P., *Encyclopedia of Ships and Seafaring*, London 1980.

Kerényi, K., *Antike Religion*, Stuttgart 1995.

Kiechle, F., Stichwort *Themistokles*, in: *Lexikon der Alten Welt*, 1965, 3041–42.

Kingsley, S. A., *The Utica harbour ship graffito reviewed,* IJNA 26, 1997, 58–64.

Kirchberg, J., *Die Funktion der Orakel im Werke Herodots*, Göttingen 1965.

Kirk, G. S., *Ships on Geometric Vases*, Annual of the British School at Athens, 93, 1949, 93–153.

Kirk, G. S., *The ship-rhyton in Boston*, AJA 55, 1951, 339–43.

Kirsten, E., Rez. Köster, *Studien*, Gnomon 11, 1935, 182–88.

Kitchen, K., *Punt and how to get there*, Orientalia 40, 1971, 184–207.

Kitto, H. D. F., *Die Griechen*, Stuttgart 1957.

Klotz, A., *Die Fahrt des Persers Sataspes an die Westküste Afrikas*, Klio 30, 1937, 343–46.

Kluge, F., *Seemannssprache*, 1911 (ND Kassel 1973).

Koch, G., Hrsg., *Boote aus aller Welt*, Ausst.-Kat. Berlin 1984.

Köster, A., *Die Nautik im Altertum*, Meereskunde Heft 88, Berlin 1914, 1–36.

Köster, A., *Das antike Seewesen*, Berlin 1923 (ND Berlin 1969).

Köster, A., *Zur Seefahrt der alten Ägypter*, Zeitschrift für Ägyptische Sprache und Altertumskunde 58, 1923, 125–32.

Köster, A., *Studium zur Geschichte des antiken Seewesens*, Klio Beiheft 32, 1934 (ND Aachen 1963).

Konen, H. C., CLASSIS GERMANICA. *Die römische Rheinflotte im 1.–3. Jahrhundert n. Chr.*, PHAROS Band XV, St. Katharinen 2000.

Konen, H., Stichwort *Pentekontere*, in: DNP 12, 2, 2002, 1084.

Koutsouflakis, G. B., *Ship emblems and akrostolia in Aegean Bronze Age iconography: An analysis,* in: *Eliten der Bronzezeit*, 1, Mainz 1999, 133–49.

Krause, W., *Herodot* [Forschungsbericht], Anzeiger für die Altertumswissenschaft 14, 1961, 25–58.

Krause, W., *Herodot-Kommentar*, Darmstadt 1969.

Kromeyer, J./G. Veith, *Heerwesen und Kriegsführung der Griechen und Römer*, München 1928 (Neudruck 1963).

Kruse, K. H. F., *Ueber Herodots Ausmessung des Pontus Euxinus … so wie über die Schiffsbrücken …*, Breslau 1818.

Kurt, Chr., *Seemännische Fachausdrücke bei Homer*, Diss. Zürich 1975 (Ergänzungsheft zur Zeitschrift für vergleichende Sprachforschung 28, Göttingen 1979).

Kyrieleis, H., *Archaische Holzfunde aus Samos*, AM 95, 1980, 87–147.

Kytzler, B., Hrsg., *Kleine Enzyklopädie der antiken Autoren*, Frankfurt a. M./Leipzig 1996.

Labarde, J., *Chiffres et repartition de la flotte grecque a l'Artemision et a Salamine*, BCH 76, 1952, 384–441.
Labarde, J., *La loi navale de Thémistocle*, Paris 1957.
Lacarriè, J., *Hérodote et la découverte de la terre*, Paris 1968.
Lachenaud, G., *Mythologies, religion et philosophie de l'histoire dans Hérodote*, 1978 (Rezensionen unter Bubel, Nr. 504).
Lamboglia, N., Stichwort *Aplustre*, in: *Enciclopedia dell'Arte Antica*, 1, 1958, 462.
Lammert, F., Stichwort *Stylis*, RE 2, 7, 427–28.
Lancel, S., *Carthage*, Oxford 1995.
Landels, J. G., *Die Technik in der antiken Welt*, München 1979.
Landström, B., *Segelschiffe*, Gütersloh 1970.
Landström, B., *Ships of the Pharaohs*, London 1970.
Landström, B., *Das Schiff*, Gütersloh 1973.
Landström, B., *Buch der frühen Entdeckungsreisen in Farben*, Gütersloh 1976.
Langdon, M. K./A.van de Moortel, *Newly Discovered Greek Boat Engravings from Attica*, in: Litwin, Hrsg., 2000, 85–89.
Lasserre, F., Stichwort *Skylax*, in: DKP 5, 1975, 238.
Latacz, J., *Erschließung der Antike*, Stuttgart/Leipzig 1994.
Latacz, J., *Herodot – Vater der Geschichte*, in: Kytzler, 1996, 88–95.
Lateiner, D., *The Failure of the Ionian Revolt*, Historia 31, 1982, 129–60.
Lateiner, M., *The Historical Method of Herodotus*, Toronto 1989.
Lattimore, R., *The second storm at Artemisium*, Classical Revue 53, 1939, 57–58.
Laviosa, C., *La marina micena*, Annuario della Scuola Archaeologica di Atene e della Missione Italiane in Oriente, Rom, 47/48, 1972, NS 31/32, 7–40.
Laviosa, L., *La navigazione micena, dal mito alle testimonianze archeologiche*, Magna Grecia e Mondo Miceneo, Tarent 1983, 221–35.
Lazenby, J. F., *Aischylos and Salamis*, Hermes 116, 1988, 211–15.
Legrand, Ph.-E., *Hérodote: Introduction*, Paris 1932 ([2]1955).
Legrand, Ph.-E., *Hérodote: Histoires* Band 3 und 5, Paris 1936–1945.
Legrand, Ph.-E., *Hérodote. Index Analytique*, Paris 1954.
Lelewel, J., *Die Entdeckungen der Carthager und Griechen auf dem atlantischen Ozean*, 1831.
Lemprière, J., *Lemprière's Dictionary of Proper Names mentioned in Ancient Authors*, London 1948.
Lesky, A., *Thalatta. Der Weg der Griechen zum Meer*, Wien 1947.
Lethbridge, T. C., *Shipbuilding*, in: Singer/Holmgard, II, 563–88.
Lida, M. R., *Los nueve libros de la Historia*, Barcelona 1962.
Liddell, H. G.,/R. Scott, *A Greek-English Lexicon*, Oxford 1966.
Linder, E., *The so-called „Phoenician Merchantman": The case of a local boat misunderstood*, in: Filgueiras, 1985, 293–303.
Linder, E., *The Ram. Summary and Conclusions of a Multidisciplinary Study*, Sefunim VII, 1988, 61–67.
Lipinski, E., Hrsg., *Dictionnaire de la civilisation phénicienne et punique*, 1992.
Lipke, P., *The Royal Ship of Cheops*. British Archaeology Reports International 225, Oxford 1984.
Lisler, R. P., *The travels of Herodotus*, London 1980.
Litwin, J., Hrsg., *Down the River to the Sea. Proceedings of the Eighth International Symposion on Boat and Ship Archaeology Gdansk 1997*; Danzig 2000.

Lloyd, A. B., *Triremes and the Saïte Navy*, JEA 58, 1972, 268–79.
Lloyd, A. B., *The so-called galleys of Necho*, JEA 58, 1972, 307–08.
Lloyd, A. B., *Were Necho's Triremes Phoenician*?, JHS 95, 1975, 45–61.
Lloyd, A. B., *Herodotus. Book II, Introduction*, Leiden 1975.
Lloyd, A. B., *Herodotus Book II, Commentary 1–98*, Leiden 1976.
Lloyd, A. B., *Necho and the Red Sea: Some Considerations*, JEA 63, 1977, 142–64.
Lloyd, A. B., *Herodotus 2.96.1–2*, Classical Quarterly N.S. 29, 1979, 45–48.
Lloyd, A. B., *The Trireme Controversy*, JHS 100, 1980, 195–98.
Lloyd, A. B., *Herodotus. Book II, Commentary 99–182*, Leiden 1988.
Lloyd A. B., Stichwort *Herodotus*, in: Bard, 370–71.
Lloyd, A. B., *Egypt*, in: *Brill's Companion to Herodotus*, 415–35.
Loposzko, T., *Starozytne bitwy morskie*, Danzig 1992.
Luce, T. J., *Die griechischen Historiker*, Düsseldorf 1998.
Lücke, H.-K. und S., *Antike Mythologie. Ein Handbuch*, Reinbek 1999.
Lüddeckens, E., *Herodot und Ägypten*, Zeitschrift der Deutschen Morgenländischen Gesellschaft 104, 1954, 330–46.
Lüddeckens, E., Stichwort *Herodot*, in: *Lexikon der Ägyptologie* II, 1977, 1147–52.
Luria, S. J., *Herodot*, Moskau/Leningrad 1947 (russ.).
Mann, G./A. Heuß, Hrsg., *Propyläen Weltgeschichte, 3. Griechenland. Die hellenistische Welt*, Frankfurt a. M./Berlin 1962.
Mannsperger, D., Stichwort *Histories apodexis*, in: *Kindlers Literatur Lexikon* 3, 1964, 1988–91.
Mansel, A. M., Stichwort *Hellespontos*, in: DKP 2, 1967, 1010–12.
Manzari, G., *Gli Etruschi ed il mare*, Rivista marittima 109, Rom 1976, 75–86.
Marangou, Chr., *Rowers paddling sailing ships in the Bronze Age Aegean*, in: TROPIS II, Delphi 1987, 259–70.
Marg, W., *Zur Strategie der Seeschlacht von Salamis*, Hermes 90, 1962, 116–19.
Marg, W., Hrsg., *Herodot. Eine Auswahl aus der neueren Forschung*, Darmstadt [3]1982.
Marinatos, Sp., *La marine créto-mycénienne*, BCH 57, 1933, 170–235.
Marinatos, Sp., *Das Schiffsfresko von Akrotiri, Thera*, in: Gray, *Seewesen*, 141–51.
Martin, H. G., Stichwort *Unterwasserarchäologie*, in: DNP 15, 3, 2003, 922–29.
Masaracchia, A., *Studi erodotei*, 1975.
McGeehan Liritzis, V., *Seafaring, craft and cultural contact in the Aegean during the 3rd millenium BC*, IJNA 17, 1988, 237–56.
McGrail, S., Hrsg., *Sources and techniques in boat archaeology*, BAR Supplementary Series 29, 1977.
McGrail, S., *The Ship. Rafts, Boats and Ships from Prehistoric Times to the Medieval Era*, London 1981.
McGrail, S., *Ancient Boats*, Princes Risborough 1983.
McGrail, S., *Towards a classification of water transport*, World Archaeology 16, 3, 1985, 289–303.
McGrail, S., Stichwort *Ships and Seafaring*, in: Fagan, Hrsg., 640–44.
McGrail, S., *The Ship: Carrier of goods, people and ideas*, in: Rice, 1996, 67–96.
McGrail, S., *Navigational techniques in Homer's Odyssey*, TROPIS IV, 1996, 311–20.
McGrail, S., *Boats of the World. From the Stone Age to the Medieval Times*, Oxford 2001.

McGrail, S./E. Kentley, Hrsg., *Sewn plank boats*, National Maritime Museum. Greenwich, Archaeological Series No. 10/BAR International Series 276, 1985.

McIntosh Turfa, J./A. G. Steinmayer, *The ,Syracusia' as a giant cargo vessel*, IJNA 28, 1999, 105–25.

McMillan, B. u. a., Hrsg., *Aak to zumbra. A Dictionary of the World's Watercraft*, Newport News 2000.

Medas, St., *La marina de Cartago*, Rivista de Arqueologia 151, 1993, 31–43.

Medas, St., Rezension Karageorghis/Michaelides, *Cyprus and the Sea*, in: Rivista di Studi Fenici 25, 1997, 109–14.

Meier, M., Stichwort *Herodotos*, in: DNP 5, 1998, 469–75.

Meijer, F., *A History of Seafaring in the Classical World*, London/Sydney 1986.

Meijer, F., *Shipper, zeil de haven binnen, alles is al verkocht. Handel en transport in de oudheid*, Baarn 1990.

Meijer, F., *Literatuur over scheepvaart in de Klassieke oudheid*, Lampas 26, 3, 1993, 258–65.

Meijer, F., *De Trireme. Klassiek–Grieks vorlogship weer te water*, Amsterdam 1995.

Meijer, F., *Ships in Arsinoite archive of Sitologoi*, TROPIS IV, 1996, 321–25.

Meijer, F./O. van Nijf, *Trade, transport and society in the ancient world. A Sourcebook*, London/New York 1992.

Meirat, J., *Marines antiques de la Médierranée*, Paris 1964.

Meirat, J./J. G. Demerlias, *Hannon et l'empire punique*, Paris 1983.

Meister, K., Stichwort *Herodotos*, in: DNP 5, 1998, 469–75.

Melchior-Bonnet, A., Stichwort *Hérodote*, in: *La Grande Encyclopédie* 10, 1974, 5904–06.

Meulenaere, H. de, *Herodotos en Egypte*, Löwen 1946.

Meulenaere, H. de, *Herodot over de 26ste Dynastie*, Löwen 1951.

Meyer, E., *Geschichte des Altertums*, 6. Band, Essen [9]1958.

Meyers, E. M., Hrsg., *The Oxford Encyclopedia of Archaeology in the Near East*, NewYork/Oxford 1997.

Mikalson, J. D., *Religion in Herodotus*, in: *Brill's Companion to Herodotus*, 187–98.

Miller, Th., *Die griechische Kolonisation im Spiegel literarischer Zeugnisse*, Tübingen 1997.

Miltner, F., Stichwort *Seekrieg*, in: RE Suppl. V, 1931, 864–905.

Miltner, F., *Über die Herkunft der etruskischen Schiffe*, Jahreshefte des Österr. Arch. Instituts in Wien 37, 1948, 8–12.

Mitchell, B. M., *Herodotus and Samos*, JHS 95, 1975, 75–91.

Möller, G., *Zu Herodots ägyptischen Geschichten*, Ägyptologische Zeitschrift 56, 1920, 76–79.

Mollat du Jourdin, M., *Europa und das Meer*, München 1993.

Momigliano, A., *Die Geschichtsschreibung*, in: E. Vogt, *Griechische Literatur*, Wiesbaden 1981, 305–336.

Momigliano, A., *Il posto di Erodoto nella storia della storiografia*, in: *La storiografia greca*, Turin 1982.

Montevecchi, F., *Il potere marittimo e le civiltà del mondo antico*, Florenz 1997.

Mookerji, R., *Indian Shipping. A History of the Sea-borne Trade and Maritime Activity of the Indians from the Earliest Times*, London 1912.

Moormann, E. M./W. Uitterhoeve, *Lexikon der antiken Gestalten*, 1995.

Mora, F., *Religione e religioni nelle storie di Erodoto*. Le edizioni universitarie Jaca 18, Mailand 1986.

Morris, J., Stichwort *Herodotus*, in: D. R. Woolf, Hrsg., *A Global Encyclopedia of Historical Writing*, I, 1998, 408–09.

Morrison, J. S., *Greek naval tactics in the 5th century BC*, IJNA 3, 1974, 21–26.

Morrison, J. S., *The Classical Traditions*, in: Greenhill, 1976, 155–73.

Morrison, J. S., *Hemiolia, trihemiolia*, IJNA 9, 1980, 121–26.

Morrison, J. S, *The Ship. Long ships and round ships. Warfare and trade in the Mediterranean 3000 BC–500 AD*, London 1980.

Morrison, J. S., *Die athenische Triere*, Mannheimer Forum 91/92, München 1992, 177–27.

Morrison, J. S., *Greek and Roman Oared Warships*, Oxbow Monograph 62, Oxford 1996.

Morrison, J. S./J. F. Coates, *The Athenian Trireme. The history and reconstruction of an ancient Greek warship*, Cambridge 1986.

Morrison, J. S./J. F. Coates, Hrsg., *An Athenian Trireme Reconstructed*, BAR International Series 486, Oxford 1989.

Morrison, J. S./J. F. Coates, *Die athenische Triere*, Mainz 1990.

Morrison, J. S./J. E. Coates/N. B. Rankov, *The Athenian Trireme*, Cambridge ²2000.

Morrison, J. S./R. T. Williams, *Greek oared ships 900–332 B. C.*, Cambridge 1968.

Moscati, S., *I Fenici*, Mailand 1988.

Mott, L. V., *The Development of the Rudder. A Technological Tale*, College Station/London 1997.

Müller, D., *Topographischer Bildkommentar zu den Historien Herodots. Griechenland*, Tübingen 1987.

Müller, D., *Topographischer Bildkommentar zu den Historien Herodots. Kleinasien*, Tübingen 1998.

Müller, W., *Die Umseglung Afrikas durch phönizische Schiffe um das Jahr 600 v. Chr. Geb.*, Rathenow 1889.

Müller-Karpe, H., Hrsg., *Zur geschichtlichen Bedeutung der frühen Seefahrt.* Kolloquien zur Allgemeinen und Vergleichenden Archäologie, 2, München 1982.

Müller-Karpe, H., *Zur Seefahrt im 3. und 2. Jahrtausend v.Chr.*, in: Müller-Karpe, Hrsg., 1–20.

Müller-Karpe, H., *Zur Seefahrt in der griechisch-römischen Antike*, in: Müller-Karpe, Hrsg., 46–50.

Müller-Karpe, H., *Zum Problem der frühen Seeverbindungen mit Afrika*, in: Müller-Karpe, Hrsg., 159–62.

Müller-Karpe, H., *Grundzüge früher Menschheitsgeschichte, 4. Vom 7. bis zum 5. Jahrhundert v. Chr.*, Darmstadt 1998.

Munson, R. V., *Telling wonders. Ethnographic and political discourse in the work of Herodotus*, Ann Arbor 2001.

Muss-Arnolt, W., *The oracles in Herodotus*, Diss. John Hopkins University 1888.

Muth, R., *Einführung in die griechische und römische Religion*, Darmstadt 1998.

Myres, J. L., *Herodotus: Father of History*, Oxford 1953.

Myres, J. L., *The Battle of Lade, 494 BC*, in: *Greece and Rome*, 1, 1954, 50–54.

Negueruela, I. u. a., *Seventh–century BC Phoenician vessel discovered at Playa de la Isla, Mazarron, Spain*, IJNA 24, 1995, 189–97.

Nelson, R. B., *Warfleets of Antiquity*, 1973.
Nesselrath, H.-G., *Herodot und die Enden der Welt*, in: Museum Helveticum 52, 1995, 20–44.
Newmyer, S. T., *Herodotus, Book 3*, 1986.
Nickel, R., *Xenophon*, Erträge der Forschung Bd. III, Darmstadt 1979.
Nicosia, F., *Un bucchero di Artimino*, Studi Etrusci 40, 1972, 375–90.
Niemeyer, H. G., *Zum Thymiaterion vom Cerro del Peñón*, Madrider Mitteilungen 11, 1970, 96–101.
Niemeyer, H. G. u. a., *Stichwort Phönizier, Punier*, in: DNP 9, 2000, 911–33.
Nikolaou, N., *Le bataille de Salamine d'après Diodore de Sicile*, Revue des Etudes Grecques XCV, 1982, 145–56.
Nilsson, M. P., *Geschichte der Griechischen Religion*, 1, München ²1955.
Nissen, H. J., u. a., Stichwort *Schiffahrt*, in: DNP 11, 2001, 160–65.
Nissen, H. J., u. a., Stichwort *Schiffbau*, in: DNP 11, 2001, 165–71.
Obst, E., *Der Feldzug des Xerxes*, Diss. Berlin 1913.
Oertel, F., *Das Problem des antiken Suezkanals*, in: *Festschrift zum 65. Geburtstage von Max Braubach*, 1964, 18 ff.
Oertel, F., *Herodots ägyptischer Logos und die Glaubwürdigkeit Herodots*, Bonn 1970.
Oleson, J. P., *A bucchero boat-shaped dish …*, Sefunim VI, 1981, 27–33.
Oleson, J. P., *Ancient lead circles and sounding-leados from Israeli coastal waters*, Sefunim VII, 1988, 27–40.
Oleson, J. P., *An ancient lead sounding-weight in the National Maritime Museum*, Sefunim VIII, 1994, 29–33.
Oliver, G. J. u. a., Hrsg., *The Sea in Antiquitiy*, BAR International Series 899, Oxford 2000.
Olmstead, A. T., *History of the Persian Empire, Achaemenid period*, Chicago 1948.
Olshausen, E., Stichwort *Hellespontos*, in: DNP 5, 1998, 326.
Ormerod, H. A., *Piracy in the Ancient World*, Liverpool 1924 (ND 1997).
Osborne, R., *Greece in the Making*, 1200–479 BC, London/New York 1996.
O'Sullivan, J. N., *On Herodotus 7, 183: Three sound ships for Salamis*, Classical Quarterly NS 27, 1977, 92–94.
Otto, B., *König Minos und sein Volk*, Düsseldorf/Zürich 1997.
Palaiologou, H., *Aegean ships from the 2$^{th}$ Millenium B.C.*, TROPIS I, 1985, 217–28.
Pallottino, M., *Etruskologie*, Basel/Boston/Berlin 1988.
Panzer, K., *Indische Schiffahrt*, Das Logbuch 24, 1988, 92–104.
Papalas, A., *Polycrates of Samos and the first Greek Trireme fleet*, MM 85, 1999, 3–19.
Papalas, A., *Athenian Naval Power in the Sixth Century: The development of a Trireme Fleet*, MM 86, 2000, 387–400.
Papastavrou, J., *Themistokles*, Darmstadt 1978.
Parker, A. J., *Classical Antiquity: the maritime dimension*, Antiquity 64, 243, 1990, 334–46.
Parker, A. J., *Ancient Shipwrecks of the Mediterranean and the Roman Provinces*, BAR International Series 580, Oxford 1992.
Parker, A. J., *Sea transport and trade in the Ancient Mediterranean*, in: Rice, 1996, 97–109.

Parrot, A., u. a., *Die Phönizier*, München 1977.
Partridge, R., *Transport in Ancient Egypt*, London 1996.
Pekáry, I., *Vorarbeiten zum Corpus der hellenistisch-römischen Schiffsdarstellungen. Das Althiburos-Mosaik als Grundlage für eine Typologie*, Boreas 7, Münster 1984, 172–92.
Pekáry, J., *Repertorium der hellenistischen und römischen Schiffsdarstellungen*, Boreas Beiheft 8, Münster 1999.
Pemperton, W. E., *Herodotus*, in: *Dictionary of World Biography*, 1, *The Ancient World*, 1998, 394–97.
Pemsel, H., *Von Salamis bis Okinawa – Seeschlachten von der Antike bis zur Gegenwart*, München 1975.
Pennacini, A., Stichwort *Eròdoto*, in: *Grande Dizionario Enciclopedico*, VII, Turin 1968, 209–10.
Pessl, D., *Der Samierlogos Herodots*, Diss. Graz 1967.
Phillips-Birt, D., *Sie fuhren hinaus auf See*, Bielefeld/Berlin 1972.
Phillips-Birt, D., *Der Bau von Booten im Wandel der Zeiten*, Bielefeld 1979.
Picard, G.-Ch., *Le periple d'Hannou n'est pas un faux*, Archéologia 40, 1971, 54–59.
Pietrusky, H., *Das Schiff von Kyrenia. Original, Nachbau, Modell*, Das Logbuch 26, 1990, 63–69.
Pleticha, H./O. Schönberger, Hrsg., *Die Griechen. Ein Lexikon zur Geschichte des klassischen Griechenlands*, Bergisch Gladbach 1984
Ploetz, K., *Auszug aus der Geschichte*, Bielefeld [24]1951.
Pöhlmann, E., *Die Schiffahrt in der nördlichen Ägäis in der griechischen Frühzeit*, in: Chrysos, 1999, 29–44.
Pötscher, W., Stichwort *Herodotos*, in: DKP 2, Stuttgart 1967, 1099–1103.
Podlecki, A. J., *The Life of Themistocles*, Montreal/London 1975.
Pohlenz, M., *Herodot, der erste Geschichtsschreiber des Abendlandes*, Leipzig 1937.
Pokorny, J., *Indogermanisches etymologisches Wörterbuch*, 2 Bände, Bern/München 1959, 1969.
Poll, I. J., *Ladefähigkeit und Größe der Nilschiffe*, Archiv für Papyrusforschung 42, 1996, 127–38.
Pomeroy, S. B. u. a. *Ancient Greece*, New York/Oxford 1999.
Pomey, P., *Navigazione e navi all' epoca della colonizzazione greca*, in: Carratelli, 133–40.
Pomey, P., *Mediterranean sewn boats in Antiquity*, in: McGrail/Kentley, 1985, 35–47.
Posener, G., *Le canal du Nil à la Mer Rouge avant les Ptolémés*, Chronique d'Egypte 13, 1938, 259–75.
Potter, E. B./Ch. W. Nimitz, *Seemacht. Eine Seekriegsgeschichte von der Antike bis zur Gegenwart*, Herrsching 1986.
Powell, E. J., *Herodotus*, Book 8, 1991.
Powell, J. E., *Das Niltal bei Herodot*, Hermes 68, 1933, 123–26.
Powell, J. E., *A Lexicon to Herodotus*, Cambridge 1938 (ND Hildesheim 1960).
Powell, J. E., *The History of Herodotus*, Cambridge 1939 (ND 1967).
Powell, J. E., *Herodotus*, 2 Bände, Oxford 1949.
Preston, P., *Metzler Lexikon antiker Bildmotive*, Stuttgart/Weimar 1997.
Pritchett, W. K., *The liar school of Herodotos*, Amsterdam 1993.
Pridemore, M. G., *A re-examination of a ship on an ivory plaque from Sparta*, IJNA 24, 1995, 161–64.

Pridemore, M. G., *The form, function and interrelation of naval rams: A study of naval rams from Antiquity*, Diss. College Station 1996.

Prontera, F., *La Magna Grecia e il mare. Studi di storia marittima*, Tarent 1996.

Prontera, F., *Le communicazioni marittime*, in: Carratelli, 201–08.

Propyläen – *Geschichte der Literatur. I, Die Welt der Antike 1200 v. Chr.–600 n. Chr.*, Berlin 1981.

Ptak, Cz., *Od Artmizjum do Okinawy*, Warschau 1958.

Qualls, C., *Boats of Mesopotamia before 2000 B.C.*, Diss. Columbia University New York 1981.

Raban, A., *The Medinet Habu Ships: another interpretation*, in: Filgueiras, 1985, 305–29.

Raban, A., *The Sea Peoples and Thera Ships*, in: TROPIS III, Athen 1997, 353–66.

Raban, A./R. Gertwagen, *Marine Archaeology & Nautical Technology. Selected Bibliography*, Haifa 1980.

Rachet, G., *Lexikon der griechischen Welt*, Darmstadt 1999.

Rados, C. N., *La bataille de Salamine*, Paris 1915.

Ranke-Graves, R. von, *Die Götter Griechenlands*, Hamburg 1981.

Rasin, J., *Geschichte der Kriegskunst*, I, Berlin 1959.

Rasse, H., *Ein Beitrag zur Darstellung der Schlacht bei Salamis*, Rostock 1904.

Raunig, W., *Orienthandel im Altertum*, Ausst.-Kat. Basel 1967.

Raunig, W., *Bernstein – Weihrauch – Seide. Waren und Wege der antiken Welt*, Wien/München 1971.

Ravn, O. E., *Herodotus' description of Babylon*, Kopenhagen 1942.

Rawlinson, G./E. M. Walker, Stichwort *Herodotus*, in: *Encyclopaedia Britannica* XIII (11. Aufl.), 1910, 381–84.

Rebuffat, R., *Naissance de la marine etrusque*, Les Dossiers de l'Archéologie 1977, 50–57.

Reddé, M., *Mare Nostrum. Les infrastructures, le dispositif et l'histoire de la marine militaire sous l'Empire Romain*, Rom 1986.

Redfield, J., *Herodotus the Tourist*, in: Classical Philology 80, 1985, 97–118.

Redford, D. B., Hrsg., *The Oxford Encyclopedia of Ancient Egypt*, Band 1–3, Oxford 2001.

Regenbogen, O., *Herodot und sein Werk*, in: *Die Antike* VI, 1930.

Rehbein, E., *Zu Wasser und zu Lande. Geschichte des Verkehrswesens bis zum Ende des 19. Jahrhunderts*, München 1984.

Reich, K./M. Pagel, *Himmelsbesen über weißen Hunden*, Berlin 1988.

Reid, J. D., *The Oxford Guide to Classical Mythology in the Arts, 1300–1900s*, New York/Oxford 1993.

Reisner, G. A., *Models of Ships and Boats* (Catalogue général des antiquités égyptiennes du Musée du Caire), Kairo 1913.

Rener, M., *Historie und Theorie als Elemente der Personendarstellung bei Herodot*, Diss. Göttingen 1973.

Renfrew, C., *The emergence of civilisation. The Cyclades and the Aegean in the third millenium BC*, London 1972 (vgl. IJNA 2, 1973, 218–19).

Rennell, J., *The Geographical system of Herodotus*, I, II, London 1830.

Rice, E. E., Hrsg., *The Sea and History*, Phoenix Mill 1996.

Richard, F., *Imperium Maris. Recherches sur les aspects idéologiques et religieux de la thalassocratie dans le monde hellénistique et romain*, Diss. Paris 1994.

Riemann, K.-A., *Das herodoteische Geschichtswerk in der Antike*, Diss. München 1967.

Rocchi, M., *Serse e l'acqua amara dell' Ellesponto (Hdt. 7, 35)*, Perennitas. Studi in onore di Angelo Brelich, Rom 1980, 417–29.

Rodgers, W. L., *Greek and Roman Naval Warfare*, Annapolis 1937 (1964).

Rollinger, R., *Herodots babylonischer Logos*, Innsbrucker Beiträge zur Kulturwissenschaft, Sonderheft 84, 1993.

Romilly, J. de, Stichwort *Hérodote*, in: *Encyclopaedia Universalis 9*, Paris 1985, 271–72.

Romm, J., Herodotus, New Haven/London 1998.

Rosaria, V., *The celebratory purpose of Herodotus. The story of Arion in Histories I* 23–24; Ramus 15, 1986, 93–104.

Rosen, K., *Griechische Geschichte erzählt. Von den Anfängen bis 338 v.Chr.*, Darmstadt 2000.

Roskill, S. W., *The War at Sea*, I, London 1954.

Rostovtzeff, M., *Geschichte der Alten Welt. Der Orient und Griechenland*, Birsfelden–Basel o. J.

Rougé, J., *La marine dans l'antiquité*, Paris 1975.

Rudkowski, W., *Landeskunde von Aegypten nach Herodot*, Diss. Halle 1888.

Rudolph, W., *Boote, Flöße, Schiffe*, Zürich 1974.

Rutherford, I. C., Stichwort *Salaminia*, in: DNP 10, 2001, 1241–42.

Sacks, D., *Encyclopedia of the Ancient Greek World*, New York 1995.

Säve-Söderbergh, T., *The Navy of the Eighteenth Egyptian Dynasty*, Uppsala Universitetets Årsskrift 6, 1946.

Saggs, H. W. F., *The Greatness that was Babylon*, London 1962.

Saggs, H. W. F., Stichwort *Herodot*, in: *Reallexikon der Assyriologie* 4, 1972, 331–33.

Saglio, E., Stichwort *Argonautae*, in: DS, 1, Paris 1877.

Saint-Denis, E. de, *Les types de navires dans l'antiquité, gréco-romaine*, Revue de Philologie, de Littérature et d'Histoire Anciennes 48, 1974, 10–25.

Salonen, A., *Zum Verständnis des sumerischen Schiffbautextes AO 5673 ...*, Studia Orientalia 8, 3, Helsinki 1938.

Salonen, A., *Die Wasserfahrzeuge in Babylonien*. Studia Orientalia 8, 4, Helsinki 1939.

Salonen, A., *Nautica Babylonica*, Studia Orientalia 11, 1, 1942, 1–118.

Salonen, A., Stichwort *Guffa* in: *Reallexikon der Assyriologie* 3, 1971, 694.

Sas, M./S. Binot, *Ramming in ancient naval warfare*, Sefunim VII, 1988, 68–82.

Sasson, J. M., Hrsg., *Civilisations of the Ancient Near East*, III, New York 1995.

Schachermeyr, F., *Griechische Geschichte*, Stuttgart ²1969.

Schachermeyr, F., *Die Sieger der Perserkriege*, Göttingen 1974.

Scharnow, V., Hrsg., *Lexikon Seefahrt*, Berlin ³1976.

Schauenburg, K., Stichwort *Argonauten*, in: *Lexikon der Alten Welt*, 1965, 294–95.

Schildt, G., *Das Goldene Vließ. Auf den Spuren der Argonauten*, Wiesbaden 1965.

Schlögl, A., *Herodot*, Reinbek 1998.

Schmidt, W./O. Stählin, *Geschichte der griechischen Literatur*, 2, München 1934.

Schmitt, J.-M., *Les premières tétrères à Athènes*, Revue des Etudes Grecques 87, 1974, 80–90.

Schneider, H., *Einführung in die antike Technikgeschichte*, Darmstadt 1992.

Schneider, H., Stichwort *Takelage*, in: DNP 11, 2001, 1225–26.
Schneider, H., Stichwort *Triere*, in: DNP 12, 1, 2002, 811–13.
Schrader, C., *Concordantia Herodotea*, 5 Bände, Hildesheim 1996.
Schulten, A., *Der Herkulestempel von Gades*, Festschrift der Universität Erlangen zur 55. Philologenversammlung, Erlangen 1925.
Schulten, A., *Die Säulen des Herakles*, 1927.
Schultze, E., *Die Seeschiffahrt der Philister*, Int. Archiv für Ethnographie 35, 1938, 1–13.
Schulz, R., *Die Antike und das Meer*, Darmstadt 2005.
Schwartz, E., *Hérodote et Péricle*, Historia 18, 1969, 367 ff.
Schwerin, H. H. v., *Feniciernas Kringsegling af Afrika omkr. år 600 f. Kr.*, Lund 1903.
Sealey, B., *Thukydides, Herodotus and the causes of war*, Classic Quarterly 51, 1957, 7 ff.
Seel, O., Hrsg. *Antike Entdeckerfahrten*, Zürich 1961.
Sélincourt, A. de, Stichwort *Herodotus*, in: *Collier's Encyclopaedia* 12, 1967, 83–85.
Sélincourt, A. de, *Die Welt Herodots*, Wiesbaden 1967.
Sestier, J. M., *La piraterie dans l'antiquité*, Paris 1880.
Severin, T., *Jason Voyage*, London 1985.
Severin, T., *Auf den Spuren der Argonauten*, Düsseldorf 1987.
Shaw, I./P. Nicholson, *Reclams Lexikon des alten Ägypten*, Stuttgart 1998.
Shaw, J. W., *Two three-holed stone anchors from Kommos, Crete* ..., IJNA 24, 1995, 279–91.
Sherratt, A., *The First European Sailing Ships*, The Ashmolean 1, 1982/83, 12–14.
Shuckburgh, E. S., *Herodotus*, Book 6, 1984.
Sidebotham, S., *Herodotus on Artemision*, Classical Weekly 75, 1982, 177–86.
Sieberer, W., *Das Bild Europas in den Historien. Studien zu Herodots Geographie und Ethnographie und seiner Schilderung der persischen Feldzüge*, Innsbruck 1995.
Sievertsen, U., *Das Messer vom Gebel el-Arak*, Bagdader Mitteilungen 23, 1992, 1–75.
Singer, Ch./E. J. Holmyard, Hrsg. *A History of Technology*, 3 Bände, Oxford 1956 f.
Skempton, A. W., *Canals and River Navigations before 1750*, in: Singer/Holmyard, III, 438–70.
Sleeswyk, A. W., *The prow of the ‚Nike of Samothrace' reconsidered*, IJNA 11, 1982, 233–43.
Smart, J. D., Stichwort *Herodotus of Halicarnassus*, in: J. Cannon, Hrsg., *The Blackwell Dictionary of Historians*, Oxford 1988, 185–87.
Smith, J. Sh., *Greece and the Persians*, Bristol 1990.
Solmsen, F., *Two Crucial Decisions in Herodotus*, 1974.
Sonnabend, H., *Mensch und Landschaft in der Antike. Lexikon der Historischen Geographie*, Stuttgart/Weimar 1999.
Sourdille, C., *Hérodote et la religion de l'Egypte*, Paris 1910.
Sourdille, C., *La durée et l'éntendue du voyage d'Hérodote en Egypte*, Paris 1910.
Southworth van Duyn, J., *War at Sea, I. The Ancient Fleets. The Story of Naval Warfare under Oars 2600 B.C.–1957 A.D.*, New York 1968.
Souza, Ph. de, Stichwort *navies/navigation*, in: Hornblower/Spawforth, 489–90.

Souza, Ph. de, *Piracy in the Graeco-Roman World*, Cambridge 1999.
Spaeke, G., Hrsg., *Encyclopedia of Greece and the Hellenic Tradition*, I, II, London/Chicago 2000.
Spiegelberg, W., *Ägyptologische Randglossen zu Herodot*, Ägyptologische Zeitschrift 43, 1906, 84–96.
Spiegelberg, W., *Die Glaubwürdigkeit von Herodots Bericht über Ägypten im Lichte der ägyptischen Denkmäler*, Orient und Antike 3, 1926.
Spranz, B., Hrsg., *Boote. Technik und Symbolik*, Veröffentlichungen des Museums für Völkerkunde 5 und 6, Freiburg 1984.
Starr, Ch. G., *A History of the Ancient World*, Oxford 1974.
Starr, Ch. G., Stichwort *Herodotus*, in: *The Encyclopedia Americana* 14, 1976, 147–49.
Starr, Ch. G., *The Influence of Sea-Power on Ancient History*, New York 1989.
Steffy, J. R., *Wooden ship building and the interpretation of shipwrecks*, College Station 1994.
Steffy, J. R., *Ancient ship repairs*, TROPIS 1999, 395–408.
Stein, H., *Herodotus. Erklärt von H. Stein*, 9 Bände, Berlin 1856–62 (Band 9: [5]1893).
Stenzel, A., *Seekriegsgeschichte in ihren wichtigsten Abschnitten mit Berücksichtigung der Seetaktik*, I, Hannover/Leipzig 1907.
Stephanus, H., *Apologia pro Herodoto*, Genf 1566.
Stieglitz, R. R., *Herakles auf dem Amphorenfloß*, Jahreshefte des österreichischen archäologischen Instituts 44, 1959, 112–41.
Stieglitz, R. R., *An ancient terra-cotta ship from Cyprus*, Sefunim IV, 1972/75, 44–46.
Stillwell, R., Hrsg., *The Princeton Encyclopedia of Classical Sites*, Princeton 1976.
Stoll, A., Hrsg., *Die Novellen und Anekdoten des Herodotos*, Leipzig 1968.
Strasburger, G., *Lexikon zur frühgriechischen Geschichte auf der Grundlage von Herodots Werk*, Zürich/München 1984.
Struck, A., *Der Xerxeskanal am Athos*, Neue Jahrbücher für das Klass. Altertum 1907, 115–30.
Svoronos, N., *Stylides, ancres hierae, aphlasta, stoloi, akrostolia, embola, proembola et totems marins*, Journal international d'Archéologie numismatique 16, 1914, 81–152.
Taeger, F., *Das Altertum*, 1, Stuttgart [6]1958.
Tarn, W. W., *The fleet of Xerxes*, JHS 28, 1910, 202–33.
Teuffen, D. H., *Herodot. Sieben und andere Wunder der Welt*, Wien/München 1979.
Theochares, D. A., *Iolcos, whence sailed the Argonauts*, Archaeology 11, 1958, 13–18.
Thierry, G. de, *Schiffahrt der Phöniker*, Technik-Geschichte 27, 1938, 123–28.
Thomas, R., *Herodotus in context. Ethnography, science and the art of persuasion*, Cambridge 2000.
Thomson de Grummond, N., Hrsg., *An Encyclopedia of the History of Classical Archaeology*, 2 Bände, London/Chicago 1996.
Thurneyssen, J., *Le problème de la triere Athénienne*, Archéologia 48, 1972, 37–42.
Tilley, A. F., *Rowing the Trireme*, MM 62, 1976, 357–69.
Tilley, A., *Warships of the Ancient Mediterranean*, The American Neptune 50, 1990, 192–200.
Tilley, A., *Rowing astern – an ancient technique revived*, IJNA 21, 1992, 55–60.
Tilley, A., *Sailing to windward in the ancient Mediterranean*, IJNA 23, 1994, 309–13.

Tilley, A., *The iconography of Ancient Ships*, in: Oliver, 2000, 117–25.
Tilley, A. F./P. Johnstone, *A Minoan naval triumph?*, IJNA 5, 1976, 285–92.
Tölle-Kastenbein, R., *Herodot und Samos*, 1976.
Tooley, A. M. J., *Egyptian Models and Scenes*, Princes Risborough 1995.
Torr, C., *Ancient Chips*, Chicago 1964.
Torr, C., Artikel *Navis*, in: Daremberg/Saglio, *Dictionnaire des Antiquités* ..., 4, 1, 24–40.
Tozer, H. F., *A History of Ancient Geography*, New York 1964.
Tsirkin, Y. B., *The battle of Alalia* [bei Herodot], Oikumene 4, 1983, 209–21.
Tuplin, C., *Darius' Suez Canal and Persian Imperialism* in: H. Sancisi-Werdenburg, *Archaemenid History* 6, 1991, 237–83.
Tzakou-Alexandri, O., Hrsg., *A voyage into time and legend aboard the Kyrenia ship*, Athen 1987.
Tzalas, H. E., *On the obsidian trail. With a papyrus craft in the Cyclades*, in TROPIS III, Athen 1997, 441–69.
Urban, E.,/K. Müller, *Seeschlachten*, Menden 1988.
Usher, S., *Herodotus*: *The Persian Wars: A Compendium to the Pinguin Translation of Books V–IX*, 1991.
Vandenberg, Ph., *Das Geheimnis der Orakel*, München 1979.
Vandersleyen, C., Stichwort *Kanal*, in: *Lexikon der Ägyptologie* III, 1980, 310–12.
Vandier, J., *Manuel d'Archéologie Egyptienne*, 5, Paris 1969.
Vandiver, E., *Heroes in Herodotus*, Frankfurt a. M. 1991.
Velissaropoulos, J., *Les nauclères grecs*, Genf 1980.
Vernant, J. P., *L'uomo greco*, Rom 1991; *Der Mensch der griechischen Antike*, Frankfurt a. M. 1993.
Vichos, Y., *L'extremité haute des navires à l'Age du Bronze en Mer Egee: la poupe ou la proue*, in: TROPIS II, Delphi 1987, 363–70.
Viereck, H. D. L., *Die römische Flotte. Classis romana,* Herford 1975.
Vigie, B., *Les protohistoriques de bateaux dans le bassin méditerranéen aux temps préhistoriques*, in: *Navigation et gens de Mer en Médierranée* ..., Paris 1980, 17–22.
Ville de Mirmont, H. de la, *Le navire Argo et le science nautique d'Apollonios de Rhodes*, Revue international de l'enseignement 30, 1895, 230–85.
Vinson, St., *Egyptian Boats and Ships*, Princes Risborough 1994.
Vinson, St., *The Nile Boatman at work*, Mainz 1998.
Vittmann, G., *Ägypten und die Fremden im ersten vorchristlichen Jahrtausend*, Mainz 2003.
Vogel, G., *Herodots Naturgefühl*, Diss. Erlangen 1965.
Vogt, J., *Herodot in Ägypten. Ein Kapitel zum griechischen Kulturbewußtsein*. Tübinger Beiträge zur Altertumswissenschaft 5, 1929.
Vojatzi, M., *Frühe Argonautenbilder*, 1982.
Vries, K. de/M. L. Katzev, *Griechische, etruskische und phönikische Schiffe und Schiffahrt*, in: Bass, Hrsg., 1972, 38–52.
Wachsmann, S., *The Thera waterborne procession reconsidered*, IJNA 9, 1980, 287–95.
Wachsmann, S., *The Ships of the Sea Peoples*, IJNA 10, 1981, 187–220.
Wachsmann, S., *The Sea of Galilee Boat*, New York/London 1995.

Wachsmann, S., Stichwort *Seafaring*, in: Meyers, Band 4, 1997, 505–09.
Wachsmann, S., *Seagoing ships & seamanship in the Bronze Age Levant*, London 1998.
Wachsmuth, D., *Pompimos ho daimon. Untersuchung zu den antiken Sakralhandlungen bei Seereisen*, Diss. Berlin 1967.
Wachsmuth, D., Rezension Casson, 1971, in: Gnomon 44, 1972, 688–94.
Wachsmuth, D., Stichwort *Seekrieg*, in: DKP 5, 1975, 62–64.
Wachsmuth, D., Stichwort *Seewesen*, in: DKP 5, 1975, 67–71.
Wachsmuth, D., Stichwort *Triere*, in: DKP 5, 1975, 957–58.
Waddell, W. G., *Herodotus II*, London 1938 (1991).
Walker, L. L., *A study of Minoan ships in Prehistoric Aegean Art*, A thesis for … the degree of Master of Arts, Queen's University, Kingston, 1996.
Wallinga, H. T., *The Structure of Herodotus II, 99–142*, Mnemosyne Series IV, 12, 1959, 204–23.
Wallinga, T. H., *De slag bij Salamis*, Lampas 2, 1969/70, 127–48.
Wallinga, H. T., *The Trireme and its crew*, ACTUS, Studies in Honour of H. L. W. Nelson, Utrecht 1982, 463–82.
Walser, G., *Zur Beurteilung der Perserkriege in der neueren Forschung*, Schweizer Beiträge zur allgemeinen Geschichte 17, 1959, 219–40.
Walser, G., *Hellas und Iran. Studien zu den griechisch-persischen Beziehungen vor Alexander*, Darmstadt 1984.
Walter, H., *Zum Ursprung und Nachleben der Sage von den Säulen des Herakles*, in: R. Stupperich, Hrsg., *Lebende Antike*, 1992, 14–26.
Ward, Ch., Rez. Wachsmann, *Seagoing ships*, in: IJNA 28, 1999, 200–02.
Ward, Ch., *Sacred and Secular: Ancient Egyptian Ships and Boats*, Archaeological Institute of America, Monographs New Series Nr. 5, Boston 2000.
Ward, Ch., Stichwort *Seafaring*, in: Redford, 3, 250–52.
Ward, Ch., Stichwort *Ships and Navigation*, in: Redford, 3, 281–84.
Warmington, B. H., *Karthago*, Wiesbaden 1963.
Warry, J., *Warfare in the Classical World*, Norman, Okla., 1995.
Waters, K. H., *Herodotus the Historian*, London/Sydney 1985.
Weber, L., *De pontibus in Hellesponto Xerxis iussu factis*, Philologische Wochenschrift 55, 1935, 666–72.
Wedde, M., *From Classification to Narrative: The Contribution of Iconography towards Writing a History of Early Aegean Shipbuilding*, Mediterranean Historical Review II, 1996, 117–64.
Wedde, M., *Bow and stern in early Aegean Bronze Age ship imagery. A re-analysis*, TROPIS III, Athen 1997, 485–506.
Wedde, M., *Bronzezeitliche Schiffsdarstellungen in der Ägäis*, in: Chrysos, 1999, 45–64.
Wedde, M., *Towards a Hermeneutics of Aegean Bronze Age Ship Imaginery*, Peleus Band 6, 2000.
Wehausen, J. V. u. a., *The Colossi of Memnon and Egyptian barges*, IJNA 17, 1988, 295–310.
Weiler, J., *Griechische Geschichte*, Darmstadt 1988.
Wells, J., *Studies in Herodotus*, Oxford 1923.
Welsh, F., *Building the Trireme*, London 1988.

Welwei, K. W., *Das Klassische Athen*, Darmstadt 1999.

Werner, W., *Das Schiffswrack-Museum in Kyrenia*, Das Logbuch 20, 1984, 29–32.

Werner, W., *Der Kanal von Korinth und seine Vorläufer*, Das Logbuch. Sonderheft 1993.

Werner, W., *Der Diolkos. Die Schiffsschleppbahn am Isthmus von Korinth*, Nürnberger Blätter zur Archäologie 10, 1993/94, 103–18.

Werner, W., *The largest ship trackway in ancient times: ...*, IJNA 26, 1997, 98–117.

Weski, T., *Zu navigatorischen Möglichkeiten vor Einführung des Kompaß*, in: Müller-Karpe, Hrsg., 191–208.

Westerdahl, Chr., Hrsg., *Crossroads in Ancient Shipbuilding*, Oxbow Monograph 40, 1994.

Wetzel, F., *Babylon zur Zeit Herodots*, Zeitschrift für Assyriologie 48, 1944 (NF 17–48), 45–68.

White, K. D., *Greek and Roman Technology*, London 1984.

Whitehead, I., *Xerxes' fleet in Magnesia. The anchorage at Sepias*, MM 74, 1988, 283–86.

Wiebeck, E., *Indische Boote und Schiffe*, Rostock 1987.

Wiedemann, A., *Herodots zweites Buch mit sachlichen Erläuterungen*, Leipzig 1890.

Wiesehöfer, J., *Das antike Persien*, München/Zürich 1994.

Wikarjak, J., *L'histoire générale d'Hérodote*, Posen 1961.

Wilamowitz-Moellendorff, U. v., *Der Glaube der Hellenen*, 2 Bände, Darmstadt [2]1955.

Wilcken, U., *Griechische Geschichte im Rahmen der Altertumsgeschichte*, München [9]1962.

Wildung, D., Stichwort *Herodot*, in: *Lexikon der Ägyptologie* II, 1977, 1147–52.

Will, E., *Le Ve siècle, Le monde grec et l'orient*, Band 1, Paris 1972.

Wilsdorf, H., Stichwort *Schiffbau*, in: J. Irmscher, Hrsg., *Lexikon der Antike*, Leipzig 1971, 499–501.

Wilson, J., *Herodotus in Egypt*, London 1970.

Winlock, H. E., *Models of Daily Life in Ancient Egypt*, Cambridge, Mass., 1955.

Wirth, G., Hrsg., *Perikles und seine Zeit*, Darmstadt 1979.

Wolf, W., *Kulturgeschichte des Alten Ägypten*, Stuttgart 1962.

Wolski, J., *Hérodote et la construction de la flotte athénienne par Thémistocle*, S Stor 7, 1985, 113–22.

Wood, H., *The Histories of Herodotus*, Den Haag/Paris 1972.

Yamauchi, E. M., Stichwort *Herodotus*, in: K. Boyd, Hrsg., *Encyclopedia of Historians and Historical Writing*, I, London/Chicago 1999, 528, 29.

Ziebarth, E., *Beiträge zur Geschichte des Seeraubs und Seehandels im alten Griechenland*, Hamburg 1929.

Zinn, G., *Die Schlacht bei Salamis*, Diss. Berlin 1914.

# Sach-, Orts- und Namenregister (Auswahl)

# Belegstellenauswahl Herodot, *Historien*